Bernhard Viel
Johann Peter Hebel

Bernhard Viel

Johann Peter Hebel

oder

Das Glück der Vergänglichkeit

Eine Biographie

C.H.Beck

© Verlag C.H.Beck oHG, München 2010
Satz: Janß GmbH, Pfungstadt
Druck und Bindung: CPI – Ebner & Spiegel, Ulm
Gedruckt auf säurefreiem, alterungsbeständigem Papier
(hergestellt aus chlorfrei gebleichtem Zellstoff)
Printed in Germany
978 3 406 59836 4

www.beck.de

Inhalt

Vorwort

Die Welt ist böse, der Mensch dem Menschen ein Wolf. Vor allem, wenn es ums Geld geht. Da kommen beispielsweise zwei Metzger in ein Dorf, «teilen sich, einer links an der ‹Schwanen› vorbei, einer rechts.»[1] Sie verabreden sich: «In der ‹Schwanen› kommen wir wieder zusammen». Dann aber sagt der Erzähler, der bekanntlich immer ein Stellvertreter des Schicksals ist: «Sind nimmer zusammenkommen.» Lakonischer, kürzer, kälter geht es nicht mehr: «Sind nimmer zusammenkommen.» Kein überflüssiges Wort, nicht einmal eine überflüssige Silbe. Das könnte kein Boulevardblatt heute besser.

Und so liest man weiter, und sofort sträuben sich die Haare. Der eine Metzger geht zum Bauern in den Stall, die Frau kommt dazu, hinter der Frau das Kind. Der Erzähler: «Stößt der Teufel die Frau an den Ellenbogen: ‹Sieh, was dem Metzger eine Gurt voll Geld unter dem Brusttuch hervorschaut!› Die Frau winkt dem Mann, der Mann winkt der Frau, schlagen im Stall den armen Metzger tot und bedecken den Leichnam in der Geschwindigkeit mit Stroh.»

Man hat noch kaum begriffen, was da eigentlich vor sich ging, schon kommt der nächste Schock, schlimmer als der erste: «Stößt der Teufel die Frau noch einmal an Ellenbogen: ‹Sieh, wer zuschaut!› Wie sie umblickt, sieht sie das Kind.» Jetzt, von bösen Ahnungen ergriffen, überfliegt man hastig die nächsten Zeilen, in denen berichtet wird, dass der Mann und die Frau mit dem Kind ins Haus gehen und die Türe schließen, «als wenn sie im Feld wären». Dann nimmt die Frau das Kind: «‹Kind›, sagte sie, ‹wie siehst du wieder aus? Komm in die Küche, ich will dich waschen.›» Das Ungeheuerliche geschieht: «In der Küche steckt sie dem Kind den Kopf in die heiße Lauge, und brüht es zu Tod.»

An diesem Punkt der Erzählung setzt man für einen Augenblick das Buch ab, dreht es dann um: Jawohl, es ist Johann Peter Hebel.

Hebel, der angebliche oder auch scheinbare Biedermann aus dem Badischen. Was erzählt der für eine Geschichte? Das will man nun doch wissen. Und so liest man irritiert weiter: «Der Hund des ermordeten Metzgers, der noch eine Zeitlang mit dem Kameraden gelaufen war, witterte, während das Kind gebrüht und geschwind in den Backofen gesteckt wurde, die Spur seines Herrn wieder auf, schnauft an der Stalltüre, scharrt an der Haustüre und merkt, hier sei etwas Ungerades vorgefallen.» Etwas Ungerades: Kann man das Grauenhafte dieses doppelten Verbrechens dunkler hervorleuchten lassen als durch diese fast höhnisch anmutende Verharmlosung: etwas Ungerades?

Allein, die Welt ist keinesfalls böse, es gibt in ihr nur das Böse. Hebel, als Theologe, wird immer auf dieser Unterscheidung beharren, sie gehört zu den Stützen seiner Welt. Diese Welt ist nicht böse, sie ist gerecht. Und weil sie gerecht ist, ist sie gut – so hat Gott die Welt eingerichtet, die Welt, die Natur, den Menschen. Und um das zu beweisen, erzählt Hebel diese wüste, irrsinnige Geschichte mit dem harmlos-unheimlichen Titel *Wie eine greuliche Geschichte durch einen gemeinen Metzgerhund ist an das Tageslicht gebracht worden.* Machen wir es kurz: Das Verbrechen wird gesühnt, die Unholde werden «handfest gemacht», wie der Erzähler das nennt, «und dem Richter übergeben. Sechs Wochen darauf wurden sie gerädert, und ihre verruchten Leichname auf das Rad geflochten, und die Raben sagen jetzt: ‹Das Fleisch schmeckt gut.›» Ende.

Was für eine Geschichte, um zu beweisen, dass die Welt gerecht und gut ist! Etwas so Atemloses, Irrwitziges, Grausames findet man nicht in den Schreckenskabinetten E. T. A. Hoffmanns, nicht in Heinrich von Kleists Zaubergärten der zügellosen Leidenschaften. Bei Hebel findet man es, und umgekehrt findet man in dieser Geschichte so ziemlich den ganzen Hebel: den Aufklärer und gläubigen Moralisten im Dienst der Volksbildung. Meistens ist er freundlich, heiter, witzig, mitunter kann er auch recht beflissen sein. Aber manchmal greift er zu drastischen Mitteln, um zu sagen, was er sagen will: dass sich das Böse rächt, das Gute lohnt. Dass man das so predigerhaft nicht sagen darf, wusste er, der Prediger und Lehrer, genau.

Und als Publizist wusste er ohnehin, was er seinem Leser schuldig ist. Dem zeigt er zuweilen: Er, Hebel, kann auch anders.

Zweifellos nimmt Johann Peter Hebel eine Sonderstellung in der deutschen Literatur ein, um nicht zu sagen: eine sonderbare Stellung. Literaturwissenschaftler, Kritiker und andere kluge Köpfe sind sich einig: Hebel gehört zu den bedeutenden Gestalten der deutschen, ja, der europäischen Literatur (nicht von ungefähr sind seine Erzählungen und Gedichte in über zwanzig Sprachen übersetzt). Hebel ist ein Klassiker. Hebel ist kanonisch. Er fehlt in keiner Blütenlese deutscher Erzähler, in fast jedem Deutschlesebuch ist eine seiner Kalendererzählungen abgedruckt, meist *Kannitverstan* oder *Unverhofftes Wiedersehen*, jene als Liebesgeschichte getarnte Beschreibung einer verhinderten Liebe. Den letzten Versuch, in nachkanonischer Zeit Hebel zu kanonisieren, hat jüngst Marcel Reich-Ranicki unternommen. Und sicher ist auch: In seiner badischen Heimat, am Oberrhein, im Markgräflerland, in Karlsruhe, wo Hebel als Lehrer, Theologe und Herausgeber eines Bauernkalenders wirkte, ist er so gegenwärtig wie man es einem Dichter nur wünschen kann. Es gibt Hebel-Denkmäler, Hebel-Straßen, Hebel-Wirtshäuser, vor allem aber: dort wird Hebel gelesen. Das ist in dem Maße weder bei Thaddäus Troll im Schwäbischen noch bei Ludwig Thoma oder Oskar Maria Graf in Bayern der Fall, auch nicht mit Hermann Löns in Niedersachsen. Auch das zeigt: Hebel ist ein Sonderfall. Ein Klassiker und eine regionale Größe. Doch außerhalb der akademischen und heimatlichen Zirkel wird er, das muss man leider zugeben, seit drei, vier Jahrzehnten nicht mehr oder kaum noch gelesen. Ein Klassiker also ohne Publikum?

Das ist freilich auch anderen Klassikern passiert. So dem von Hebel verehrten Jean Paul, der selbst auch gerne Hebel las. Der Unterschied allerdings ist: Außer den Experten und Liebhabern hat Jean Paul, weil er immer schon als schwierig galt, schon immer niemand gelesen. Doch jeder kannte ihn und kennt ihn. Aber Hebel hatte jedermann gelesen, ob Bauer oder Bildungsbürger, jeder kannte ihn und viele liebten ihn. Heute aber – immer außerhalb Badens natürlich – heute wird er nicht nur kaum noch gelesen, heute kennt auch

kaum noch jemand diesen Klassiker der deutschen Literatur. Gerne
wird er mit Hebbel verwechselt, dem eine Generation jüngeren
Wiener Dramatiker.

Warum aber ist das so und warum sollte sich das ändern?

An Hebels Erzählkunst, «vollendet sprachlichen Rangs»[2], wie Ernst
Bloch noch Mitte der 1960er Jahre schwärmte, kurz bevor die 68er-
Revolte auch Hebel als einen der biederen Anständigkeits-Apostel
allmählich aus dem Kanon hinauseskamotiert hatte – an Hebels Erzählkunst selbst kann es nicht liegen. Wie nicht zuletzt die soeben
vorgestellte Geschichte beweist, findet man in der deutschen, in der
europäischen Literatur selten einen Erzähler, der so schnell zur Sache
kommt, der in so wenigen Sätzen so viel zu sagen weiß, der so traum-
haft sicher das beherrscht, was man erzählerische Ökonomie nennt –
gleichsam ein Musterbeispiel der Sparsamkeit mit Worten. So etwas
findet man, von ein paar Meisterstücken Kleists abgesehen, erst wieder Anfang des 20. Jahrhunderts bei den Amerikanern, bei Heming-
way etwa, und so etwas kann in Zeiten der Internet-Kommunikation
eigentlich nur erfrischend sein.

Hebels erzählerische Dichte, die in zwei Sätzen existentielle
Grundwahrheiten mit der pfiffigen Beiläufigkeit eines Jahrmarkts-
Moritatensängers feilbietet, ist ohne Frage jener Gabe geschuldet,
die der Philosoph Schopenhauer, ein damals noch unbeachteter
Zeitgenosse Hebels, als «Talent» bezeichnet hat. Etwa der Satz: «Der
Geizige rafft Geld und Gut zwecklos zusammen; der *Verschwender*
bringt es zwecklos durch» am Beginn der Betrachtung über *Geiz
und Verschwendung*[3]. Oder der Schluss der hintergründig maliziösen
Erzählung *Drei Wünsche*: «Merke: (...) Alle Gelegenheit, glücklich
zu werden, hilft nichts, wer den Verstand nicht hat, sie zu benutzen»[4].
Oder: «‹*Frisch gewagt ist halb gewonnen*›. Daraus folgt: ‹Frisch gewagt
ist auch halb verloren»[5] im 7. Stück der Welt-Reflexionen mit dem
heute befremdlich anmutenden Titel *Nützliche Lehren*. All das hat
aphoristische Prägekraft und ist nicht von ungefähr in einem «der
lautersten Werke deutscher Prosa-Goldschmiederei»[6] zu finden, wie
ein anderer begeisterter Hebel-Leser, Walter Benjamin, das *Schatzkästlein des rheinischen Hausfreundes* nannte, jene Erzählsammlung

Hebels aus dem frühen 19. Jahrhundert, die zu Benjamins Zeiten noch die bürgerlichen Wohnstuben schmückte. So etwas kann man nicht lernen, oder nur sehr bedingt.

Gleichwohl ist diese Hebel'sche Goldschmiederei auch ihren historischen Umständen geschuldet, und das führt, so paradox es scheint, noch einmal in direkter Linie in die Gegenwart. Denn Hebel schrieb diese Geschichten für den *Badischen Landkalender*, den er dann in den freundlich verkaufsfördernden «Rheinländischen Hausfreund» umtaufte. Hebel schrieb also für ein Periodikum, das der Bauer ebenso kaufen sollte wie der Kleinbürger in der Stadt, wie auch der Mann der gebildeten Stände und der Regierungsbeamte. So groß die sozialen Unterschiede dieser Leser-Gemeinde noch waren – doch gar so groß waren sie in napoleonischer Zeit auch nicht mehr –, sie alle hatten eines gemeinsam: wenig Zeit. Gerade deshalb wollten alle unterhalten werden, wenn sie sich, wie der leidenschaftliche Raucher Hebel, in Spitzweg-Manier am Feierabend die Pfeife ansteckten. Und da sie bezahlt hatten für den Kalender, wollten sie auch noch ein paar nützliche Lehren mitnehmen. Und alle, vom Bauern bis zum Beamten, musste Hebel bedienen und zufrieden stellen.

Er hatte also haarscharf die gleiche Aufgabe wie heute der Journalist und Autor von Ratgebern. Tatsächlich deckte Hebel, außer dem Beauty-Ressort, alles ab, was zu einer guten Publikumszeitschrift gehört: das Vermischte mit Katastrophen, Unglücksfällen und Gerichtssachen, Nachrichten aus Politik und Wirtschaft, Lebensberatung, Horoskop, geologische und astronomische Betrachtungen (denn damals war es für die bibelfeste Landbevölkerung noch durchaus neu, die Erde als Kugel zu betrachten) und nicht zuletzt das Feuilleton, das Hebel mit seinen Erzählungen bestritt, unter die er manchmal auch Rätselspiele mischte. Und Hebel entledigte sich der Aufgabe, wie bereits zu sehen war, mit Bravour. So ist sein *Schatzkästlein* also nicht nur eine Sammlung kulturgeschichtlicher Pretiosen und Kuriosa, sie ist auch, wie Benjamin schon sagte, ein literarisches Schmuckstück, das seinen Wert über die Zeiten hin behält. Ein Klassiker eben. Wenn Hebel aber nur noch von einem kleinen Zirkel von Fachleuten und Liebhabern wahrgenommen wird, liegt das weniger an Hebel selbst als eher daran, dass die Weltbilder sich geändert haben und mit ihnen die Erwartungen. Diesen Weltbildern der Hebel-Zeit wollen wir unter anderem in dem vorliegenden Buch nachspüren – in der Absicht freilich, den zeitlichen Abstand zu verkürzen, um so den Denkhorizont klarer zu erkennen, innerhalb dessen Hebel sich bewegte. Wir werden ihn auf der Bühne seiner Zeit auftreten lassen, uns selbst aber in die erste Reihe im Parkett setzen.

Gewiss, auf den ersten flüchtigen Blick muss ein Autor heute als verstaubt gelten, der es liebt, am Ende seiner Geschichten den Zeigefinger zu heben: «Sechs Wochen darauf wurden sie gerädert und ihre verruchten Leichname ...» Pass' auf Mensch, was Du tust!, heißt das. Die Strafe folgt auf den Fuß! Also tue gut, du kannst es, wenn du willst. «Jetzt weiß ich vier, die denken: Wenn solcher Mut und Ernst dazu gehört, etwas Braves zu lernen, so ist's kein Wunder, daß aus mir nichts hat werden wollen», heißt es am Ende von *Jakob Humbel*, der Geschichte eines Bauernsohns, der sich weder von unfähigen Lehrherren noch von Geldmangel noch von Schicksalsschlägen davon abhalten lässt, seinen Lebenstraum zu verwirklichen, und, nicht zuletzt mit Hilfe staatlicher Subventionen, Tierarzt wird. «Guter Freund», empfiehlt der Erzähler im letzten Satz, «nimm Gott zu Hülfe, und versuche es noch!»[7] Gib' nie auf!, heißt das. Das berührt den Kern des sprichwörtlichen protestantischen Arbeitsethos, das bei Hebel aber stets Teil einer umfassenden Ethik ist. Das heißt: Das Ethos der Arbeit und Pflicht, das auch Verpflichtung gegenüber den eigenen Anlagen und Talenten bedeutet, schließt die Einsicht in die eigenen Möglichkeiten wie die Grundregeln der Moral mit ein. Das heißt wiederum nichts anderes als: Bleibe dir treu, höre auf dein Gewissen! Hebel, zugegeben, macht es einem heute nicht allzu schwer, seine Ethik der Selbsterkenntnis und Selbstbeschränkung als Biedersinn misszuverstehen. Indessen kann man Walter Benjamin nur zustimmen, wenn er über Hebel bemerkt, dieser Mann verstehe «sich auf Geschäftsmoral».[8] Es ließen sich daran etliche Bemerkungen zu aktuellen Ereignissen auf dem Finanzmarkt anschließen. Lassen wir stattdessen noch einmal Benjamin zu Wort kommen: «Ist man da angelangt, so kann man das Licht löschen und den Schlaf des Gerechten schlafen.»[9]

Dass Hebel so «einschlug», sich so lange hielt, dass gerade auch Autoren der klassischen Moderne, Philosophen und Schriftsteller, ihn nicht nur gelesen, sondern produktiv gelesen haben, liegt nach allem, was wir bisher über den fast unbekannten Klassiker erfahren haben, auf der Hand. Denn er, geboren in der damaligen Markgrafschaft Baden-Durlach unweit des Rheins, hat als lutherischer Theologe des späten 18. Jahrhunderts noch ein geschlossenes Weltbild: Oben ist Gott, unten der Mensch. Der folgt oft seinen dunklen Trieben, aber Gott hat ihm nicht umsonst ein großes Gehirn zum täglichen Gebrauch gegeben. Hebel gehört zu jenen Köpfen der Goethezeit, an denen sich zeigen lässt, dass die Aufklärung ohne – vor allem protestantische – Theologie nicht denkbar ist, dass jedenfalls in Deutschland seit den Humanisten die Theologen Träger der Aufklärung waren. Und hier verlässt auch Hebel den Boden rein praktischer Lebenskunst und geht aufs Ganze: auf das Verhältnis von Mensch und Welt, von Mensch und Gott. Für Hebel war noch klar: Gott hat die Welt vernünftig geordnet, und deshalb kann der Mensch in ihr zumindest zufrieden werden, wenn er vernünftig handelt. Dieses Menschenbild ist die Maxime der westlichen Demokratien, man findet es zum Beispiel in der Präambel des Grundgesetzes festgelegt.

Und mit diesem das alte christliche Weltbild rationalisierenden ganzheitlichen Weltentwurf leistet Hebel das, wonach gerade in unruhigen Zeiten – und Hebels Zeit zwischen Französischer Revolution und Wiener Kongress war äußerst unruhig – verlangt wird: Er stiftet Sinn, er gibt Orientierung. Das ist der Punkt, an dem spätere Autoren anknüpfen konnten.

Dass Hebel einen tief vom Katholizismus geprägten modernen Schriftsteller wie Oskar Maria Graf beeinflusst hat, hat natürlich tiefere Gründe als nur Hebels undogmatische Religiosität. Auch Graf ist einer jener Erzähler, die nahe am Leser sind, ihn unmittelbar ansprechen, ihm gegenüber zu sitzen scheinen. Auch der auf dem Dorf aufgewachsene Graf war noch von einer mündlichen Erzähltradition geprägt: ein Mann, der im Wirtshaus eine Schar von Zuhörern um sich versammelt. Doch wie gesagt, hat die Nähe manches modernen Denkers oder Schriftstellers zu Hebel Ursachen, die weltanschaulich begründet und jenseits literarisch-ästhetischer Gemeinsamkeiten liegen. Daher wird uns das Duo Graf-Hebel später noch näher beschäftigen: An ihm nämlich lässt sich zeigen, dass Hebel so schlüssig und eindeutig keineswegs ist, dass er manchmal geradezu schillert, doppelte Böden kennt und Brüche sichtbar werden lässt, die aufmerken lassen. Gerade das aber öffnet naturgemäß ein weites Feld für vielerlei Vereinnahmungen Hebels, man mag sie für richtig oder für falsch ansehen.

So liegt es für Ernst Bloch nicht fern, Hebel als Dichter der kleinen Leute zu feiern, der vor allem ein Herz für die Benachteiligten und Zukurzgekommenen hat. «Die Armen», schreibt Bloch in den 1960er Jahren, «stehen ihm vorn».[10] Ja, Hebel lasse sogar eine «fast mitverschworene Liebe zu Stromern mit Einfall, mit fast höherem Unvermögen, sich einzugliedern»,[11] erkennen. Wenige Jahre später bekräftigte Bloch in einem Rundfunkbeitrag: «Die Sympathie Hebels ist immer auf Seiten dieser kleinen Spitzbuben, erst recht auf Seiten der Geschundenen und Getretenen.»[12] Tatsächlich bekundet Hebel in seinen einst ungeheuer beliebten Diebes-Geschichten um das staubige Brüderpaar Zundelfrieder und Zundelheiner augenzwinkerndes Einverständnis mit diesen «Gesetzlosen». So überrascht es nicht, wenn Bloch dann in einer kühnen Volte diese Neigungen Hebels auf dessen Sympathie für die Französische Revolution zurückführt und in Hebel den Weltbürger künftiger Zeiten erblickt, vom «Citoyen Hebel» spricht, «keine Nation kennend, nur Menschen, oder Nation mindestens nicht über den Menschen stellend»[13] – während zur gleichen Zeit der unweit von Hebel, im Schwarzwald, beheimatete Philosoph Heidegger gerade das Gegenteil an ihm schätzte: sein Bekenntnis zum Boden der Heimat, das in seiner Dialektlyrik, seinen *Alemannischen Gedichten*, zum Ausdruck komme. Seine *Sprache und Heimat* betitelte Betrachtung schloss Heidegger mit der Beschwörung: «Die Sprache ist kraft ihres dichtenden Wesens das verborgenste und darum am weitesten auslangende, das inständig schenkende Hervorbringen der Heimat.»[14] Ob Hebel das auch so pathetisch gesehen hätte, ist unsicher, unsicher aber auch, ob er seiner Erhebung zum modernen Weltbürger zugestimmt hätte. In jedem Falle aber belegen solche gegensätzlichen Vereinnahmungen: Er ist am Ende doch zwiespältiger, komplexer, als es der erste Blick suggeriert.

Daher wagt es dieses Buch, gerade auch die Zwiespältigkeit und Gebrochenheit in den Blick zu nehmen, von der Walter Benjamin behauptete, sie verweise auch auf «das Planlose, Schwache» in seinem Leben.[15]

Benjamin, der Hebel von all seinen Verehrern bis heute vielleicht am tiefsten erfasst hat, war es auch, der auf Hebels enge Verbindung mit den Strömungen seiner Zeit hingewiesen hat: Er sei «von allen Geisteskräften der Epoche auf das Entschiedenste und Radikalste ergriffen» gewesen.[16] Das scheint so offenkundig zu sein, dass es über dem Zeitlosen des Dichters gerne übersehen wird, vielleicht auch deswegen, weil Hebel den Kant beiseite gelegt hat und einen seiner Schüler, Schiller, wie Benjamin sagt, «nicht lesen» konnte.[17]

Noch immer gilt Hebel eher als ein Autor, der seltsam eigen in seiner eigenen Zeit steht. Mit der Klassik scheint er wenig Berührung zu haben, und für den philosophisch wesentlich von Schiller mitbegründeten Deutschen Idealismus ist er offenkundig zu bodenständig gewesen. Hebel, der nie in die damaligen Zentren des geistigen Lebens gekommen war, nie nach Jena, Weimar oder Berlin, scheint am Rande dieser Zentren, in Karlsruhe, demnach als Dichter ein wundersamer Solitär gewesen zu sein.

Beispielhaft für dieses Hebel-Bild ist nach wie vor die Rede, die der erste Präsident der Bundesrepublik, Theodor Heuss, im Mai 1952 in Lörrach gehalten hat, als ihm der badische Hebel-Preis verliehen worden war. Heuss, als ehemaliger liberaler Journalist, als Historiker, Philosoph und Philologe wie kein anderer der neuen politischen Elite geeignet, die Rückbesinnung auf die deutsche Geistestradition zu repräsentieren, betonte in seiner Festansprache, das Werk Johann Peter Hebels sei weder der Romantik noch der von dieser gerne bekämpften Klassik zuzuordnen, obwohl «die geistesgeschichtliche

Zeitspanne, in der Hebel den Deutschen sichtbar» werde, exakt mit seiner produktiven Lebensphase zusammenfalle. So sei, fuhr Heuss fort, Schillers *Braut von Messina* im selben Jahr erschienen wie Hebels *Alemannische Gedichte*, indessen: «(...) sie haben nichts miteinander zu tun.»[18] Dass genau das Gegenteil der Fall ist – Hebel mag Schiller gemocht haben oder nicht – das zu zeigen ist das ideen- und literaturgeschichtlich orientierte Anliegen dieses Buches.

Denn wie bei jedem Autor, so offenbaren sich auch bei Johann Peter Hebel dem analytischen Blick auf das Werk die ideengeschichtlichen Linien, die das Denken seines Schöpfers festlegen. Und auch Hebel variiert in seinen Gedichten und Erzählungen diese weltanschaulichen Leitmotive, deren Grundmelodie doch in jeder seiner Geschichten, in jedem Gedicht anklingt, gleich, ob man seinen erzieherischen *Mann im Mond,* den unheimlichen und romantisch anmutenden *Karfunkel,* den *Zufriedenen Landmann* aus den *Alemannischen Gedichten* oder eben die Kalendergeschichten betrachtet. Und auch in Hebels Dichtung finden sich Stücke, in denen die Elemente seines Denkens besonders klar und zugleich auch in besonders reizvoller Brechung aufscheinen. Bei Hebel ist das in seiner bis heute bekanntesten Erzählung *Unverhofftes Wiedersehen* und dem Gedicht *Die Wiese* der Fall, das nicht von ungefähr die Sammlung seiner *Alemannischen Gedichte* eröffnet. Bewusst sind daher diese beiden Hebelschen Mustertexte in den Mittelpunkt der Werkbetrachtung gerückt. Von dort aus lassen sich dann auch die Spuren verfolgen, die von Hebel zu Schiller, zu Goethe und zu anderen prägenden Autoren der Zeit führen. Dabei werden sich überraschende Entdeckungen machen lassen. So wird sich zeigen, dass es Hebel gelungen ist, eines der typischen Erzählmuster der Goethezeit, das Muster des Bildungsromans, auf seine *Alemannischen Gedichte* und insbesondere auf seine *Wiese* zu übertragen, die damit eine charakteristische Entwicklungsgeschichte der Zeit um 1800 in Versen nacherzählt. Oder es zeigt sich, dass der in idealistischer Begeisterung ergangene Aufruf, der Mensch möge und könne sich zum Guten ändern, wenn er nur den rechten Gebrauch von der Gottesgabe seiner Vernunft mache, keineswegs nur ein spezielles Charakteristikum der Kalendererzählun-

*Johann Peter Hebel
(Kupferstich von
J. Lips nach Christian
Friedrich Müller).*

J. P. HEBEL,
Verfaſſer der allemaniſchen Gedichte,
Oberkirchenrath u. Profeſſor zu Carlsruhe.

gen Johann Peter Hebels ist, sondern gerade auch in Schillers *Braut
von Messina* laut wird.

Doch sollte man über solchen Betrachtungen und Einordnungen
nicht vergessen, dass jede Lebensbeschreibung immer auch die Kon-
struktion eines Lebens ist, die dazu neigt, im Rückblick die einzelnen
Lebensabschnitte als logische und zwangsläufige Ereignisfolge darzustellen. Gerade bei Hebel scheint diese biographische Sinnstiftung ex
post nahe zu liegen, da sich sein Leben zwischen Wiesental und
Karlsruhe in überschaubaren Räumen abspielte.

Gleichwohl war, wie schon die Seitenblicke auf Benjamin, Bloch
und Heidegger ahnen ließen, Hebel weit davon entfernt, in einer
Spitzweg-Idylle humorvoller Gemütlichkeit aufzugehen. So scheint

es denn auch, als habe sich Hebels überdurchschnittliche Sensibilität mit dem Witz und Humor geschützt, die für den «Kalendermann» sprichwörtlich geworden sind. Indem er sich immer wieder dem Zugriff zu entziehen scheint, offenbart er sich auch als Mann der Tarnungen – dass er sich Proteus, den griechischen Gott der Täuschung, als eine Art Schutzpatron gewählt hat, ist gewiss kein Zufall. So muss man am Ende doch Theodor Heuss wieder zustimmen, wenn er bemerkt: «Für mein Begreifen ist der so oft vereinfachte Hebel eine sehr vielschichtige Natur (...), eine, fast möchte ich sagen, gespaltene Erscheinung.»[19]

★★★

Ein Buch über Johann Peter Hebel muss knapp, lesbar und verständlich sein. Deshalb ist dieses Buch hier geschrieben worden. Denn, wie der «Hausfreund», alias Hebel, selber sagt: «Aber soviel muß wahr bleiben: Wenn etwas Gewagtes soll unternommen werden, und kann nicht anders sein, so ist ein frischer Mut zur Sache der Meister, und der muß dich durchreißen.»[20]

I.
Zwischen den Welten: Kindheit

Vergänglichkeit

So ist's und anders nicht! Je, sieh mich an! / Ist Basel nicht 'ne schöne, tolle Stadt / mit Häusern, manche Kirche sonst ist nicht / so groß, mit Kirchen mehr als Häuser gar / in manchem Dorf? (...) Es wohnt ein Reichtum drin und mancher brave Herr; / und mancher, den ich kannte, liegt schon lang / im Kreuzgang hinterm Münsterplatz und schläft. / Gleichviel, mein Kind, es schlägt dereinst die Stund›, / da Basel auch ins Grab versinkt. Es streckt / noch Glieder aus dem Boden auf, ein Joch, / ein alter Turm, 'ne Giebelwand. Es wächst / Holunder drauf, da Buchen, Tannen dort / und Moos und Farn, und Reiher nisten drin. – / Wie schad'! Und sind noch alle Leut› wie heut / so närrisch, gehen auch Gespenster um (...) / Und mit der Zeit verbrennt die ganze Welt (...)

Der Tag, an dem Ursula Hebel, geborene Oertlin, stirbt, ist der 16. Oktober. Das Leben im Baseler Haushalt scheint seinen gewohnten Gang zu nehmen. Am Morgen hat Ursula Hebel, wie jeden Tag, der Herrschaft aufgewartet und den Tisch mit Delfter Porzellan gedeckt. Die Herrschaft dankt, und Ursula Hebel will sich in die Küche begeben. Plötzlich fühlt sie sich unwohl.

Der Hausherr, Major Iselin-Ryhiner, lässt nach einem Arzt schicken. Doch die Kranke bittet darum, man solle sie nach Hause bringen. Der Major sendet einen Bedienten nach dem Dorf Hausen mit dem Auftrag, er möge auf dem schnellsten Wege den Vogt herbestellen. Er solle auch den Sohn der Kranken mitbringen, Hanspeter.

Darüber wird es Nachmittag, und die Herbstsonne steht schon

Adolf Glattacker: Tod der Mutter Hebels bei Brombach.

dicht über den Dächern von Basel, als Jakob Maurer die Rheinbrücke passiert und den Weg ins Wiesental nimmt. Neben Maurer sitzt ein Junge von 13 Jahren. Er wendet sich um und wirft einen hilflosen Blick auf die Frau, die in Decken gehüllt auf dem Karren liegt. Quälend langsam holpert das Ochsengespann über den steinigen, von bunten Blättern bedeckten, von Ahorn, Erlen, Buchen gesäumten Fahrweg dahin. Jedes Mal, wenn ein Schlagloch das ächzende Gefährt durchrüttelt, stöhnt die Kranke auf. Schließlich bittet sie ihren Sohn, den 13-Jährigen, anzuhalten. Der springt nervös auf die Ladefläche des Karrens. Obwohl ihm kalte Angst ans Herz kriecht, versucht er seine Mutter zu beruhigen, bald werde der Arzt kommen. Jakob Maurer, der Vogt, läuft ins nächste Dorf. Er hat es, dem Himmel sei Dank, nicht weit, Brombach liegt nur noch drei-, vierhundert Schritte vor ihm.

Und gehe ich nach Gresgen oder Wies, / Durch Feld und Wald, nach Basel oder heim, / es bleibt sich gleich, ich geh dem Kirchhof zu. / Wein' oder nicht! (…)

Der Bub, mit aller Kraft die anbrandende Angst niederkämpfend, spricht weiter tröstend auf die Mutter ein. Wann kommt endlich der Vogt, warum dauert das so lange? Der Bub hebt den Kopf, vorne, im milden Sonnenlicht am Ende des Weges, schimmern die Häuschen von Brombach, kein Arzt, kein Vogt. Hätte der Junge den Blick nach links gewandt, nach Norden, hätte er die Burg sehen können. Noch immer erhebt sie sich stolz auf ihrer Anhöhe, umgeben von Wäldern, die in der milden Herbstsonne rot zu glühen scheinen. Ihre Mauern, aus dicken Granitquadern wie für die Ewigkeit gebaut, sind gebrochen. Die Türme, die wuchtigen Zinnen, einst martialisch und siegesgewiss, wirken düster, bedrohlich, wie die Zähne eines waidwunden Drachens.

Der 13-Jährige nimmt nichts davon wahr. Er ist über die Mutter gebeugt, deren Atem jetzt stoßweise geht. Erst Jahre später wird ihm bewusst, dass sich jene Momente, in denen sich sein Leben entschied, im Schatten der Ruine abspielten. Er wird die alte Rötteler Burg zum Sinnbild eines Spruches von Kohelet machen, dem altbiblischen Weisen: Dass alles seine Zeit hat, und alles, was entsteht, dem Untergang entgegengeht. *Die Vergänglichkeit* wird er das Gedicht nennen, die Rötteler Ruine wird sich wie ein Leitmotiv durch Verse ziehen, die sich zur Metapher einer dem Vergehen unterworfenen Welt verdichten.

‹*Das Röttler Schloß!*› *Der Belchen steht verkohlt, / der Blauen auch, grad wie zwei alte Türm'. / Dazwischen ist dann alles ausgebrannt / bis in den Boden tief. Die Wiese führt / kein Wasser mehr. Sie ist nur öd und schwarz / und totenstill (…)*

Die Vergänglichkeit aber wird zu jenen Werken gehören, die ihrem Dichter den Ruhm der Zeit einbringen und seinem Namen Dauer verleihen. *Die Vergänglichkeit* ist schaurig und von unheimlicher Beschwörungskraft, ein monumentales Weltuntergangsgemälde. Trostlos aber ist sie nicht. Sie ist ein Glück. *Es geht ein Wächter aus um Mitternacht; / ein fremder Mann, man weiß nicht wer er ist. / Er funkelt wie ein Stern und ruft: ‹Wacht auf, / wacht auf, es kommt der Tag!* Sie ist ein Glück, denn sie ist der Beginn der Auferstehung.

Der Arzt ist da. Sein Atem fliegt, er und der Vogt Maurer sind

im Laufschritt von Brombach herübergelaufen. Der Arzt sieht das
Gesicht der Kranken, fühlt ihren Puls. Sie ist tot.

Von nichts kommt nichts

Niemand weiß, ob sich diese Szene, die Schlüsselszene im
Leben Johann Peter Hebels, so abgespielt hat. Dass sie sich so oder
ähnlich abspielte, ist wahrscheinlich.

Sicher ist: Hebels Mutter ist an eben jenem Tag, dem 16. Oktober
1773, am Abend irgendwo zwischen den Orten Brombach und Steinen an der Straße gestorben, die von Basel durch das Wiesental an
ihrem Heimatdorf Hausen vorbei in den Schwarzwald und über den
Feldberg führt. Ein Gedenkstein ungefähr an der Stelle, an der sie in
den Armen ihres 13-jährigen Sohnes starb, erinnert an das Ereignis.
Das Denkmal besteht aus einer rund zwei Meter hohen hellgrauen
Granitstele, die inmitten eines an einer Bundesstraße gelegenen Wie-
senstücks aufragt.

Auf ihrer nach Osten, Richtung Hausen und Schwarzwald zeigenden Front, ist das Relief einer Sonne aus dem Stein gemeißelt,
darunter die Inschrift: «Zum Gedenken an die Mutter von J. P. Hebel. Sie starb 1773 unten an der Wiese auf dem Wege von Basel nach
Hausen.» Auf der gegenüberliegenden, nach Basel zeigenden Seite,
ist ein Kind zu sehen, ein Mann, darüber ein Bauer, der eine Garbe
Korn über dem Rücken trägt, und über allen schwebt ein Engel – es
sind Illustrationen zur *Vergänglichkeit*, und so trägt die Stele unter
dem Figuren-Ensemble als Inschrift die Schlüsselverse dieses Gedichts: «'s chunnt alles jung und neu, und alles schlicht / sim Alter
zue, und alles nimmt en End / und nüt stoht still.»

*'s kommt alles jung und neu und schleicht / dem Alter zu, und alles
nimmt ein End', / und nichts steht still.* Das aber spricht in dem Gedicht
der Vater zum Sohn im Angesicht der Rötteler Ruine, als beide mit
ihrem Ochsengespann durchs Wiesental nach Basel fahren, um auf
dem Markt ihre Korngarben zu verkaufen.

Wer indes heute den Ort besucht, an dem Hebels Mutter gestorben ist, muss seine Phantasie anstrengen, um zu entwickeln, was Martin Walser einmal «Geschichtsgefühl» nannte. Autos lärmen vorbei, darunter zahlreiche Lastwagen. Denn das Wiesental, am Südende des heutigen Bundeslands Baden-Württemberg gelegen, ist mit seinen zahlreichen, vor allem mittelständischen Unternehmen eine der strukturstärksten Regionen der Bundesrepublik. Von dieser auf Fleiß, Unternehmergeist, Innovationsfreude, lieblichem Klima und günstigen Strukturbedingungen gegründeten Wirtschaftsstärke kündet auch das langgezogene Fabrikgebäude, das sich gegenüber der Gedenkstele erhebt und damit die Sicht auf die Rötteler Burg verdeckt, jene massige Festung, die im Jahr 1678 von den Franzosen im Zuge des von Ludwig XIV. unternommenen Eroberungskrieges geschleift wurde und in deren Schatten Ursula Hebel starb. Als Metapher der Vergänglichkeit wird sie ihre Spur durch Hebels Werk ziehen.

An die Fabrikhalle schließt ein Sportplatz an, dem wiederum einige Reihen Doppelhäuser mit Vorgarten sowie vereinzelte wuchtige Betonbauten folgen. Hebels Mutter hat an jenem 16. Oktober 1773 auf dem Boden eines künftigen Gewerbemischgebiets das Zeitliche gesegnet.

Hebel würde diese Entwicklung keineswegs missbilligen – er hatte Sinn für Widersprüche, hätte aber auch erkannt, dass dieser Widerspruch so scharf nicht ist. Denn die Prosperität der Region knüpft nur an die Zustände an, die zu Hebels Lebzeiten herrschten, als der von allen deutschen Fürsten hochgeachtete Markgraf Karl Friedrich sein Land politisch und wirtschaftlich energisch auf Fortschrittskurs brachte und sich im fruchtbaren Wiesental innovative Bauerngüter und Handwerksbetriebe, Sägewerke, Mühlen, Manufakturen, ausbreiteten. Dass der Mensch arbeiten muss, um sein Brot zu haben, diese Lehre hat Hebel nie vergessen. «Ufs Bete het er nit viel gha,» heißt es im Gedicht *Der Mann im Mond* über einen verbummelten Handwerker, «ufs Schaffen o nit viel, / und öbbis mues me triebe ha, / sust het mer langi Will.»[1] – *Zum Beten fand er keine Zeit, / beim Schaffen keine Eil'; / und wer nicht schafft mit Lust und Freud', / bekommt bald Langeweil'.*

*Johann Peter Hebel
(Zeichnung von
Christian Friedrich
Müller um 1810).*

Von nichts kommt eben nichts – diese im deutschen Südwesten, in Schwaben und in Baden, weitverbreitete Wahrheit hatte Hebel tief verinnerlicht. Er wusste sehr genau, wovon er sprach. Denn er war arm geboren.

«Ich habe gelernt nichts haben und alles haben ...»

Johann Peter Hebel ist, seinem eigenen Zeugnis zufolge, am 10. Mai 1760 in Basel geboren. Welches Wetter herrschte, wie die Sterne standen, man weiß es nicht. Vielleicht war Hebel zu bescheiden, sich nach den ihn betreffenden kosmischen Konstellationen zu erkundigen, wie sein Kollege Goethe es tat, der später, im Jahre 1805, mit seiner Rezension der *Alemannischen Gedichte* das Seine zur Verbreitung von Hebels Ruhm beitragen sollte. Hebel aber war anderes wichtig:

«... aber ich möchte euch gerne sagen, wer ich bin, auf welchen Wegen mich Gott zu euch führt. Ich wünsche euer Vertrauen zu gewinnen, damit ich den Weg zu euren Herzen finde. – Ich bin von armen, aber frommen Eltern geboren, habe die Hälfte der Zeit in meiner Kindheit bald in einem einsamen Dorf, bald in den vornehmen Häusern einer berühmten Stadt zugebracht. Da habe ich frühe gelernt arm zu sein und reich zu sein. Wiewohl, ich bin nie reich gewesen; ich habe gelernt nichts haben und alles haben, mit den Fröhlichen froh sein, mit den Weinenden traurig. Diese Vorbedeutung von dem Schicksal meiner künftigen Tage hat mir mein Gott in meiner Kindheit gegeben.»²

So beschreibt sich Hebel im Alter von 60 Jahren in seiner fiktiven Antrittspredigt vor einer Landgemeinde. Er hat sie niemals gehalten, weil er kein Pfarramt bekam, obwohl es immer sein Wunsch war, Landpfarrer zu sein. Doch gerade weil er nicht Landpfarrer wurde, haben seine Worte mehr Zuhörer erreicht, als ihm das je von einer Kanzel aus gelungen wäre. Er schrieb aber diese Predigt, als er längst zu den Honoratioren des Großherzogtums Baden gehörte, als er Prälat, Landtagsmitglied, Ex-Gymnasialdirektor der Residenzstadt Karlsruhe und Dichter war. Seine Eltern waren nicht unbedingt Hungerleider,³ doch vom Wohlstand der Herren und höheren Beamten weit, unerreichbar weit entfernt. Sie waren Bauern und Leinweber und Dienstleute bei den Wohlhabenden.

Bauernkind und Bürgermagd: Die Mutter

Hebels Mutter war eine tüchtige und intelligente Frau. Auch hatte sie Talent. Über dem oberen Fenster ihres Elternhauses in Hausen, an der nach Süden gerichteten Giebelwand, ließ sie einst diesen Sinnspruch anbringen: «Wann Naid und Haß brennt wie Ein für, /

wär Holz und Kohlen nicht so dür» – *Wenn Neid und Hass brennten wie Feuer / wären Holz und Kohlen nicht so teuer.* Es waren selbst gemachte Verse, man kann sie noch heute lesen. Offenbar hatte Ursula Hebel irgendwann genug von der Missgunst ihrer Nachbarn, die sie um ihren Dienst bei der Herrschaft in der Stadt beneideten. Und dass sie gewillt war, den Nachreden zu trotzen, schlug sie mit ihren Versen öffentlich an. Ursula Hebel hatte Respekt vor höhergestellten Persönlichkeiten, vor Ihresgleichen fürchtete sie sich nicht.

Hebels Mutter war am 10. November 1726 als Tochter des Bauern Georg Oertlin und seiner Gattin Anna Maria Käuflin in Hausen geboren worden. Hausen, am südwestlichsten Ausläufer des Schwarzwalds gelegen und von dem weiter südwestlich gelegenen Basel rund 30 Kilometer, dem ebenfalls südwestlichen Lörrach rund zehn Kilometer entfernt, gehörte in jener Zeit zur protestantischen Markgrafschaft Baden-Durlach. Diese grenzte nördlich an die katholisch beherrschte Markgrafschaft Baden-Baden und wurde vom Gründer der Stadt Carolsruhe, Markgraf Karl III. Wilhelm, regiert. Die beiden Territorien bildeten ursprünglich die Markgrafschaft Baden. Diese aus dem Geschlecht der Zähringer und dem Niedergang der Staufer hervorgegangene Herrschaft zerfiel im Jahr 1553 in zwei Teile, als die regierungsfähigen Söhne des umsichtigen Markgrafen Christoph (1453–1527), Ernst und Bernhard, dem Prinzip der Erbteilung folgend, das Land in die Markgrafschaften Baden-Baden und Baden-Durlach aufteilten. Das vom Markgrafen Ernst regierte Baden-Durlach bildete die größere Hälfte, war aber zersplittert in das Gebiet um Durlach und Pforzheim im Norden und das südliche «Markgräfler Land» zwischen Wiesental, Lörrach und dem südlichen Kaiserstuhl.

Erst zur Regierungszeit von Markgraf Karl Friedrich von Baden-Durlach wurden Baden-Baden und Baden-Durlach 1771 wieder zur ursprünglichen Markgrafschaft Baden vereinigt, da der Markgraf des katholischen und im Gegensatz zum prosperierenden – und lutherischen – Baden-Durlach finanziell heruntergekommenen Baden-Baden, August Georg, ohne Erben gestorben war. Ein Vierteljahrhundert zuvor, 1746, hatte Karl Friedrich seine Regierung angetreten.

Der Mutter gehörte der erste Stock: Das Hebel-Haus heute.

Zu Beginn seiner Regentschaft war das Gebiet, über das er herrschte, eben die Markgrafschaft Baden-Durlach, klein: Es erstreckte sich auf rechtsrheinischem Gebiet vom Breisgau zum Wiesental bis nahe an die südwestlichsten Ausläufer des Schwarzwalds – gleich hinter dem Geburtshaus Ursula Oertlins in Hausen verlief die Grenze zum Vorderösterreich genannten vorgeschobenen Posten des katholischen Hauses Habsburg. Das nördlich gelegene Karlsruhe als Residenzstadt der Markgrafschaft und ihre nördlich und westlich um Karlsruhe herum gelegenen Gebiete waren von diesem markgräflichen Kernland durch einen undurchschaubaren konfessionellen und politischen Flickenteppich getrennt. Die größten zusammenhängenden Gebiete dieses Teppichs bestanden in Vorderösterreich, das sich von der Schweizer Grenze im Süden über das obere Wiesental in nördlicher und nordwestlicher Richtung über Freiburg hinaus erstreckte; und in dem ebenfalls kleinen Baden-Baden, das unmittelbar südlich von Karlsruhe begann und sich vom Rhein fast kreisförmig in östlicher und südlicher Richtung um seine gleichnamige Residenzstadt herum zog, so dass die Stadt Baden ziemlich genau in der Mitte der Grafschaft Baden-Baden lag. Und zwischen Baden-Baden und dem im Süden gelegenen Vorderösterreich lag noch einmal ein rundes Dutzend Reichstädte sowie kleinster und allerkleinster Herrschaften. Auch der westlichste Zipfel des relativ großen Württemberg, das sich weiträumig und ebenfalls fast kreisförmig um seine Residenzstadt Stuttgart zog, ragte noch in diesen Flickenteppich hinein. Kurz: Der Süden und Südwesten Deutschlands bildete in den knapp drei Jahrhunderten zwischen Dreißigjährigem Krieg und «napoleonischer Flurbereinigung» 1806 «dank des Fehlens einer dominierenden Territorialmacht das Musterbeispiel deutscher Kleinstaaterei».[4]

In diesem beschaulich engen Duodezstaat kannte der Fürst sein Volk noch, wie zu Zeiten des mittelalterlichen Lehnswesens, gleichsam persönlich: Oft fuhr der aufklärerischen Ideen gegenüber aufgeschlossene Karl Friedrich mit der Kutsche durch sein Land, grüßte die Bauern, besah sich die Hütten der Schmiede, stapfte in Stiefeln über die Felder und trug seidene Strümpfe, um als Werbeträger im Interesse des Gesamtwohls die Textilmanufaktur zu fördern, indem er zur Seidenraupenzucht anhielt.[5] Oft war er auf der Straße nach Basel anzutreffen, wo er, wie seit jeher unter badischen Markgrafen üblich, die Sommerfrische im «Markgräfler Hof» verbrachte. Karl Friedrich war gewissermaßen noch ein Fürst zum Anfassen, der zudem jeden Mittwoch zwischen elf und vierzehn Uhr Audienz für die Untertanen hielt. Dieses im wahrsten Sinne volksnahe Verhältnis hat nicht unerheblich zu Hebels späterem innigen Lobpreis seines Landesherrn beigetragen. Eine religiös begründete und am Muster des Aufklärers auf dem Thron, an Friedrich II. von Preußen, geschulte Ethik der Dienstpflicht veranlasste Karl Friedrich auch, seine Untertanen als «Bürger» anzusprechen. Wie Friedrich II. verstand er sich als erster Diener seines Staates und war bemüht, in allen staatlichen Belangen Kompetenz zu zeigen. So ernannte er noch jeden einzelnen Beamten selbst, vom Staatsminister bis zum Lehrer und Pfarrer – so wird er auch 1783 einen gewissen Johann Peter Hebel, Absolvent des Karlsruher Gymnasiums und als Hauslehrer tätig, per Urkunde zum Hilfslehrer und Pfarrer befördern.

*Inbegriff des aufgeklärten
Herrschers im
Absolutismus: Karl
Friedrich von Baden,
Markgraf bis 1803,
Kurfürst bis 1806, dann
Großherzog
(Ölgemälde von
G. H. Schroeder, 1811).*

Außenpolitisch verhielt sich Karl Friedrich eher zurückhaltend
und zögerlich. Auch das wird begreiflich, bedenkt man, dass sein
Land, klein und folglich auch militärisch schwach, auf kluge Diplo-
matie angewiesen war. So erlebte Karl Friedrich während seiner langen, 65 Jahre dauernden Regierungszeit drei Gebietserweiterungen,
wovon die dritte erheblich war: Im Jahre 1771 vereinigten sich die
250 Jahre getrennten Markgrafschaften Baden-Durlach und Baden-
Baden wieder zur früheren Markgrafschaft Baden. 32 Jahre später,
1803, erweiterte sich die Markgrafschaft im Zuge der im Reichsdeputationshauptschluss besiegelten Auflösung des Deutschen Reiches
unter anderem um die Pfalz mit den Städten Freiburg und Mannheim. Karl Friedrich erhielt damit die Würde eines Kurfürsten. Und
schließlich, 1806, schloss Napoleon die Gebiete um die ehemaligen
Markgrafschaften Baden-Durlach und Baden-Baden einschließlich
der 1803 hinzugekommenen Regionen mit sämtlichen dazwischen

liegenden weltlichen Herrschaften – die kirchlichen waren bereits 1803 aufgelöst worden – zum Großherzogtum Baden zusammen. Karl Friedrichs Staatsgebiet hatte sich somit insgesamt um etwa das Zehnfache erweitert und bildete nun die markante dünne, lange und gekrümmte Gestalt im deutschen Südwesten, die sich vom Main über Tauberbischofsheim, Mannheim, Heidelberg, Bruchsal, Karlsruhe, Baden-Baden, Offenburg und Freiburg bis Lörrach und Waldshut an der südlichen Grenze, der Grenze zur Schweiz, erstreckte.

Doch Karl Friedrich hatte während seiner langen Regierungszeit nicht nur durch fremde Hilfe sein Gebiet erweitert und einen geschlossenen Territorialstaat bekommen, den er, wie Bayerns Kurfürst Maximilian IV., nicht ungern in Besitz nahm.[6] Karl Friedrich hatte sein Land auch über Jahre modernisiert, hatte die Bauern befreit – lange vor Preußen –, die Landwirtschaft auf den Stand der Zeit gebracht und das Gewerbe gefördert.

Bestimmend für die Mentalität dieser Landschaft und somit auch für Hebels Weltbild war freilich nicht nur die politische, es war vor allem auch die konfessionelle Gemengelage: Baden-Durlach gehörte zu den urprotestantischen Gebieten Deutschlands. Bereits zu Lebzeiten Luthers hatte sich die damalige Markgrafschaft Baden der Reformation angeschlossen. So waren das Wiesental und der Breisgau, das markgräfliche Kernland, genuin lutherisches Gebiet. Und die Gegenreformation war, wie gesagt, nicht weit: Baden-Baden, zwischen dem Wiesental und dem Markgräflerland im Süden und Karlsruhe im Norden eingeschoben, war katholisch. In östlicher Richtung, zum Schwarzwald hin, war Hausen das letzte lutherische Dorf, dahinter begann mit Vorderösterreich abermals katholisches Gebiet. Es zog sich vom Schwarzwald um Baden-Durlach herum bis zum Rhein, sodass die Markgrafschaft auf drei Seiten, im Norden, Osten und Süden, vom Katholizismus gleichsam umschlossen war. Das Quellgebiet der Wiese, die am Feldberg entspringt und hinter dem Hausener Haus von Ursula Hebel vorbeifließt, lag somit, wie auch das in nordwestlicher Richtung gelegene Schloß Bürgeln und Freiburg, auf katholisch geprägtem Gebiet. Im Süden aber, direkt jenseits des

Rheins, erstreckten sich mit Basel und der Schweiz die Stammlande des reformierten, also calvinistischen Glaubens. Auch die teils links-rheinisch gelegene Kurpfalz mit ihrer Residenzstadt Mannheim und der bedeutenden Universitätstadt Heidelberg, 1806 ebenfalls dem Großherzogtum Baden eingegliedert, war 1563 durch Anordnung des Pfalzgrafen Friedrich III. calvinistisch geworden.

Zweifellos ist diese räumliche Nähe der drei großen christlichen Konfessionen für Hebel in zweierlei Hinsicht bedeutsam geworden: Zum einen war sie eine Herausforderung für seine versöhnliche Natur und sprach seine Bereitschaft an, zwischen den Fronten zu vermitteln, eine Bereitschaft übrigens, die spätestens seit Lessings Drama *Nathan der Weise* zum Bildungs- und Humanisierungsprogramm der Aufklärung gehörte. Hebels erfolgreiches Bemühen im Jahr 1821, die lutherische und die reformierte Landeskirche Badens zu vereinigen, ist nicht zuletzt der Tatsache geschuldet, dass die Berührung mit den oftmals unversöhnlichen Glaubenslehren von Kind an so unvermeidlich wie unmittelbar war. Sie hat bei ihm ein starres innerkonfessionelles Denken verhindert, und das wiederum – darin liegt der zweite Aspekt – strömt in seine Dichtung ein: In ihr dringen immer wieder naturreligiös–romantische Elemente durch, werden eine gefühlsbetonte Frömmigkeit und eine Neigung zum Wunderbaren spürbar, die weniger aus lutherischer und schon gar nicht aus der rationalistischen und nüchternen reformierten Lehre stammen können. Genau diese Elemente aber sind es, die den Gedichten wie den Erzählungen Spannung und Ausstrahlung verleihen und sie davor bewahren, als kathederhafte Moralpredigten vor sich hin zu knarren – auch wenn Hebel niemals einen Zweifel daran lässt, welches Bekenntnis er für das Überlegene hält, und in seinem Schöpfungs-Hymnus *Die Wiese* den Flusslauf zum Sinnbild einer Konversion vom Katholischen zum Protestantischen und diese Konversion wiederum zur Metapher kulturgeschichtlicher Evolution erhebt.

Im Gebiet des markgräflichen Kernlandes also waren Ursula Oertlins Vorfahren seit Generationen eingesessene Hintersassen. Nur der Urgroßvater von Hebels Mutter war aus der Schweiz zugewandert[7] – wodurch vermutlich ein gewisser reformierter Einfluss auch innerhalb der sonst lutherischen Familie wirksam wurde.

Man kann nicht nachhaltig genug auf diese konfessionellen Unterschiede und Vermengungen hinweisen, denn in dieser Zeit bildete die Religion noch die beherrschende Lebensmacht. Sie hatte über Jahrhunderte hin auf Denken, Mentalität und Lebensführung des gewöhnlichen Menschen weit mehr Einfluss als staatliche Herrschaft und politische Macht. Nur so ist heute zu begreifen, weshalb die von Luther angestoßene Reformation das wirkungsmächtigste Ereignis der deutschen Geschichte in der frühen Neuzeit werden konnte – bis zu dem Zeitpunkt, da mit der Französischen Revolution, dem Zusammenbruch des Heiligen Römischen Reiches Deutscher Nation und der folgenden napoleonischen Neuordnung Deutschlands das konfessionelle Zeitalter endgültig zu Ende ging und das Zeitalter der Nationen und Nationalstaaten anbrach. So spaltete die Reformation – bekanntlich gegen Luthers Absicht – nicht nur die christliche Kirche, sie teilte auch das gesamte christliche Abendland in Konfessionen und die ihnen entsprechenden Gebiete auf. So mussten die Glaubenslehren zwangsläufig «tief in den Alltag» eingreifen: Sie sind mehr «als Dogmen und kirchliche Institutionen», sie sind Lebensmächte, «die den gesamten Menschen erfassen und prägen».[8]

Noch zu Luthers und Melanchthons Lebzeiten war die Reformation, begünstigt durch den Verlauf der großen Handelsstraßen, über zwei Kanäle in den Südwesten Deutschlands eingeflossen: von Norden, von Sachsen her, mit der Lehre Luthers und von Süden, aus der Schweiz, mit den Glaubenslehren Calvins und Zwinglis,[9] die das lutherische Denken radikalisierten und weit entschiedener vom katholischen Ursprung abrückten.

In dieser somit nicht nur staatlichen, sondern vor allem auch konfessionellen Gemengelage, die aus der Reformation entstanden war, hatte seit Ende des 17. Jahrhunderts ein Lehrbuch großen Erfolg, das aus der Feder eines lutherischen Geistlichen stammte: Der «Hübner» war in den protestantischen Herrschaftsgebieten weit verbreitet, ein gern gelesenes Haus- und Erbauungsbuch, das Richtlinien für die angemessene Lebensführung ausgab und damit zu einem wichtigen

Lebensberater wurde. So war es kein Wunder, wenn diese Schrift, neben der Bibel, dem am meisten verbreiteten Buch, entscheidend die Anschauungen Ursula Oertlins beeinflusste. Das wirkte sich, wie wir sehen werden, später auch auf Hebels Erziehung aus.

War der religiöse Horizont zwangsläufig eng gesteckt, so war Ursula Oertlins gesellschaftlicher Gesichtskreis weiter gezogen als in ihrer Schicht üblich. Zu dieser Zeit endete die Welt für die meisten am Rande des Dorfes, zumindest am Marktplatz der nächsten Kreisstadt. Bis zum Beginn der Industrialisierung, die im letzten Drittel von Hebels Lebenszeit in Deutschland allmählich einsetzte, ab etwa 1830 Landschaft, Gesellschaft und Wirtschaft nachhaltig zu verändern begann und um die Mitte des 19. Jahrhunderts mit der Erfindung des Telegraphen und dem beginnenden Ausbau der Eisenbahn einen ersten Höhepunkt erreichte – bis dahin war es für den Landmenschen eher die Ausnahme, weiter zu kommen als bis zum Nachbardorf. Noch im Jahr von Goethes Tod, 1832, war Deutschland ein Agrarland, lebten 90 Prozent der Bevölkerung auf dem Dorf.[10] Hebel war zwar gerade noch am Vorabend des großen industriellen, wirtschaftlichen und politischen Wandels gestorben, hätte sich aber auf den Dörfern seiner Heimat auch noch im letzten Drittel des 19. Jahrhunderts zurechtgefunden – trotz der in den Jahren nach seinem Tod einsetzenden Abwanderung in die allmählich wachsenden Städte hatte sich die Lebensführung der Bauern, Knechte und Kleinhandwerker noch nicht grundlegend geändert. Noch immer begrenzten das Dorf und die um das Dorf gelegenen Felder den Horizont der Wahrnehmung.

Als Ursula Oertlin dann aber als Dienstmädchen in den Basler Patrizierhaushalt der Iselin-Ryhiner eintrat, durchbrach sie mit der eng gesteckten geographischen Grenze auch eine gesellschaftliche Grenze. Sie kam mit der Oberschicht in Berührung. Und das bedeutete dann auch, eine wirtschaftliche Grenze zu überschreiten. Mit diesem Schritt nach oben aber stieg zwangsläufig, wenn auch noch gering, der Lebenstandard. Ebenfalls zwangsläufig erweiterte sich der Wahrnehmungshorizont: Im großbürgerlichen Haus sah die Hausener Bäuerin Ursula Oertlin ganz andere Dinge, als sie jemals in ihrem Heimatdorf gesehen hätte.

Dieser größere Lebenszuschnitt, dieser erweiterte Horizont musste sich auf den Sohn übertragen und von früh an dessen Wahrnehmung bestimmen – umso sicherer, als Ursula Hebel nach dem Tod ihres Mannes ihre ganze Sorge auf ihren Sohn wandte.

Kriegsmann und Poet: Der Vater

Während Ursula Oertlin im Haus Iselin das Herdfeuer schürte und linnene Tischdecken über die Tafel breitete, spannte Johann Jakob Hebel in Flandern die Büchse. Geboren Ende Januar 1720, vielleicht am 28., einen Tag vor seiner Taufe,[11] war der aus der ehemaligen kurpfälzischen Residenzstadt Simmern im Hunsrück gebürtige Handwerksmann auf die Walz gen Süden gezogen und im Winter des Jahres 1747 in die Dienste des Basler Kaufmannssohnes und Ratsherren Johann Jakob Iselin-Ryhiner getreten, der seinerseits als Major im Dienst der französischen Armee unter Ludwig XV. stand. Johann Jakob Hebel wartete im Basler Haus als Herrendiener auf, um dann Johann Jakob Iselin-Ryhiner als Offiziersbursche auf mehreren Feldzügen Waffendienste zu leisten, so etwa im österreichischen Erbfolgekrieg (1740–1748).

Der Überlieferung nach muss Johann Jakob Hebel ein ungewöhnlich intelligenter, unternehmungslustiger, mutiger und insbesondere auch an den Künsten interessierter Mann gewesen sein. Anders ist nicht zu erklären, dass der calvinistisch erzogene Leinenweber, dessen Vorfahren seit Generationen in der Handels- und Handwerkerstadt Simmern – heute Rheinland-Pfalz – ansässig waren, nicht nur in der Fremde geblieben war, zwischen Flandern, den Niederlanden und dem Mittelmeer seine Haut zu Markte trug, sondern eben auch eine Art Tagebuch führte. Nachdem er bereits in einem «Rechenbuch» tabellarisch sein Soll und Haben eingetragen hatte, begann er im Mai 1753 in der Festung Valenciennes seine Gedanken in ein «Taschenbuch» einzutragen, dem er folgenden Vermerk voranstellte: «Dieses büchlein gehöret mein Joh. Jakob Hebel von Simern angefangen

hierin zu schreiben In valenciennes ...».[12] In dieses «Taschenbuch»
trug Hebels Vater in die mit exakten Tintenstrichen eingefassten Seiten nicht nur die jeweilige Stärke der französischen Regimenter mit
den Namen ihrer Kommandanten ein, sondern auch Münz- und
Maßtabellen, französische Liedtexte, vor allem aber die Anfänge von
rund 300 deutschen Gedichten. Kurz vor seiner Rückkehr nach Basel
schreibt er, unter der Ortsangabe «Ajaccio», sogar zwei Gedichte des
Berner Universalgelehrten Albrecht von Haller (1708–1777) vollstän-
dig ab: *Doris* und *Marianne* – wohlklingende Reime, beflügelt von der
klassisch römischen Liebeslyrik eines Properz.

Bemerkenswert scheint dabei, dass der Vater des Autors der *Alemannischen Gedichte* Verse in sein Buch eintrug, die von einem Dichter stammten, der mit einer an Leibniz geschulten rationalen Welt-
und Gotteserkenntnis die schwer mit barockem Prunk behangene
deutsche Lyrik erneuerte und auf ihren Weg in Richtung einer auf-
geklärt-religiösen Lehrdichtung brachte. Hallers Lyrik wirkte auf
die Aufklärungspoeten von Klopstock über Lessing und Jacobi bis
hin zu Schiller.

In jedem Fall muss dieses weitgefächerte, praktische und literarische Interesse bei einem Handwerker und Soldaten umso mehr erstaunen, als noch bis Beginn des 19. Jahrhunderts rund 20 Prozent
der Bevölkerung in Deutschland nicht lesen und schreiben konnten.[13] So ist zu vermuten, dass Jakob Hebels gebildeter Dienstherr
Iselin-Ryhiner das offenkundige Talent seines Burschen gefördert
und ihn mit entsprechender Literatur versorgt hat.

Auf Johann Peter Hebel hat der unbekannte Vater, obwohl er ihn
sehr früh verlieren wird, gleichwohl nachhaltigen Einfluss ausgeübt:
Hebel selbst hat später immer wieder im «Taschenbuch» des Vaters
gelesen, hat in dieses selbe Taschenbuch eigene Wanderungen eingetragen – ein augenfälliges Zeichen dafür, dass er unter dem Eindruck
der Vaterfigur stand und bemüht war, selbst den Leistungen des Vaters gerecht zu werden, ja, ihn gar zu übertreffen. Hebels vielzitierte
«Wanderlust», sein nach damaligen Gegebenheiten durchaus kühnes
Bemühen, jenseits der Landstraße nach Basel die Natur des Schwarzwalds zu erwandern und damit auch zu erobern, sein immer wieder

sich regendes Bedürfnis nach Ausbruch und Freiheit – dieser Zug mag gewiss auch ererbt gewesen sein, kam aber vielleicht erst durch den Drang, sich mit dem Vater zu messen, zum Tragen. Zudem scheint es, als sei das polyglotte «Taschenbuch» des Vaters ein, wenn vielleicht auch unbewusster, Anreiz für Hebel gewesen, den «Badischen Landkalender» herauszugeben, in dem sich Literatur mit Lebenshilfe, Populärwissenschaft mit Kriegs- und Kriminalnachrichten vermischten. Im Kalender für das Jahr 1810 wird Hebel sogar die Rezepte abdrucken, die sein Vater über die Herstellung verschiedenfarbiger Tinte im «Taschenbuch» hinterlassen hatte – der Vater, der gerne auch dem einen oder anderen Buchstaben kalligraphischen Schwung verlieh, hatte zweifellos Sinn für dezente Arabesken.

Am 1. Dezember 1758 sandte Johann Jakob Hebel von der Festung Valenciennes aus einen Brief an Ursula Oertlin in Basel im Haus der Iselin-Ryhiner. In diesem Brief hielt der gelernte Leinweber um die Hand des bäuerlichen Dienstmädchens an – nicht ohne zu bemerken, sie, Ursula, solle sich «nach weiser Überlegung und nachdenklichem Gebet» entscheiden.[14]

Johann Jakob Hebel war ein gewissenhafter Mann und wollte sichergehen vor Gott und der Welt.

Hochzeit, Wachstum, Gedeihen

Lange kann Johann Jakob Hebel noch nicht von seinem korsischen Abenteuer zurückgewesen sein, als er im Juli 1759 in Basel Ursula Oertlin heiratete. Er war 39 Jahre alt, seine Braut 33 – nach damaligen Verhältnissen waren beide nicht mehr jung. Dass sie sich nicht beide früher verheiratet hatten, lag nicht nur daran, dass sie eben erst jetzt den passenden Ehepartner gefunden hatten: das wäre die romantische Auslegung. Es waren wohl auch nicht unbedingt nur Johann Jakob Hebels «lebhafter Wandertrieb»[15] und sein diesem Trieb folgendes «Verlangen nach geruhigerer Lebensführung»[16] – auch das gehörte noch zur romantischen Deutung.

Der Grund der späten Heirat wird wohl banaler gewesen sein. Es wird am Geld gelegen haben: Zu dieser Zeit mussten heiratswillige Frauen und Männer eine gewisse Mindestsumme besitzen, um heiraten zu dürfen. Daher blieben Knechte, Tagelöhner, Dienstboten, Hausgesinde und Kleinhäusler – und Ursula Oertlin war eine Hausener Kleinhäuslerin – oftmals lebenslang unverheiratet. Zudem brauchte das Paar die Genehmigung des Dienstherrn oder des Großbauern, bei dem sie im Dienst waren – noch war die Patrimonialgerichtsbarkeit in Kraft. Wer keinen eigenen Grundbesitz hatte, war dem Herrn ausgeliefert.[17]

In dieser Hinsicht hatten Jakob Hebel und Ursula Oertlin Glück: Als Dienstmagd und Herrendiener konnten sie 400 beziehungsweise 700 Gulden vorweisen, und daher konnten sie wohl heiraten. Zudem diente das bescheidene Vermögen als Bürgschaft für Jakob Hebel, der sich als Pfälzer mittels einer Genehmigung des Markgrafen Karl Friedrich in der baden-durlachschen Markgrafschaft einzubürgern hatte.[18] Da es seit etwa dem 17. Jahrhundert für die Herrschaft üblich war, das Hauspersonal am Familienleben teilnehmen zu lassen, da Jakob Hebel und Ursula Oertlin ihrer Anstelligkeit wegen offenbar auch beliebt waren, ist es nicht erstaunlich, wenn die Iselins die Hochzeit ausrichteten.

Trauung und Fest fanden allerdings nicht in Basel statt: Die Ehegerichtsordnung der glaubensstrengen Stadt verbot die Heirat von Partnern unterschiedlicher Konfession.[19] Da Ursula Oertlin lutherischen Glaubens war, konnte sie den calvinistischen, aus Basler Sicht also rechtgläubigen Johann Jakob Hebel nur außerhalb der Stadtgrenze heiraten. Das Paar wurde daher auf markgräflichem Boden getraut, in dem rund 350 Seelen zählenden Dorf Hauingen im Wiesental, nördlich von Lörrach gelegen und heute, wie Brombach und Tumringen, Lörracher Ortsteil. Vermutlich fiel die Wahl auf Hauingen, weil der dortige lutherische Pfarrer, Jakob Christof Friesenegger, Ursula Oertlin von Hausen her vertraut war.[20] Vor der Verehelichung allerdings musste Johann Jakob Hebel wiederum beim Markgrafen versichern, die aus dieser Ehe hervorgehenden Kinder würden in lutherischem Geist erzogen werden. Und wenn der aus

dieser Ehe hervorgegangene Sohn Johann Peter Hebel ganze
62 Jahre nach der Eheschließung seiner Eltern – sie fand am 29. Juli
1759 statt – federführend an der Union der beiden protestantischen
Kirchen in Baden beteiligt war, so verweist diese größte kirchenpolitische Leistung Hebels nicht nur auf die Hartnäckigkeit, mit der die
konfessionellen Gegenparteien ihre jeweilige Auslegung des Evangeliums verteidigten, sie gibt auch eine Ahnung von der Verbundenheit, die Hebel über deren Tod hinaus gegenüber seinen Eltern
empfand.

Fast genau neun Monate nach der Heirat kam das erste Kind:
Johann Peter Hebel. Er muss ein properer Knabe gewesen sein, stolz
vermerkt der Vater in seinem «Taschenbuch» den ersten Zahn, den
Hanspeter im Alter von 22 Wochen bekommen habe. «Mein Bub ist
kräftig und stark.» Der Bub habe heute gar versucht, «alleine mit seinem Löffel zu essen». Er, der Vater, habe ihm auch ein Pfeifchen ge-
schnitzt, «da hat er gleich drein geblasen».[21] Der Pfeife blieb Hebel
treu, wenn auch nicht dem Musikinstrument, so doch dem Werk-
zeug zum Genuss von Tabakwaren, die allgemein als Mittel zur Steigerung der Lebensqualität galten:

> 's Bäumli, blüeiht, und's Brünnli springt.
> Potz tausig los, wie's Vögeli singt!
> Me het si Freud und frohe Muet,
> und's Pfiffli, nei, wie schmeckt's so guet![22]

> *Es blüht der Baum, der Brunnen springt.*
> *Potztausend, wie das Vöglein singt!*
> *Man ist voll Freud und frohem Mut,*
> *wie schmeckt das Pfeiflein jetzt so gut!*

So huldigt Hebel vier Jahrzehnte später im *Allzeit vergnügten
Tabakraucher* seiner Freude am «Knaster».

Auch aus dem Brei der frühen Tage, dem Hafermus, gedeiht in
den *Alemannischen Gedichten* ein Hymnus auf ein gottgegebenes
Wachstum, das vom Keim über das Korn bis zum Haferbrei eine te-
leologische Naturordnung erkennen lässt, in deren unverbrüchlichen
Abläufen eines aus dem anderen organisch hervorgeht:

's Habermues wär fertig, se chömmt, ihr Chinder, und esset!
(…)
Esset denn, und segnich's Gott, und wachset und trüeihet!
D'Haberchörnli het der Ärri zwische de Fure
gseiht mit flißiger Hand und abeg'eget im Früeijohr.
(…)
Denket numme, Chinder, es schloft im mehlige Chörnli
chlei und zart e Chiimli (…)²³

Der Haferbrei wär' fertig, kommt Kinder und esst!
(…)
So esst und segne es euch Gott, damit ihr wachst und gedeiht!
Die Haferkörner, die hat der Vater in die Furchen gesät und geeggt im
Frühjahr (…)
Denkt euch nur, Kinder, da schläft im mehligen Körnlein klein und zart
ein Keimling (…)

Ein Keimling, der in der warmen Erde austreibt, zum Korn
heranwächst, geerntet wird, vom Müller zur Mühle gekarrt und in
der Mühle zu Schrot zermahlen wird, und dann «mit feister Milch
vom junge fleckige Chüeihli» von der Mutter gekocht wird, im Tü-
pfli, im Topf: «Geltet, 's isch guet gsi? Wüschet d' Löffel ab, und bett
eis: ‹Danket dem Herren›» *Gell, es war gut! Wischt die Löffel ab und be-*
tet: ‹Dank sei Gott dem Herrn› – beispielhaft ist im Gedicht *Habermues*
Naturkundeunterricht mit Theologie zum Bild einer sinnvollen Naturordnung verwoben, die organisch in die gesellschaftliche Ordnung
überfließt und einen einheitlichen, vom jahreszeitlichen und lebens-
weltlichen Zyklus des Werdens und Vergehens bestimmten Weltab-
lauf ergibt – ein stetes Fließen, in dem sich die Dinge evolutionär,
nicht sprunghaft entwickeln. In diesem Bild liegt, wie in Hebels
Keimling, das Ganze: Hebels christlich gebundene Aufklärung als
Volksbildung und Schule der Moral im lebenspraktischen Rahmen.
Er wird in den *Alemannischen Gedichten* sein Weltbild Gedicht für
Gedicht variieren, auch in der *Vergänglichkeit.* Denn ohne Tod gibt es
kein Leben.

Geburt vor Flusslandschaft: Basel

Am 10. Mai 1760 also ist Johann Peter Hebel geboren. Er ist ein Stadtkind. Nicht Hausen ist der Ort seiner Geburt, sondern Basel – wobei, wie die Heimatgeschichte überliefert, eine zweite und in den Hebel-Biographien ungenannt gebliebene Variante von Hebels Geburt existiert: Demnach sei er, als seine Eltern auf dem Wege von Hausen nach Basel waren, unverhofft nahe Lörrach, und zwar im Hauinger Gasthaus «Bad», zur Welt gekommen. Diese Erzählung ist keineswegs beglaubigt, ein Gerücht, indessen noch immer nicht aus der Welt. So scheint die Geburt in Basel wahrscheinlich, doch auch diese Fassung der Geschichte ist nicht ohne den Schatten eines Zweifels geblieben: Denn es existiert kein Geburts-, nur ein Taufregister.[24]

In jedem Falle aber hat Basel Hebel geprägt – die Stadt, die in vier Jahrhunderten calvinistisch ausgerichteter Lebensführung die Zurückhaltung zum Stil erhoben hat, deren Bürgerschaft ihren solide erarbeiteten Reichtum dadurch offenbart, dass sie ihn hinter schlichten, doch immer anmutigen Fassaden verbirgt. Wer in eine solche Umgebung hineingeboren wird, ist gefeit gegen jedes Protzentum, mag er auch als armer Leute Kind zu Wohlstand gekommen sein.

> Rich sin sie, ‹s isch kei Frog, / ’s Geld het nit Platz im Trog. / Tuet üser eim e Büeßli weh, / verbause sie Dublone, / ‹Chromet grüeni Bohne!› / und hen no alliwil meh»[25] – *Reich sind sie, keine Frage, / und Geld füllt ihre Lade / Spürt unsereins den Heller / verjubeln sie Dublonen, / ‹kauft grüne Bohnen› / ihr Geld wächst immer schneller.*

spottet Hebel später in dem Gedicht *Die Marktweiber in der Stadt*, um im selben Atemzug die Warnung auszusprechen:

> «Jo weger, me meint, in der Stadt / seig alles sufer und glatt; / die Here sehn eim so lustig us, / und’s Chrütz isch ebe durane; / ‹chromet jungi Hahne!› / mengmol im pröperste Hus.»[26] – *Man glaubt gerne, in der Stadt / sei alles sauber und glatt / die Herren seh’n so lustig aus / und ’s fließt doch manche Träne, / ‹kauft junge Hähne› / auch im allerschönsten Haus.*

Blick aus dem Fenster:
Vom Geburtshaus war
die Friedhofsmauer zu
sehen, auf deren Innen-
seite sich das Fresko des
berühmten Basler
Totentanzes, entstanden
um 1450, befand
(Zeichnung von
E. Büchel, um 1770).

Das ist der Trost der Armen, aber es ist auch eine Mahnung in calvinistischem Geist: Sei bescheiden, bleibe schlicht!

«Ich bin», bemerkt Hebel gut ein Jahr vor seinem Tod in einem Brief an Gustave Fecht, «bekanntlich in Basel daheim, vor dem Sandehansemer Schwibbogen das zweite Haus».[27] Er schreibt nicht: Ich bin in Hausen daheim, er schreibt: in Basel. Und dann träumt er von einem beschaulichen Lebensabend nicht im Wiesental, sondern in Basel: «In fünf Jahren bin ich siebzig. Alsdann bitte ich mir einen Ruhegehalt aus und komme heim. … Selbiges Häuslein kaufe ich dann um ein paar Gulden …»[28] Da lebte er bereits dreieinhalb Jahrzehnte in Karlsruhe.

Aber dass er sich in Karlsruhe etabliert hatte, dass er trotz aller
Sehnsucht nach dem Lande in der Residenzstadt blieb – das ist sicher
nicht zuletzt den Eindrücken geschuldet, die die Kinder- und Ju-
gendjahre in der noblen Patrizierstadt Basel hinterlassen haben. «Vor
einigen Tagen», berichtet Hebel im Mai 1812 von Karlsruhe aus an
Gustave Fecht, «lernte ich den H. Graveur Hueber von Basel hier
kennen. So einer kommt mir recht. Er mußte durch alle Gassen und
Gäßlein von Basel mit mir schlupfen. Am Ende gestand er mir, daß
ich Basel besser kenne als er.»[29]

«Vor dem Sandehansemer Schwibbogen das zweite Haus»: Hebels
Geburtshaus steht im rund drei Kilometer westlich vom Münsterplatz gelegenen, damals «St. Johanns Vorstadt» genannten Viertel,
dessen schmale, Wand an Wand aufeinanderhockende Häuser unmittelbar an die Rheinpromenade stoßen. Trotz Hebels genau scheinen-
der Ortsangabe war die Erinnerung, welches Haus er meinte, verloren gegangen. Erst seit einem halben Jahrhundert ist wieder klar:
Hebels Geburtshaus war der «St.-Johann-Schwiebogen 89».[30] Später
wurde die Straße in «Totentanz» umbenannt. Das schmale, zwischen
ähnlichen Häuschen eingeklemmte, im Jahre 1555 erbaute Geburtshaus liegt also heute am «Totentanz 2». Eine Gedenktafel über der
Haustür erinnert daran, dass «J. P. Hebel hier geboren» sei, am
«X. Mai MDCCLX».

Der Blick von Johann Peters Geburtszimmer geht frei und weit
über den Rhein. Vermutlich war also eines der allerersten Bilder, das
der Säugling aufnahm, das Bild des blaugrünen bis steingrauen,
ruhig und souverän dahinfließenden Stromes. Und falls die Mutter,
wenn sie ihren Sohn aus der Wiege hob und ans Fenster trug, sich
ein wenig nach rechts, nach Osten, drehte, so konnte der kleine
Hanspeter die breite, steinerne, hochmittelalterliche Rheinbrücke
erblicken:

> Uf der breite Bruck,
> für si hi und zruck,
> nei, was sieht me Here stoh,
> nei, was sieht me Jumpfere go,
> uf der Basler Bruck![31]

Auf der Balser Brück
vorwärts und zurück!
Nein, was sieht man Herren steh'n,
Und viel schöne Jungfern geh'n
    auf der Basler Brück![32]

Mit diesem Vers wird er vierzig Jahre später in seinem liedhaft heiteren Huldigungs-Gedicht *Erinnerung an Basel* den Kindheitsein-drücken seine Reverenz erweisen. Und auch den Rhein selbst besang der Erwachsene, indem er diesem symbolträchtigsten Fluss der Deut-schen in dem Eröffnungsgedicht seiner *Alemannischen Gedichte* die Rolle des jungen Helden zuschreibt:

Lueg, … chunnt er net ebe dört abe?
Jo er isch's, er isch's, i hör's am freudige Brusche!
Jo er isch's mit sine blaunen Auge,
(…)
mit der breite Brust, und mit de chräftige Stotze,
's Gotthards große Bueb, doch wie ne Rotsher von Basel
stolz in sine Schritten und schön in sine Giberde.[33]

Schau … kommt er nicht g'rad von dort heran?
Jawohl, er ist's, er ist's, ich hör's am freudigen Brausen!
Jawohl, er ist's, mit seinen blauen Augen,
(…)
und der breiten Brust und den strammen Waden,
Gotthards großer Sohn, doch wie ein Basler Ratsherr,
so stolz in seinen Schritten, so fein in seinem Gebaren.[34]

In diesen Versen schwingt zweifellos der Stolz mit, das majes-tätische Gewässer als ein Wahrzeichen der Heimat zu sehen, doch hat Hebels Rhein aus dem Jahr 1803, trotz der französischen Einfälle, nicht die Rolle des Grenzwächters, sondern die des Liebhabers:

Über hochi Felsen, und über Stuuden und Hecke
eis Gangs us de Schwitzerberge gumpet er z'Rhineck
aben in Bodensee, und schwimmt bis füre go Chonstanz,
seit: ‹I mueß mi Meidli ha, do hilft nüt und batt nüt!›[35]

Über Felsen, Stauden, Hecken,
stürzt er aus den Schweizerbergen, springt bei Rheineck
in den Bodensee und schwimmt bis Konstanz hin
und ruft: ‹Mein Mädchen muss ich haben, da führt kein Weg d'ran
vorbei ...›

Das Mädchen ist bekanntlich die Wiese, die Namensgeberin des Gedichts, jenes Flüsschen, das an Hausen, am Dorf der Mutter, vorüberfließt und bei Hüningen, dem ehemaligen Fischerdorf am Rande Basels und vom Geburtshaus Hebels nur wenige Kilometer entfernt, in den Rhein strömt. Hebel beschreibt das topographische Ereignis als Vereinigung von Mann und Frau – Symbol weiblicher Existenzerfüllung unter dem Dach der protestantischen Urländer: Der Patriotismus des protestantischen Theologen wird noch eher konfessionell als geopolitisch bestimmt sein, und das unterscheidet ihn von dem «vaterländischen» Patriotismus, wie ihn um diese Zeit die Romantiker, wie ihn bald der dichtende preußische Befreiungs-krieger Theodor Körner, wie ihn danach Hoffmann von Fallers-leben, den emphatischen Nationalbegriff des revolutionären Frank-reich übernehmend, in Deutschland verbreiteten.

So hatte denn auch Basel, wenngleich staatspolitisch von der Markgrafschaft und dem späteren Großherzogtum Baden getrennt, im Bewusstsein Hebels ohnehin, aber auch im Empfinden seiner Landsleute den Charakter von Heimat, während das übrige Deutsch-land jenseits des Breisgaus und des Schwarzwalds bereits fremd schien. Dass die Bauern des Wiesentals ihre Ernte nach Basel auf den Markt brachten, dass Markgraf Karl Friedrich noch bis Ende des 18. Jahrhunderts einen Sommersitz in Basel hatte, ist bezeichnend für diese konfessionell und regional bestimmte Wahrnehmung der poli-tischen Landschaft.[36]

Huldigungen: Die Stadt und das Markgräfler Land

Diese Wahrnehmung ergibt sich zwangsläufig aus einer langen gemeinsamen Geschichte: Ungleich mehr als die junge, erst im Jahre 1715 vom Markgrafen Karl Wilhelm auf dem Reißbrett entworfene Residenzstadt Karlsruhe ist Basel mit der rechtsrheinischen Landschaft, mit dem Markgräflerland verbunden.

Basel war eine treibende Kraft der Reformation in Baden: In der Universitätsstadt am Rheinknie übte Erasmus von Rotterdam heftige Kritik am weltlichen Lebensstil des Klerus, nachdem der Basler Stadtrat bereits Ende des 15. Jahrhunderts, noch vor Luther, den anstößigen Ablasshandel untersagt hatte.[37] Unterstützt von dem Humanisten Johannes Oekolampadius und dem Basler Buchdrucker und Verleger Johann Froben, der für die rasche Verbreitung von Luthers Schriften sorgte, war Erasmus entscheidend daran beteiligt, dass im Jahre 1529 in Basel die Reformation in der Schweizerischen Fassung eingeführt wurde. Sie war geprägt von Oekolampadius und dem Zürcher Huldreich Zwingli und sprach der Gemeinde, sprich: der Gesellschaft bedeutend größeres Gewicht zu als Luthers Lehre. Als dann, im Jahre 1556, im nahegelegenen Lörrach die Pfarrstelle neu zu besetzten war, sandte Simon Sulzer, Schüler des Oekolampad und Pfarrer am Basler Münster, seinen Schwager auf dieses Amt – und dieser Mann, Ulrich Koch, war der erste, der im Markgräflerland eine protestantische Predigt hielt. Natürlich geschah dies mit Billigung des badischen Markgrafen, Karl II., der den Basler Simon Sulzer beauftragte, die Reformation auch in der Markgrafschaft zu verbreiten. Auf der Rötteler Burg wurde eine Lateinschule eingerichtet, in der die neuen Pfarrer ausgebildet wurden. Diese ersten Schritte hin zum reformiertem Glauben waren durch den Augsburger Religionsfrieden von 1555 möglich geworden, der es den Landesfürsten gestattete, nach dem Grundsatz *cuius regio, eius religio* zu verfahren: wessen Herrschaft, dessen Religion.

Damit war die protestantische Lehre ein halbes Jahrhundert nach Luthers Thesenanschlag nach dem Recht des Heiligen Römischen

*Hebel und Vreneli, die Markgräflerin (nach einem Aquarell von
Karl Josef Agricola).*

Reiches Deutscher Nation neben der katholischen als eigene Konfession anerkannt, und Markgraf Karl II. brauchte sich vor dem
übermächtigen Österreich, dessen Gebiete sein Land damals noch
umschlossen, vorerst nicht zu fürchten.

Indessen waren es keineswegs vorwiegend konfessionelle Gemeinsamkeiten, die Basel mit dem Oberland verbanden. Eher sind
die wirkmächtigen konfessionellen Bande ihrerseits Folge einer weit
ins Mittelalter zurückreichenden verwaltungstechnischen, politischen und kirchlichen Verbindung – man darf nicht vergessen, dass
Basel dem Deutschen Reich angehörte und 1501 der Schweizer Eidgenossenschaft beigetreten war.[38] Seitdem trennte eine Grenze Basel
vom Markgräfler Land; diese Grenze begründete sich staatsrechtlich
dann erst knapp 150 Jahre später, als nach dem Westfälischen Frieden
die Eidgenossenschaft endgültig vom Reich getrennt wurde.[39] Und
nach der politischen Trennung waren Basel und die rechtsrheinische

Landschaft weder lebensweltlich noch mentalitätsgeschichtlich wirklich getrennt. Immer wieder, etwa wenn, wie im Dreißigjährigen Krieg, kaiserliche Truppen «in die evangelische Markgrafschaft» einfielen oder, wie im Pfälzischen Erbfolgekrieg, französische Heere das Land brandschatzen, flüchteten sich Markgräfler und Markgrafen nach Basel.[40]

Die «überragende Bedeutung»,[41] welche die Stadt auf der anderen Rheinseite im Bewusstsein der Markgräfler gewonnen hatte, hat der Heimatschriftsteller Adolf Schmitthenner im *Tagebuch meines Urgroßvaters* mit der Metapher umschrieben, «alle Straßen führten nach Basel».[42]

Wenn man sich diese engen kultur- und ereignisgeschichtlichen Verflechtungen vor Augen hält, wird begreiflich, weshalb Basel in Hebels Vorstellung stets lebendig bleiben konnte. Seine in den *Alemannischen Gedichten* beschriebene *Erinnerung an Basel* erscheint aus dieser Perspektive zugleich als autobiographische Notwendigkeit wie als landsmannschaftliche Huldigung an die geliebte Stadt. Es heißt darin:

> Z' Basel an mim Rhi,
> jo dört möchti si!
> Weiht nit d' Luft so mild und lau,
> und der Himmel isch so blau
>   an mim liebe Rhi![43]

> *Zu Basel an meinem Rhein*
> *Ja, dort möcht' ich sein!*
> *Weht nicht die Luft so mild und lau*
> *und der Himmel ist so blau*
> *   an meinem lieben Rhein!*

(…)

> Uf der grüene Schanz,
> in der Sunne Glanz,
> woni Sinn und Auge ha,
> lacht's mi nit so lieblig a
>   bis go Sante Hans.

Auf der grünen Schanz›,
in der Sonne Glanz,
leuchten Sinn und Auge mir
lacht auch alles lieblich hier
bis nach Sante Hans.

Totentanz

Während Hanspeters Blick aus dem hinteren Zimmer des Baseler Hauses auf den lebendigen und glänzenden Rhein fällt, vermittelt die Aussicht nach vorne hinaus, nach Süden, das Gegenprogramm: Unweigerlich trifft das Auge auf die doppelt mannshohe, an der Innenseite mit einem schmalen Holzdach versehene Mauer, die den Friedhof der ehemaligen Dominikanerkirche begrenzt, errichtet in gotischer Architektur im Jahre 1233. Diese Mauer aber trägt den berühmten *Basler Totentanz*, das um 1450 entstandene Gemälde, das die Nachwelt an die furchtbare Pest erinnern sollte, die zuvor in Basel gewütet hatte.

Dem unbekannten Maler des mehrmals restaurierten Freskos war es in der Tat gelungen, die Schrecken des Schwarzen Todes ins Bild zu bannen: Sein von Skeletten bevölkerter Bilderzyklus zeigt unter anderem eine Frau in Bürgertracht, an deren Schürze sich ein Knabe klammert. Die Mutter hält schützend ihre Hand auf den Kopf des Knaben, doch von hinten hat sie schon der Knochenmann umfasst.

Da die Totentanzmauer erst 1805 abgerissen wurde, hatte Hebel als Kind noch reichlich Gelegenheit, dieses riesige *memento mori* zu betrachten. So ist kaum zu bezweifeln, dass diese grausig-schöne, eine makabre Faszination ausstrahlende Mahnung an die Lebenden ebenfalls eine der frühen Kindheitserinnerungen bildet. «Stoht's denn nit dört, so schuderig, wie der Tod / im Basler Totentanz? Es gruset eim (…)»[44] lässt er später einen *Bueb*, einen Jungen, seinen Vater auf die Rötteler Burgruine hinweisen: *Steht sie nicht dort oben, schaurig wie der Tod im Basler Totentanz? Es graut einem (…)*

Als der Sohn fragt, ob denn das eigene Haus, das so schmuck und sicher wie eine Kirche auf dem Berg steht, das gleiche Schicksal erleiden könne, nimmt der Vater diese Frage zum Anlass, dem Sohn zu erklären, dass alles, was entsteht, irgendwann unweigerlich zugrunde geht: «'s cha frili si, was meinsch? / 's chunnt alles jung und neu, und alles schlicht / sim Alter zue, und alles nimmt en End (...)».[45] Natürlich kann das sein, was glaubst du! Alles kommt jung und neu, und alles schleicht dem Alter zu, und alles geht zu Ende (...), heißt es in der eingangs zitierten *Vergänglichkeit*. Die fast unheimliche Wirkung dieses Gedichts beruht nicht zuletzt darauf, dass Hebel den Anblick der zerstörten Burg mit dem Eindruck, den der *Basler Totentanz* hinterlassen hat, zum Motiv des Verfalls verknüpft, das zu einem Leitmotiv in seinem Werk werden wird.

Knapp ein Jahr nach Hebels Geburt, Ende 1761, kommt seine Schwester zur Welt. Sie wird, vermutlich zu Ehren der Frau des Majors Iselin-Ryhiner, auf den Namen Susanne getauft.

Aber dann kam die «Stadtseuche». So nannte man die rätselhafte Krankheit, gegen die kein Kraut gewachsen war, die schnell tötete und die vermutlich Typhus war.[46] Das erste Opfer in der Familie war deren Oberhaupt. Johann Jakob Hebel starb am 25. Juli 1761. Eine Woche nach ihm starb die Tochter, fünf Wochen alt. Die rasche Flucht aufs Land, ins Wiesental, kam zu spät. Doch der einjährige Hanspeter und die Mutter überleben. Johann Jakob Hebel wurde 41 Jahre alt.

Kinderliebe

Man darf vermuten, dass Ursula Hebel der Tod der kleinen Tochter sehr getroffen hat, trotz hoher Kindersterblichkeit zu dieser Zeit, trotz eines anderen Blicks auf die Kindheit. Wenn auch gerade auf dem Land die Kinder früh am Hof mithelfen mussten und, da sie als Arbeitskräfte notwendig gebraucht wurden, mit weniger sentimentaler Aufmerksamkeit bedacht wurden als im bürgerlichen Haus, so ist doch auch klar: Zu Lebzeiten Ursula Hebels vollzog sich rapide jener Wandlungsprozess, aus dem sich die bürgerliche Familie mit ihrer spezifischen Fürsorglichkeit für die eigenen Kinder herausbildete.

Im Mittelalter galt das Kind noch als Wesen, das sich vom Erwachsenen nur durch Größe und Alter unterschied und in den Kreis der Erwachsenen aufgenommen werden konnte, sobald es ohne die ständige Fürsorge seiner Mutter, seiner Amme oder seiner Kinderfrau leben konnte. Das heißt aber nicht, Kinder seien damals vernachlässigt worden oder hätten von Eltern und Erziehern keine Zuneigung zu erwarten gehabt: «Das Verständnis für die Kindheit ist nicht zu verwechseln mit der Zuneigung zum Kind (...).»[47] Ein beredtes Zeugnis dafür gibt etwa Luther, wenn er über den Tod eines seiner Kinder berichtet: «Gestorben ist mir mein kleines Töchterlein Elisabeth, es ist seltsam, welch trauriges, fast weibisches Herz sie in mir hinterlassen hat, so bewegt mich der Jammer über sie. Nie zuvor hätte ich geglaubt, dass die väterlichen Herzen bei ihren Kindern so weich werden.»[48]

Mit dem in der Neuzeit sich wandelnden Verhältnis zum Kind wandelt sich auch die Einstellung gegenüber der Erziehung. «Man bemüht sich, die kindliche Mentalität zu durchschauen, um die Erziehungsmethoden besser dem kindlichen Niveau anpassen zu können.»[49] Schließlich habe man sich «in hohem Maße» für die verantwortlich gefühlt, die in ihrer «Täuflingsunschuld» als ein Ebenbild Christi erschienen. So galt es zunächst, «ihre noch schwach entwickelte Vernunft» zu fördern, um «vernünftige Menschen und Christen aus ihnen» zu machen. Gefördert wurde dieses Bemühen von Intellektuellen und Erziehern. Wollte man das Kind auf den rechten Weg bringen, musste man versuchen, seine Eigenart zu verstehen, und so häufen sich in der gelehrten Literatur seit Ende des 16. Jahrhunderts die «kinderpsychologischen Bemerkungen». Damit bezeugen auch scheinbar kinderfeindliche Äußerungen über Unbotmäßigkeit und Unbekümmertheit von Kindern und Jugendlichen letztlich nur ein gewachsenes Interesse an ihrem Wesen.[50]

Dieser Wandel hatte im «familiären Milieu» eingesetzt, allmählich aber reicherten ihn Geistliche und Gelehrte mit psychologischem und fachlichem Stoff an, lieferten Programme zur Vermittlung von Wissen über Gott und die Welt, von praktischen und theoretischen Kenntnissen. Das wiederum durchdrang die Erziehung in der Familie, so dass im Lauf des 18. Jahrhunderts, beflügelt von den Bildungsidealen der Spätaufklärung und schließlich der Klassik, ein Bewusstsein entsteht, das die Belange von Kindern und Familie ernster nimmt. Und innerhalb der Familie rückt das Kind in den Mittelpunkt der Aufmerksamkeit.

Blickt man also vom Horizont dieser tiefgreifenden Entwicklungen auf die Ereignisse, die sich im Jahre 1761 in der Familie Hebel abspielen, liegt es nahe zu glauben, Ursula Hebel habe nicht nur der Tod ihres Mannes erschüttert, sondern auch der Tod ihrer fünf Wochen alten Tochter – trotz zeitbedingt hoher Sterblichkeitsrate, trotz der ständigen Nähe des Todes im Leben. Und das Sterben der Nächsten wird sie nicht nur aus praktischen Erwägungen erschüttert haben, wenn auch die praktische Seite des Unglücks erheblich war: Sie stand allein und musste allein für den Sohn sorgen. Mit dem Tode von Mann und Tochter, der alleinigen Verantwortung für den einzigen Sohn, musste indessen auch die innere Bindung an den erst ein Jahr alten Hanspeter an Intensität gewinnen. Auch muss neue Angst um dessen junges Leben hinzugekommen sein.

Verlust und Trauma

Angenommen, Hebels Vater hätte gelebt, bis Hebel erwachsen gewesen wäre; seine Mutter wäre nicht gestorben, als der Sohn ein dreizehnjähriger Halbwaise war; seine Schwester wäre am Leben geblieben und wäre als Hausmädchen zu den Basler Iselins gegangen – angenommen also, Johann Peter Hebel wäre in einer nicht auf diese Weise dezimierten Familie aufgewachsen, so wären auch dann zu dieser Zeit, Ende des 18. Jahrhunderts, die Aussichten gering gewesen, jemals mehr zu werden als ein unterbezahlter Schulmeister auf einer Lateinschule, ein Kleinhandwerker wie sein Vater oder ein

Bauer, der gerade zum Leben genug hatte wie die Mehrzahl seiner Vorfahren. Als Kleinbürgerkind war es nicht leicht, über den Kreis der Herkunft hinauszugelangen und sich von Hausen, dem Dorf im Wiesental, weiter zu entfernen als höchstens bis Basel, wo die Bauern auf dem Markt ihre Krautköpfe und Birnen verkauften. Doch neben der sozialen Herkunft sollten der Tod von Hebels Vater am 25. Juli 1761, als der Sohn ein Jahr alt war, und derjenige der Schwester im Alter von fünf Wochen Hebels Charakter wesentlich prägen und ihm seine eigenwillige Gestalt geben. Gewiss, Hebel hat beide nie gekannt. Auch waren frühe Tode an der Tagesordnung und gehörten zum Leben. Dennoch markieren die Todesfälle in Hebels Familie den Beginn einer besonderen Entwicklung.

Denn von nun an wird die Mutter umso gegenwärtiger. Sie legt ihre ganze Tüchtigkeit und Fürsorge, ihre ganze Lebenshoffnung auf niemand sonst als den Sohn. Sie spart, was sie als Hausmädchen verdient. Sie will ihrem Sohn die bestmögliche und zudem eine möglichst sichere Ausbildung bieten. Das ist zu diesen Zeiten noch die Theologie, das Generalstudium der Söhne armer Leute: Es kostet kein Geld, es verspricht am ehesten eine Anstellung als Vikar, als Pfarrer in einer kleinen Landgemeinde, mit Obstspalieren am Pfarrhaus, einem Gemüsegarten und den Naturalienabgaben der Pfarrkinder. Als Pfarrer stünde der Sohn auch nahe zu Gott, und das würde helfen, selbst ins Heil zu kommen.

So beschließt die Mutter, der Sohn solle Pfarrer werden. Die Mutter sorgt dafür, dass der Sohn im Baseler Haushalt mithilft. Sie auch besitzt den Hausanteil in Hausen, sie ist es, die ihn zur Schule schickt und ihn unterweist in den Dingen des Glaubens. Sie lehrt ihn, wie man sich benimmt gegenüber der Herrschaft und dem Pfarrer. «Ihr habt gut reden», soll Hebel nach dem Bericht seines ersten Biographen Albert Preuschen jenen entgegengehalten haben, die ihn für allzu bescheiden hielten, «Ihr seid des Pfarrers N. Sohn von X (...) Ich aber bin, wie Ihr wißt, als Sohn einer armen Hintersassen-Witwe zu Hausen aufgewachsen, und wenn ich mit meiner Mutter nach Schopfheim, Lörrach oder Basel ging, und es kam ein Schreiber an uns vorüber, so mahnte sie: ‹Peter, zieh's Chäppli ra', 's chunnt a Her›»

– Peter, nimm' die Mütze vom Kopf, es kommt ein Herr![51] Die aus der
Herkunft zwangsläufig folgende Erziehung zur Bescheidenheit, ja,
Devotheit prägte Hebel auch dann noch, als er 60 war und im jungen
Badischen Landtag neben dem Freiherrn von Wessenberg saß und
sich an solche Szenen erinnert: «Nun könnt Ihr Euch vorstellen, wie
mir zu Mute ist, wenn ich hieran denke – und ich denke noch oft
daran.»[52] Und dann stirbt diese Mutter, als der Sohn kein Kind mehr
ist und kein Knabe, noch kein Jüngling und noch kein Mann. Sie
stirbt, als der Sohn mitten im Umbruch steht, mitten in der Pubertät.
Dass sie an diesem Punkt stirbt, ist, psychologisch gesehen, eine Katastrophe und führt zu einem Trennungstrauma der schlimmsten Art.
Der Einschnitt war umso tiefer, als er einen Charakter traf, der, ohnehin empfindsam von seinen Anlagen, durch Erziehung bereits etliche
Verletzungen hatte hinnehmen müssen: So ist von Hebels Mutter
überliefert, sie habe ihn in der Absicht, ihn zu einem anständigen
und brauchbaren Menschen zu erziehen, sehr streng behandelt. Na-
türlich hat sie ihn, schon ihrer eigenen religiösen Prägung gemäß, zur
Frömmigkeit angehalten («Sie hat mich beten gelehrt»[53]). Eines der
Mittel, damals beliebt und weit verbreitet, war der bereits erwähnte
Johann Hübner.

Der 1668 geborene und 1731 gestorbene lutherische Theologe
verfolgte klare erzieherische Absichten. Sein Werk gilt pädagogisch
für die Zeit um 1700 als durchaus innovativ, da es Hübners Bestreben
ist, sein Wissen nicht abstrakt, sondern anschaulich zu vermitteln, so
dass der Leser unmittelbar, im Gefühl, angesprochen wird – zweifellos ein didaktischer Ansatz, der in die Zukunft weist und von den
großen Neuerern der Pädagogik, Campe, Basedow und Pestalozzi,
weiterentwickelt wird. Zweifellos hat er Hebel auch beeinflusst und
zu seiner eigenen Art, als Lehrer Wissen zu vermitteln, inspiriert.

Hübner vermittelte seine Ansichten in kleinen, kurzen, mitteil-
samen Traktaten, die von Wohlverhalten, Sünde und Strafe handeln.
Das Schema ist einfach und wirksam: Wer abweicht von der Norm,
wird bestraft. Die Botschaft ist ebenso klar: Sei brav, halte dich still
und bescheiden, gehe den rechten Weg, dann kommst du ans Ziel.
Hebel selbst hat diese Botschaft des Wohlverhaltens später gerne in

seinen Gedichten und Geschichten verkündet, sie bildet das Fundament seiner aufgeklärten Handlungsethik – oftmals in komplexeren Erzählsituationen vermittelt, manchmal auch schlicht wie in *Der Mann im Mond*[54], jenem Gedicht, in dem die Mutter ihrer Tochter von einem Mann erzählt, der ungern arbeitet, deswegen Holz schlägt, das nicht ihm gehört, und zur Strafe auf den Mond geschossen wird:

«Er haut die schönste Büechli um,
macht Bohnestecke drus,
und treit sie furt, und luegt nit um,
und isch scho fast am Hus.

Und ebe goht er uffem Steg,
se ruuscht em öbbis für:
‹Jetz, Dieter, goht's en andere Weg!
Jetz, Dieter, chumm mit mir!›
(…)
So goht's dem arme Dieterli;
Er isch e gstrofte Ma!»

«Da schlägt er junge Buchen um,
macht Bohnenstecken draus,
er trägt sie fort und schaut nicht um
und ist schon fast zu Haus.

Er geht noch über einen Steg,
da rauscht es wild und wirr:
‹Jetzt, Dieter, geht's den andern Weg,
jetzt, Dieter, komm mit mir!›
(…)
So geht's dem armen Dieterlein,
es muss halt Strafe sein.»

Die Stimme, die durch das Rauschen tönt, ob aus dem Wasser oder dem Wind, ist natürlich die Metapher für eine metaphysische Macht, für Gott also, der straft. Dass solche Lehren zu anständigem Tun erziehen und den rechten Weg weisen sollen, liegt auf der Hand. Doch sind sie, in dieser Art vermittelt, auch eine zweischneidige Sache: Sie fördern, trotz der Anregung, selbst nachzudenken und das rechte Tun zu erkennen, eine Neigung zu Anpassung und Unterwerfung. Jedenfalls fordern sie nicht unbedingt zu Wagemut auf. Andererseits stiftet die moralisch prägende Kraft solcher Lehren Orientierung, und das wird später auch die Absicht sein, die Hebels eigene Geschichten motiviert.

Als weit verbreitetes Erbauungsbuch stand «der Hübner» auch im Haushalt von Hebels Mutter.[55] So wird sie ihre Lieblingslektüre denn auch weitergegeben haben: streng und mit besten Absichten. In einem gerne zitierten Bericht hat der Ortsgeistliche von Hausen, Karl Friedrich Obermüller, Ursula Hebel unter diejenigen Eltern aufgenommen, «so ihre Kinder gut» erziehen.[56] Hebel selbst hat freilich als Ewachsener immer wieder Alpträume bekommen, in denen seine Mutter in Janusgestalt erscheint: als gute und liebevolle und als kalte und böse Frau, als Madonna und als Hexe. Von der Funktion dieser Träume wird später noch die Rede sein.

Hebel aber muss ein kraftvolles, lebhaftes, ja fast wildes Kind gewesen sein. So wird gerne auch die Geschichte erzählt, wie er auf Hausens Wiesen den Feldwart täuschte.[57] In jedem Fall offenbart sich da ein Mensch, der Einfallsreichtum, Geschick und Mut besitzt, der das Bedürfnis nach Grenzüberschreitungen hat und offenbar auch die Sensation, die Aufregung sucht. Diese Eigenschaften werden ihn durchs Leben tragen und ihn bei seinem Aufstieg stützen, die Lust am Ungewöhnlichen wird immer wieder durchblitzen, beim Studium, als Burschenschafter, bei den Wanderungen im Oberland, der wagemutigen Tour auf den Belchen, bei seinem ersten Lehramt und auch in späteren Jahren noch, wenn er kurz aus Karlsruhe verschwindet, um sich in Baden den Erregungen des Glücksspiels hinzugeben.[58] Auch ein Gedicht über rauschhafte Zustände wird er schreiben und ihm den treffenden Titel *Extase* geben – eine bemerkenswerte Talentprobe im Sturm-und-Drang-Stil, ein vorromantisches Manifest, dessen scheinbare Mängel, dessen zerrissene Form[59] gerade seine Qualität bestimmen und beweisen, welche Ausdruckskraft in diesem Dichter, der noch keiner war, als Potenz steckte.

In diesem Gedicht tritt ein Überschuss an Emotion zutage, ein ge-

radezu rauschhaftes Empfinden, eine Entgrenzungssehnsucht, die
Hebel zum Romantiker prädestiniert hätten. Später, im philologisch
anerkannten Werk der *Alemannischen Gedichte* und Kalendererzählungen, ist dieser Überschuss aufgefangen in der syntaktischen,
metrischen und inhaltlichen Ordnung einer moralisch, sozial und
metaphysisch geordneten Welt. Sogar über seine Diebs-, Vagabun-
den- und Verbrecherfiguren breitet sich ein Hauch schwankhafter
Gemütlichkeit. «Doch mordeten sie nicht und griffen keine Menschen an, sondern visitierten nur so bei Nacht in den Hühnerställen
und wenn's Gelegenheit gab, in den Küchen, Kellern und Speichern,
allenfalls auch in den Geldtrögen, und auf den Märkten kauften sie
immer am wohlfeilsten ein», wie es in der Erzählung *Die Drei Diebe*
heißt.[60] Sie alle, der rote Dieter und die Brüder Zundel, der Zundelfrieder und der Zundelheiner, mögen durchaus Sinnbilder heimlich
anarchistischer Vorlieben ihres Autors sein – letzten Endes dienen sie
ihm als Beispielfiguren einer geglückten, da vorbildlich aufklärerisch
über Erfahrung und Einsicht ins Gute vermittelten Resozialisierung.

Hebel war vielleicht am falschen Ort geboren, um wirklich Romantiker, Abenteurer des Geistes und Wilderer in unerforschten
Erkenntnisrevieren zu werden, und vielleicht auch ein bisschen zu
tief unten; vielleicht waren Basel und das Wiesental zu schön, der
häusliche Herd zu gemütlich, das Habermus zu süß; vielleicht auch
war die Mutter zu streng und zu behütend zugleich, Major Iselin-
Ryhiner zu beherrschend und zu liebenswürdig. Sicher ist: Hebel
hatte starke Anlagen, Temperament, Talent, Willen. Diese Eigenschaften brachten ihn weit, sehr weit nach oben, doch über Karlsruhe und Baden hinaus in die Metropolen des Geistes und der
Politik brachten sie ihn nicht, obgleich ihre Potentiale dafür wohl
ausgereicht hätten.

Dass Hebel seine gleichfalls außerordentliche literarische Begabung auffällig zurückgenommen hat und sich gleichsam dafür zu ent-
schuldigen schien, hatte ohne Frage auch gesellschaftliche Gründe.
Seinen Ehrgeiz legte er mehr auf den offiziellen Teil seiner Karriere,
auf das rundherum Anerkannte, das als grundsolide und bürgerlich
Geltende: auf die Laufbahn als Theologe, darauf folgend als Staats-

beamter. Zugleich aber ist mit dem Verweis auf die gesellschaftlichen Bedingungen, in denen Hebel aufwuchs, nicht alles erklärt – immerhin begann gerade in seiner Zeit der Berufsschriftsteller sich durchzusetzen, und um die Wende vom absolutistischen 18. zum bürgerlichen 19. Jahrhundert gab es im deutschen Kulturraum bereits eine ganze Reihe von Autoren, die das Schreiben zur existenztragenden Profession erhoben hatten, nicht nur so berühmte wie Jean Paul und Goethe.[61]

Warum war Hebel, obwohl ehrgeizig, wissbegierig, tatkräftig, oftmals allzu zögerlich? Warum war er, obwohl hochbegabt, oftmals bescheidener, nachgiebiger, als es die Konvention selbst des paternalistischen Ständestaates erfordert hätte? Er selbst führt es, sich gut durchschauend, auf Erziehung und Herkunft zurück.[62] Das aber erklärt nicht völlig seinen auffälligen Zug zur Selbstzurücknahme und Vorsicht. Die allgemeingültige Erklärung gibt es auch hier nicht. Doch es lohnt, später noch einen genaueren Blick auf das Ereignis und seine Folgen zu werfen, aus denen das große Trauma, Hebels «Lebenstrauma»[63] erwuchs: der Tod der Mutter. Denn in dieser Erfahrung verstärkt sich alles, was in ihm angelegt ist: die Bescheidenheit, das Schuldgefühl, aber auch der Ehrgeiz, der Wille zum Aufstieg, die Frömmigkeit. So tritt hinter der honorig-gemütlichen Erscheinung Hebels, deren sichtbarer Habitus nebst Tabakspfeife auch von Carl Spitzweg hätte entworfen sein können, ein hochkomplexer, von auseinanderstrebenden Impulsen geprägter Charakter hervor, der die geschlossene Weltordnung der christlichen Theologie ebenso brauchte wie seinen festen Platz in der gesellschaftlichen Ordnung, um innerlich nicht zu zerfallen wie Hölderlin oder zu implodieren wie Kleist.

Trauma und Aufstieg – ein Lebensabriss mit Frauen und Politik

Am auffälligsten prägt das Trennungstrauma Hebels Verhältnis zu Frauen. Dieses Verhältnis bleibt platonisch, verwirklicht sich indessen in drei verschiedenen Formen, die von jenen drei Frauen repräsentiert werden, die außer der Mutter in Hebels Leben eine Rolle spielen.

Die erste war Gustave Fecht. Das heißt: Die aus Weiler nahe dem schwäbischen Pforzheim stammende Pfarrerstochter wäre die erste im Sinne der Einzigen, der Lebenspartnerin gewesen, wäre Hebel dazu in der Lage gewesen, eine dauerhafte eheliche Bindung einzugehen. Da er dies aufgrund seiner psychischen Disposition aber nicht vermochte, blieb «die verehrte Jungfer Fecht» die lebenslang von fern Begehrte. Auf den ersten Blick sieht das so aus, als hätte sich in dieser unerfüllten Liebe in klassischer Weise die sogenannte «petrarkistische» Liebeskonzeption verwirklicht: also das Muster einer platonischen Dichterliebe, die sich gerade darin erfüllt, dass sie sich nicht erfüllt. Das soll heißen: die geliebte Frau bleibt unerreichbar und stachelt damit den Dichter zu glühenden Liebesversen an. Genau so verhielt es sich mit Petrarca – daher der Name – und seiner geliebten Laura, die den Dichter zu Versen von bestrickender Anmut hingerissen hat.

Hebels Verhältnis zu Gustave Fecht indessen passt gerade nicht bruchlos ins petrarkistische Schema: denn Gustave wäre keineswegs unerreichbar gewesen, im Gegenteil. Sie wäre nur allzu gerne Johann Peter Hebels Frau geworden, wenn dieser nur gewollt hätte. Und in dieser vom Autor gleichsam selbst gewählten Unerreichbarkeit wurde die geliebte Frau dann tatsächlich zur produktiven Anregerin, zur Muse: indem der Gedanke an sie für Hebel sicherlich einer der Impulse für seine *Alemannischen Gedichte* war, zweitens aber, indem er in einer Flut von Briefen bis an sein Lebensende Gustave Fecht Auskunft über seine jeweilige Lebenssituation gab. Diese Briefe sind jedoch auch deswegen bemerkenswert, weil sie wie ein Spiegel Hebels

*Gustave Fecht
(Jugendporträt mit
Hahn, anonym).*

innere Gestalt, sein ambivalentes Verhältnis zu dieser Frau reflektieren. Da sucht Hebel auf der einen Seite seiner Rolle als Mann gerecht zu werden, indem er sich als den Belehrenden und damit Überlegenen inszeniert, da zeigt er sich aber andererseits als der schüchterne Junge, der der Frau keinesfalls Anlass zu Unwillen geben will und um ihr Einverständnis bemüht ist.

Schon dem ersten erhaltenen Brief an die in Weil im Haushalt ihres mit Hebel befreundeten Schwagers Tobias Günttert lebende Gustave Fecht ist dieses Muster abzulesen. Da teilt der Absender zunächst mit: «Allerwertheste Jungfer Gustave, So nenn ich Sie denn iezt – soviel ich mich erinnern kann ists das erstemal wieder, seit ich einst an einem Sontag Nachts in H. Pror[ektors] Haus beim Blindmausspiel war, und mit Schneeballen gerieben wurde, und den andern Tag etwas hörte, was ich niemand sage. Ists nicht recht dass ich sie so nenne, so ist weit weg, gut für den Schuß. Die schlimmste Rache, die Sie dafür nehmen könten, ist die dass Sie mich dafür H.[err] Hans Peter, oder wenn Sie recht bös sind, Hans Peter schlechtweg nennen.» Er bietet ihr also sozusagen das Du an, um ihr dann auf artigste Weise Einblick in seine Gefühle zu geben: «Und das wollt ich auch noch sagen, dass der Zucker gar süß war in der neuen Zuckerbüchse, und dass ich mich recht schön dafür bedanke, vermutlich war er ia von Ihnen. Wenn er doch gar vom Hans Jerg gewesen wäre und ich hätte mir ihn so süß vorkommen lassen, das wäre eine rechte Narrheit von mir gewesen. Und noch für eins muß ich Ihnen danken vermöge eines unwiderstehlichen Dranges meines Herzens, so ungern ich es um Ihretwillen thue, für alles Gute und Angenehme, für alle Freude die ich in Ihrer Nähe empfand, wenn ich auch nur still in einer Ecke saß und Ihre guten frommen Gesinnungen bewunderte, und mich an Ihren sanften Tugenden ergözte.»[64]

Gleichzeitig aber kann er nicht umhin, sich, wenn auch in ironischer Koketterie, als beruflich gut etablierten Mann zu präsentieren: «Ich werde die Predigt doch schiken in den Ferien, wenn ich Zeit habe sie abzuschreiben. (...) Ich bin so stolz, daß die Karlsruher Kenner so zimlich zufriden waren, und kaum die Hälfte der Zuhörer, höchstens 2 oder 3 mehr, einschlieffen, so stolz, daß ich die Predigt in die ganze Welt schicken möchte, und Sie mir keinen größeren Verdruß anthun könnten, als wenn Sie mich wissen ließen, daß Sie dieselbe nur als Spaß verlangt hätten. Aber ein Karlsruher Diakonus lasst nicht mit sich spaßen.»[65] Dieses Muster männlicher Selbstinszenierung und vorsichtig distanzierter Werbung zieht sich als Grundhaltung durch so ziemlich alle Briefe an Jungfer Fecht.

Die zweite Frau in seinem Leben war Sophie Haufe, Tochter des Lörracher Pfarrers Johann Jakob Bögner und in Straßburg mit dem Goldschmied und späteren Papierfabrikanten Gottfried Haufe verheiratet, einem ehemaligen Schülers Hebels. Auch über dieses Verhältnis gibt Hebel durch seine Briefe Auskunft. Da schreibt er zum Beispiel von Karlsruhe aus das Folgende: «Mein lieber Minister! Angesehen, dass Sie einen höheren Rang und Posten verdienen, als der Minister bey einem blosen schlechten Edelmann zu sein, habe ich

*Sophie Haufe
(Alabasterrelief von
L. Ohmacht).*

beschlossen, nach dem Vorgang und Beyspiel Jakobs des I sten Kaysers von Haity Liebden, mich nach und nach in einen höhern Rang
zu versetzen, und einsweilen den Titel Peter der I ste Grav Proteus
Heermeister, anzunehmen.»[66] Der also angesprochene und mit Minister titulierte Empfänger ist tatsächlich niemand anders als eben
die anmutige Sophie Haufe. In zahlreichen seiner Schreiben erklärt
Hebel die Briefpartnerin scherz- und sinnbildhaft zum Minister,
schreibt ihr also gedanklich eine männliche Rolle zu. Dass ausgerechnet die jüngere und in ihrer herzlichen Gastfreundschaft ein
wenig die mütterliche Rolle bekleidende Freundin Sophie Haufe
vermännlicht wird, lässt darauf schließen, dass Hebels Ehelosigkeit
nicht auf eine homoerotische Neigung zurückgeführt werden kann.
Vielmehr hebt Hebel mittels der virtuellen Zuschreibung einer
männlichen Rolle für eine Frau den «rein freundschaftlichen» Zug
in diesem Verhältnis hervor, mit zweierlei Wirkung: Zum einen be-
teuert Hebel dadurch sich selbst, Sophie und ihrem Mann gegen-

über, dass bei ihm tatsächlich auch nicht die Spur eines vielleicht verborgenen erotischen Interesses vorhanden sei. Zum anderen aber macht es ihm dem Umgang mit dem weiblichen Freund noch einmal leichter – und dass Hebel Fähigkeit zur Empathie besitzt, das lassen nicht zuletzt seine zahlreichen Briefe an seinen besten Freund, Friedrich Wilhelm Hitzig in Lörrach, erkennen, die vor Laune sprühen, mit jungenhaft albernen Scherzworten durchsetzt sind und eine Mitteilsamkeit, aber auch Anteilnahme erkennnen lassen, die Hebels Briefen überhaupt ihren Stempel aufdrückt.

Als Hebel dann längst als gemachter Mann in Karlsruhe lebt, von «Hofluft» umweht, wie er an Fecht einmal schrieb, geehrt, gefeiert und umworben – da lernt er die interessanteste und attraktivste Frau seines Lebens kennen, die einzige, die etwas von dem Flair der Metropolen dieser Umbruchszeit mitbringt; sie umgibt ein Hauch rokokohafter Verruchtheit, denn sie hat schon drei Ehen hinter sich, ist im Augenblick unverheiratet und entsprechend umschwärmt von berühmten Männern; ihr Gewerbe hat zudem eine Aura des Künstlerischen, Vagabundenhaften, Unbürgerlichen. Kurz: Hebel lernt mit 48 Jahren die Berliner Schauspielerin Henriette Hendel kennen, als diese im Jahre 1808, Hebel erlebt eben den ersten Höhepunkt dichterischen Ruhms, nach Karlsruhe kommt, um seine *Alemannischen Gedichte* zu «deklamieren», wie sie das nennt. Die gefeierte Bühnenkünstlerin tritt im brandneuen klassizistischen, vom Architekten Friedrich Weinbrenner erbauten großherzoglichen Stadttheater auf, Karlsruhe steht Kopf und Hebel ist hingerissen von der Präsenz, der Strahlkraft und Liebenswürdigkeit Henriettes. So geben seine Briefe denn auch eindringlich Kunde von gehobenen Stimmungen: «Lieber Zenoides! 24 Tage hindurch, so lange Mad. Hendel hier war, schwelgte ich dismal in einem Genuß, der mir vor einem Jahr schon minutenweise unbezahlbar war. Sie gab dismal ihre mimischen Darstellungen öffentlich, dann die Jungfr. V. Orleans, Medea, die Grävinn Orsina in Emilia G[alotti], die Phädra zweymal, und am Montag ein Deklamatorium. Ihr Umgang aber ist eine immerwährende Sitzung der Akademie d. Künste, der goldenen Lebensweisheit, und des Frohsinns»[67], schwärmt er seinem Freund Hitzig vor. Zweifellos, er

*«In solchen
Abentheuern treibt man
sich herum»: Henriette
Hendel, die berühmte
Berliner Aktrice.*

ist verliebt in die umschwärmte Schauspielerin. Er sieht sie oft, un-
terhält sich mit ihr über Kunst, begleitet sie auf Gesellschaften. Als sie
nach einigen Wochen wieder abreist, um ihre Kunst auf den großen
Bühnen der deutschen und europäischen Länder zu üben, ist Hebel
die Enttäuschung, ja, der Schmerz darüber anzumerken.

Wie Gustave Fecht zur Ehefrau, wäre Henriette Hendel zur Geliebten prädestiniert gewesen. Weder das eine noch das andere geschieht. Es war ihm offenkundig unmöglich, über seine inneren
Schranken hinauszutreten. Lebensklug hat er aus einem Wollen und
Nichtkönnen ein Nichtwollen gemacht und sich verschmitzt und
so angenehm wie möglich in einer von Freundschaften bestimmten,
aber letztlich doch solitären Existenz eingerichtet. Gustave Fecht gegenüber nennt er sich einmal, er ist bereits zum außerordentlichen
Professor ernannt, scherzhaft aber doch wohl treffend «einen Schulmeister und Eremiten».[68] Arnold Stadler erfasst es so: «Ich stoße auf

einen einsamen Menschen, der vor bald zweihundert Jahren im gerade erst gegründeten Karlsruhe sitzt»,[69] also an einem traditions- und geschichtslosen Ort, der sich gerade deswegen ideal zur Projektionsfläche eines nicht schematisierten Lebensentwurfs eignet. Das hatte in einer Zeit, in der der protestantische Theologe der Konvention entsprechend beinahe zur Ehe verpflichtet schien, einen geradezu avantgardistischen Zug.

Arbeit: Bergwerk und Mistkarren

Kehren wir zurück in die Phase der Kindheit, des Wachstums, als die Mutter noch da ist. Das Leben von Mutter und Sohn spielt sich weiterhin in dem Rhythmus ab, den es noch zu Lebzeiten des Vaters angenommen hatte: Die Wintermonate verbringen sie in Hausen, den Sommer über bleiben sie in Basel. Ursula Hebel ist dort weiterhin in Stellung. Auch Hanspeter, als er ins Schulalter kommt, darf – und muss – im Haushalt der Iselin-Ryhiner helfen.

In Hausen hatte unterdessen die Mutter das obere Stockwerk ihres Geburtshauses geerbt. Eine schmale Holztreppe führte auf eine knarrende enge Diele, von der man in die nicht gerade winzige, aber auch nicht geräumige Küche gelangte. Dort konnte sie an dem niedrigen gemauerten Herd das Habermues zubereiten, den Päppli, den Haferbrei. Den Topf mit dem Brei stellte sie dann in der Stube ab, in die sie in drei, vier Schritten über die Diele gelangte und in der der massive Tisch mit dem Zinngeschirr stand.

Es war eng und schlicht im Winter im Hausener Haus, dessen Fenster zugig waren und in dessen unterem Teil ein Schmied seine Nägel hämmerte. Das Eisen dazu bekam er vom Bergwerk, das am östlichen Rande von Hausen lag.

Dort im Bergwerk verdiente der Knabe Hanspeter der Überlieferung nach sein erstes Geld. Ja, Hanspeters Kreuzer sollen sogar an jenem solide gearbeiteten Tisch ausbezahlt worden sein, der heute in der Hausener Stube steht: Eine der Tischecken ist, nimmt man an, deshalb so glänzend poliert, weil die Hand des Onkels Jakob Oertlin darüber gestrichen hat, als er den Bergleuten ihre Münzen zuschob. Mit dem Hammer in der Hand muss der Schüler am Schmelzofen gestanden haben, dessen schnaufenden Blasebalg er auch auf und nieder drückte. *Der Schmelzofen* – so hat er später ein Gedicht betitelt, in das seine Erfahrungen eingeflossen sind:

> Jez brennt er in der schönsten Art,
> und's Wasser ruuscht, der Blosbalg gahrt, (...)
> Und's Wasser ruuscht, der Blosbalg gahrt;
> i ha druf hi ne Gulde gspart.
>
> *Jetzt brennt er auf die schönste Art*
> *Das Wasser rauscht, der Blas'balg knarrt (...)*
> *Das Wasser rauscht, der Blas'balg knarrt*
> *So hab' ich mir auch was gespart.*[70]

Es ist, wie man es von Hebels Gedichten kennt, eine Huldigung geregelter Arbeit, in der sich dem Menschen, wenn er nur die Augen dazu hat, die sinnvolle Einrichtung der Welt offenbart.

Heute nennt man, was Hebel im Bergwerk verrichtete, Kinderarbeit – auf dem Land war es indessen gang und gäbe, dass Kinder halfen. Sobald sie konnten, gingen sie mit aufs Feld und hoben mit der Heugabel die Garben auf die Wagen, wuchteten mit der Forke den Mist aus dem Stall, droschen mit dem Flegel im Winter auf der Tenne, machten Holz im Stadel, während die Frauen in der Stube den Flachs sponnen – und so wird es auch in Hausen gewesen sein, als Hanspeter mit seiner Mutter die Winter dort verbrachte. Auch auf die Arbeit im Bergwerk ließ sich nicht verzichten: Die Mutter brauchte den Verdienst des Sohnes, wollte sie ihm die Ausbildung zum Pfarrer finanzieren. Und in dieser Art hat der erwachsene Hebel seine Tätigkeit als Bergmann gleichfalls betrachtet und sie im Sinne protestantischer Ethik später für sein Schreiben nutzbar gemacht: Seine beste und interessanteste, weil brüchigste Kalendergeschichte, *Unverhofftes Wiedersehen*, dürfte nicht zuletzt auch von der eigenen Bergmannserfahrung angeregt worden sein.

Streiche, Prügel, Gerundiv: Die Dorf- und die Lateinschule

Vorerst ist das Leben dem jahreszeitlichen Rhythmus entsprechend in ein Stadt- und ein Landleben geteilt. «Ich habe die Hälfte der Zeit in meiner Kindheit bald in einem einsamen Dorf, bald in den vornehmen Häusern einer berühmten Stadt zugebracht».[71] Diesem Rhythmus folgt unvermeidlich auch der erste Schulbesuch.

Die Qualität der Elementarschulen war höchst unterschiedlich, meist aber schlecht. Dass sich in den Dorfschulen «im Winter ... Dutzende von Kindern unterschiedlichen Alters in der Wohnstube eines Schulmeisters» drängten, «der im Hauptberuf Handwerker war», war auch im zweiten Drittel des 18. Jahrhunderts noch immer keine Seltenheit.[72] Die lokale Gewohnheit, schulfähige Kinder nicht in die Schule zu schicken, weil man sie auf dem Hof oder im Haushalt brauchte, war noch wirksam, verbindliche Lehrpläne entstanden erst langsam.

Ob der regelmäßige Schulbesuch Hanspeters bei den verwandten Bauern Hausens einstimmig gebilligt wurde, gehört folglich zu den Fragen, die niemals beantwortet werden können. Selbstverständlich war er damals nicht: «Die Schulverwaltung hat die Beachtung der Schulpflicht erzwungen – gegen den Widerstand der Eltern, die auf dem Lande wie in der Stadt an der Mithilfe und Arbeitskraft der Kinder interessiert waren.»[73] Die Mutter indessen, auf zukunftsweisende Erziehung ihres Sohnes bedacht, wird entschieden auf dem regelmäßigen Schulbesuch bestanden haben.

Andreas Grether, Lehrer an der Hausener Dorfschule, kann über den neuen Schüler nicht unglücklich gewesen sein: Noch richtete sich das Einkommen der Lehrer nach der Zahl ihrer Schüler. 48 Kreuzer im Jahr soll ihm Hebel gebracht haben.[74] Demnach also und nach allem, was über Grether überliefert ist, war Hebels erster Lehrer der übliche Vertreter seines Standes. Er hatte 60 Schülern die Elementarkenntnisse im Schreiben und Rechnen beizubringen. Vor allem aber hatte er, dem Lehrplan gemäß, im christlichen Glauben lutherischer Prägung zu unterrichten. In den deutschen Ländern standen «Religion, Lesen, Schreiben und Rechnen» meist «im Vordergrund – und zwar in dieser Reihenfolge».[75]

Gleichwohl kündigten sich in der Zeit von Hebels erstem Schulbesuch überall die Neuerungen an, die dann zu Beginn des 19. Jahrhunderts mit der umfassenden Bildungsreform in Preußen zu jenem modellhaften deutschem Schulsystem führen, dessen Effektivität und Leistungsfähigkeit in ganz Europa bewundert werden wird.[76] Der Erlass, den der badische Markgraf Karl Friedrich 1768 herausgibt, ist dafür bezeichnend. Er setzt Rechnen und Geometrie auf den Lehrplan und schränkt die Prügelstrafe ein. Er liberalisiert die Pädagogik und verschiebt ansatzweise den Lehrinhalt auf die «Realien», also in Richtung einer praktischen, berufsbezogenen Ausbildung.

Da war Hebel bereits zwei Jahre Schüler: Mit sechs Jahren trat er in die Hausener Schule ein, mit zwölf durfte er sie verlassen. Als Autoritätsperson von Staats wegen musste Lehrer Grether in Hanspeters Empfinden zu einer Vaterfigur werden, umso mehr, als Grether sich offenbar für den vaterlosen Schüler verantwortlich fühlte.[77]

Mit dem Erlass Karl Friedrichs war der Dorflehrmeister freilich in jeder Hinsicht überfordert. Er war ein Lehrer gleichsam alter Schule, der das Einpauken, das Auswendiglernen, als gegebene Methode ansah und die Autorität mehr aus dem Prügel als aus der Persönlichkeit bezog. Das heißt jedoch nicht, Grether sei «als absoluter Schultyrann»,[78] wie er noch an den Schulen herrschte, ein besonders übler Vertreter seines Berufsstandes gewesen. Über Jahrhunderte hin war die Rute Zeichen pädagogischer Autorität, schon auf Hans Holbeins Schulmeisterbild von 1516 erscheint sie als Attribut des Lehrers – Zeichen der «Selbstverständlichkeit, mit der viele Lehrer gegenüber ihren Schülern körperliche und seelische Gewalt ausübten.»[79]

Grether scheint seine Aufgabe ernst genommen haben. Um seine völlig unzureichenden mathematischen Kenntnisse zu verbessern, begab er sich regelmäßig ins nahe Schopfheim und nahm Unterricht bei einem Präzeptor Zilly – seine Rohrstockpädagogik war wohl auch der Angst geschuldet, den Stoffplan nicht erfüllen zu können und seinen Schülern gegenüber an Autorität einzubüßen. Der

Knabe Hanspeter, die «Geometrie vorzüglich» begreifend, hatte ihn in den mathematischen Fächern ohnehin längst überflügelt.[80] Hanspeter war überhaupt ein wacher Schüler. Nicht nur begriff er schnell, er zeigte auch Neigung zu riskanten Unternehmungen. Einmal griff er sich ein Stück Holzkohle und warf an die neue Tür des Hausener Schulhauses eine Karikatur Grethers: kleine Gestalt, hervorstechende Nase, langer Haselstock. Überliefert ist diese Anekdote von Sebastian Engler, der sie 1817 im *Badischen Landkalender* erzählte. Engler, mit Hebel befreundet, bezichtigt Grether darin, dem Schüler Hebel «viel Herzeleid angetan» zu haben.[81]

Interessant ist Hebels Erwiderung auf diese Geschichte, die erschien, nachdem er die Redaktion des Kalenders bereits seit drei Jahren abgegeben hatte. Hebel verteidigt den ehemaligen Lehrer in leutseligem Tonfall und stellt sich selbst schlechte Noten in Betragen aus: Jawohl, er habe die Karikatur gezeichnet, schließlich: «Die Kohle lag da, die Tür war nagelneu und nahm' s an». Jawohl, er habe dafür Schläge einstecken müssen, allein: «Es waren nicht die ersten, auch nicht die letzten, auch nicht die schlechtesten, und hat der Schulherr wohl daran getan.» Er war es gewohnt. Vormittags trug er «die lateinischen Schläge» nach Hause, dazu «nachmittags je einmal auch noch ein paar deutsche», jedoch: «niemals unverdiente».[82]

Seine Lektion hatte er gelernt. Bestürzend schnell, und vielleicht allzu früh.

Noch während allerdings der an Scharfsinn überlegene Schüler sich mit dem Dorfschulmeister herumschlug, bekam er in der Lateinschule im nahen Schopfheim, zu Fuß eine Stunde von Hausen an der Wiese entlang, die Grundlagen seiner späteren Belesenheit vermittelt. Dort war August Gottlieb Preuschen bis 1769 Lehrer. Der Hofprediger hatte «eine kleine Leihbücherei eingerichtet»,[83] und falls Hebel bei diesem Pfarrer noch die ersten lateinischen Wörter gelernt hat, so dürfte ihn Preuschen auch zum Lesen angehalten haben.

Bald jedenfalls wurde Preuschens Nachfolger in Schopfheim ein gewisser Karl Friedrich Obermüller. Obermüller kannte den Schüler Hebel von Hausen her, denn in Hausen war Obermüller Pfarrer. Auch er hing noch einer voraufklärerischen Religiosität an und erzog nicht zum selbstständigen Denken, erkannte indessen Hanspeters Begabung und ebnete ihm, geschult an humanistischer Gelehrtentradition, den Weg in die alten Sprachen und damit in die Welt der Antike, aus der Hebel bald grundlegende Erkenntnisse für sein Denken gewinnen sollte. Vor allem dem Lateinischen, dessen Regelmäßigkeit und Logik ihn anzog, verdankte er die Einübung im klaren Denken und die Schulung seines natürlichen Sprachgefühls – beides wird ihm für seine Kalendergeschichten zugute kommen.

Und obwohl die Zeit bereits vorbei war, da die Gelehrten ihre Werke in Latein verfassten, wird Hebel noch als Karlsruher Professor Kirchenlieder ins Lateinische übersetzen, lateinische Briefe schreiben[84] und gegenüber Gustave Fecht mit seinen Kenntnissen kokettieren: «Meine theuerste Freundinn! – Fast hätte ich diesen Brief lateinisch angefangen, so sehr geht mir diese Sprache im Kopf herum. Aber vielleicht wär es klug gewesen. Sie hätten sich unter den lateinischen Perioden vorstellen können, was Sie wollten und vielleicht wären Sie gütig auf die Vermuthung gekommen, es sey darinn eine Entschuldigung meines langen Stillschweigens enthalten, gegen deren Gründlichkeit sich gar nichts einwenden läßt.»[85] Hier ist durchaus das Bedürfnis herauszuhören, mit der eigenen Gelehrtheit zu imponieren – und sich dahinter zu verstecken.

II.

Gymnasiast in der Fremde

Abschiede, Wandlungen

Der Abschied von den Orten der Kindheit kommt so plötzlich, dass niemand ihn hätte vorhersehen können, am wenigsten Hanspeter selbst. Er ist in Schopfheim in der Lateinschule und lernt bei Pfarrer Obermüller lateinische Verben, Stammformen, den Ablativus absolutus. Es ist der erste Sommer, den er nicht in Basel verbringen darf, der Sommer 1773. Er lebt als «Pensionär»[1] im heimelig wirkenden Haus seines Förderers. Es sind nur wenige Schritte die Dorfstraße entlang und durchs niedere Tor der Stadtmauer, und er ist auf den Feldern, wo er sich frei fühlt. Hier kann er sich seiner Phantasie überlassen, Kirschen von den Bäumen klauen und, schneller und geschickter als der Feldwart, diesem eine lange Nase drehen, denn die Kirschen, sagt er, «schmecken mir doch nie besser, als frei und keck wie ein Vöglein auf dem luftigen Baum kann sitzen, und essen frisch weg von den Zweigen die schönsten, – auf einem Ast ich, auf einem andern ein Spatz», wie es in der Betrachtung *Baumzucht* im *Schatzkästlein* heißt.[2]

Auf einmal im Oktober bringt der Hausener Vogt, Jakob Maurer, die Nachricht, die Mutter in Basel sei krank geworden und wolle dringend nach Hause gebracht werden. Und er, Hanspeter, solle ihn um Gottes willen begleiten. Mit unguten Gefühlen klettert der 13-Jährige auf den Karren, vor den ein Ochse gespannt ist. Noch am selben Tag stirbt die Mutter. Als minderjähriger Vollwaise erhält Hanspeter einen Vormund, Sebastian Währer, ein Großonkel. Der Anteil des Hausener Hauses wird verkauft. Mit dem Ersparten, das die Mutter ihm vermacht hat, verwaltet der Vormund eine stattliche

Summe von 2500 Gulden, die in der südlichen Reichshälfte gängige Währung, die zwei Drittel des norddeutschen Talers beträgt.[3] Vorerst kann der Bub, der eigentlich kein Bub mehr ist, im Haus seines Lehrers Obermüller bleiben. Der konfirmiert ihn bereits im Frühling des folgenden Jahres, auf Anraten von Obermüllers Vorgänger Preuschen. Preuschen kümmert sich auch weiter um die Zukunft des begabten Schülers. Mit Zustimmung des Vormunds sorgt er dafür, dass er das Gymnasium besuchen kann. So kommt Hanspeter zum ersten Mal nach Karlsruhe.

Kostgänger in Karlsruhe

Hebel ist 14 Jahre alt und er ist allein. Er hat Heimweh. Soeben, es ist April 1774, ist der Vogt von Hausen, Maurer, zurückgefahren. Maurer hat ihn auf der Reise begleitet. An der Poststation Kaltenherberge, dem Verkehrsknotenpunkt des Oberlands, unterhalb des Dorfes Schliengen gelegen, sind sie in den «Pforzheimer Boten» geklettert. Die Fahrt hat vier Tage gedauert und sieben Gulden und einundzwanzig Kreuzer gekostet. Bezahlt hat der Vormund, Sebastian Währer, der für ihn das Vermögen verwaltet. Die Stadt wirkt groß, fremd, abweisend in ihrer abgezirkelten Anlage mit den schnurgeraden Straßen und dem kargen flachen Land, von dem sie umgeben ist.

War er nicht gestern noch in Basel, umgeben von der Gediegenheit eines gutbürgerlichen Haushalts? In Hausen mit den engen, aber heimeligen Häusern, der munteren Wiese, den hügeligen Fluren, in Schopfheim in dem wohnlichen Fachwerk des Lehrers Obermüller? Und nun steht er als Vollwaise zwischen den fremden Häusern der fremden Stadt inmitten von fremdem Land. Und auch wenn er seine Kindheit zwischen Hausen und Basel, im halbjährlichen Wechsel zwischen Stadt und Land verbracht hat, auch wenn er die große Stadt und ihre bürgerliche Kultur kennt – jetzt ist er allein. Und gegenüber dem eleganten, wohnlichen Basel wirkt Karlsruhe kalt und

Hebel als Gymnasiast
(Scherenschnitt,
anonym).

unpersönlich. Obwohl sie nur 4000 Einwohner hat, erscheint die Stadt ihm groß. Freilich: Dass er sich nicht ganz verloren fühlt, das verdankt er den Basler Aufenthalten.[4] Dennoch ist ihm, erzogen zum Respekt, beklommen zumute. «Manchmal», wird er bald in einer Rede vor dem gebildeten Publikum des Karlsruher Lateinzirkels mit staunenswertem Scharfsinn und psychologischem Feingefühl die eigene Lage umschreiben, «machmal verhindert auch eine Furcht, daß Begabte sich öfter anstrengen, [eine Furcht], mit der sie ein gewisses, durchaus billigenswertes Mißtrauen gegen ihre eigenen Kräfte verstärken, das sich später in Furcht verwandelt hat, so daß sie nicht nur zögern, sondern nicht einmal wagen, das, was sie haben, an den Tag zu legen.»[5]

Aber Hebel hat sich vorgenommen, tapfer, fleißig und folgsam zu sein und die tote Mutter nicht zu enttäuschen. Und der Name der Schule klingt hell und freundlich: *Gymnasium illustre.* Illustre – *das Klare, Strahlende, Leuchtende.* Der Name ist Programm, das Gymnasium ist der Aufklärung verpflichtet. Und wenn Namen Vorzeichen sind, so weist dieser Name auf eine verheißungsvolle Zukunft.

Das Gymnasium gibt der neuen, funktionalen Verwaltungs- und Beamtenstadt ein gewisses altehrwürdiges Gepräge, es ist älter als die Stadt selbst. 1586 vom Markgrafen Ernst Friedrich in der Atmosphäre eines vom Humanismus getragenen, der Reformation verpflichteten Bildungsauftrags gegründet, sollte es Durlach, der damaligen Residenz, und der ganzen Markgrafschaft die Würde einer selbstbewussten Provinz in der europäischen Gelehrtenrepublik verschaffen. 1721 wurde es nach Karlsruhe verlegt, das sechs Jahre zuvor, 1715, vom Markgrafen Karl Wilhelm, dem Großvater Karl Friedrichs, gegründet worden war. Der schlichte, an der nordöstlichen Ecke des heutigen Marktplatzes und der Kaiserstraße gelegene Holzbau sollte eine Kaderschmiede markgräflicher Theologen werden, die im Sinne der Volksbildung den Geist eines Reformchristentums verbreiteten. So würden sie helfen, den Glauben an die Religion und mit ihm die Bindung an den paternalistischen Obrigkeitsstaat zu bekräftigen, andererseits aber den Untertanen zum selbstbestimmten, dem Gemeinwohl verantwortlichen und selbstständig handelnden Bürger zu erziehen. Die dem Pfarrer zugedachte gesellschaftspolitische wie bewusstseinsbildende Funktion ist kaum zu überschätzen – das protestantisch-aufgeklärte Pfarrhaus als Garant gesellschaftlicher Stabilität, als Legitimierungsinstanz politischer Macht und zugleich als Motor des technischen, wissenschaftlichen und sozialen Fortschritts.

Überhaupt war Karl Friedrich seinem umfassenden Modernisierungsprogramm gemäß auch an technischen Neuerungen interessiert und führte in seinem innovationsfreudigen Vorreiterstaat eine bahnbrechende Erfindung des amerikanischen Philosophen, Wirtschaftsideologen, Naturwissenschaftlers, Diplomaten und Verfassungsrechtlers Benjamin Franklin ein: den Blitzableiter. Es gehörte nicht wenig Mut dazu, solche revolutionären Geräte einzuführen, die ein Teil des Klerus als Teufelswerk ansah. Auch der Klerus hatte seine Gründe: Mit dergleichen Erfindungen pfuschte der Mensch Gott ins Handwerk und beraubte ihn seiner Allmacht – es waren prometheische Akte, Akte der Selbstermächtigung.

Voraussetzung dieser Innovationen war der beherzte Schritt auf die Höhen zeitgemäßer Weltanschauung: Die französischen Aufklärer waren in Karlsruhe bekannt; Voltaire hatte die Markgräfin Karoline Luise im August 1758 besucht. Auch staatsrechtlich erwies sich Karl Friedrich als Wegbereiter des modernen Verfassungsstaats: Verwaltungs- und Rechtsreform, 1767 Abschaffung der Tortur; wie fortschrittlich das war, erschließt sich erst, wenn man sich bewusst macht, dass noch 1751 die letzte Hinrichtung einer «Hexe» auf dem Gebiet des heutigen Baden-Württemberg in Endingen am Kaiserstuhl stattfand.[6] Im Zuge dieses obrigkeitlich umgesetzten Reformkurses lag es auch nahe, die Leibeigenschaft aufzuheben und die unselbstständigen Kleinbauern aus der Schollengebundenheit und der Verfügungsgewalt der landbesitzenden Bauern zu entlassen.

Hanspeter stellt sich also im April 1774 beim Direktor Johann Christian Sachs vor und trägt seinen Namen in das in Leder gebundene Schülerregister ein: «Johann Peter Hebel, Sohn des früheren Dieners Major Iselin, geboren am 10. Mai 1760 in Basel ist in das Gymnasium illustre eingetreten und wurde in die Klasse I aufgenommen.»[7]

Es ist gut, dass Hanspeter nicht völlig mittellos dasteht. Aber seine verfügbaren Mittel sind schmal. Das hat wiederum den Vorteil, dass er sofort in den gehobenen Schichten Karlsruhes, in der intellektuellen Elite der jungen Stadt, herumkommt: Man reicht den Schüler von Tisch zu Tisch weiter. Als sogenannter Kostgänger speist er an zwei Wochentagen bei seinem Gönner, dem Hofdiakon August Ludwig Preuschen, in dessen für das Karlsruher Stadtbild typischem einstöckigem Haus in der Herrenstraße 5 er mietfrei ein Zimmer zur Verfügung bekommt. Bleiben noch fünf Verpflegungstage. An zweien nimmt er am gastlichen Tisch von Preuschens Bruder Platz, an einem weiteren bei dem Gymnasialprofessor Christof Mauritii, am vierten bei dem Staatsrechtler und späteren Direktor im «Hofraths Collegium der Badischen Marggravschaft» Philipp Rudolf Stösser. Letzterer sollte nach der napoleonischen Gebietsreform im Jahre 1806 für das berühmte Schwarzwälder Kloster St. Peter den Säkularisationsbeschluss vollziehen und so dafür sorgen, dass der Katalog der umfangreichen

Klosterbibliothek, die neben den theologischen Grundlagenwerken sowie jesuitischem und benediktinischem Schrifttum auch die Werke Luthers, Calvins und Melanchthons enthielt, zudem lateinische Klassiker, Lokalchroniken und mathematische Werke, nach Karlsruhe kam und 1062 Bände des rund 14 000 Titel umfassenden Bestands in die Hofbibliothek aufgenommen wurden.[8] Am fünften Tag aber speist Hanspeter an der Tafel des Juristen und Verwaltungsbeamten Johann Nikolaus Friedrich Brauer.

Dieser fünfte Tag ist der wichtigste: Brauer, aus einer hochrangigen Beamtenfamilie stammend und selbst nicht älter als 20 Jahre, ist soeben in den badischen Staatsdienst eingetreten und steht am Beginn einer glänzenden Karriere. Als späterer Hof- und Regierungsrat, zudem 1792 zum Direktor des lutherischen Kirchenrats berufen, wird er einer der wichtigsten politischen Berater Karl Friedrichs. Er bearbeitet Napoleons Code Civil und ist somit federführend an der badischen Reformgesetzgebung beteiligt. Als Napoleon 1803 den Südwesten politisch neu zu ordnen beginnt, ist Brauer entscheidend daran beteiligt, die Gemengelage der Kleinherrschaften und Klöster aufzulösen und in die badische Landesverwaltung einzugliedern. So steigt er zum richtungsweisenden badischen Politiker auf und übernimmt 1807 die Leitung des Innenministeriums, 1810 wird er stellvertretender Minister im Außenministerium. Hebel bleibt er zeitlebens gewogen, er wird dessen wichtigster Förderer. Letzten Endes sind seiner Initiative die Kalendergeschichten zu verdanken, denn er wird Hebel in die Redaktion des *Badischen Landkalenders* berufen.

So schlimm steht es also um Hanspeter nicht, er ist nicht mehr allein, ist versorgt und von Männern umgegeben, die sich um seine Ausbildung kümmern, ihn durch das Stoffpensum begleiten und ihm grundlegende Einblicke ins praktische Leben, ins Getriebe der Verwaltungsmetropole und in den Wissenshorizont seiner Zeit vermitteln. Er bewegt sich gleichsam inmitten einer Gruppe von Tutoren durch das Gehirn eines reformerischen, zukunftsorientierten Musterstaates im aufgeklärten Absolutismus – eine beneidenswerte Lage, eigentlich.

Aber vom Herzen, dem Wiesental, dem Oberland, ist er weit weg.

Und darum ist er doch einsam und manchmal schwach vor Heimweh. Er verfällt dann in träumerische, wehmütige, romantisch bittere Stimmungen, aus denen er immer wieder durch seine Aufgaben gerissen wird. Und davon hat er, gottlob, genug. So verliert er sich nicht.

Cicero, Homer und die Bibel

Der Klassenlehrer heißt Carl Joseph Bouginé, ist Theologe, Philologe und Philosoph und war selbst Schüler des Gymnasiums. Er unterrichtet nun 17 Schüler in Religion, Schönschreiben, Mathematik, Geschichte, Latein, Griechisch. Schönschreiben ist nicht nur Schikane: Für künftige Staatsbeamte und Theologen, die geistige und funktionale Elite, war die Beherrschung einer schnell und überindividuell lesbaren Schrift lebensnotwendige Grundlage, eine Schlüsselqualifikation. Auch die hervorragende Rolle der Theologie ist alles andere als Erziehung zur Unmündigkeit oder reine Machträson. Als unbedingte Stütze elementarer Werte des gesellschaftlichen und politischen Gefüges ist sie unabdingbar für das Staats- und Gemeinwohl, die allein die Existenz jedes einzelnen Untertanen zu verbürgen vermögen. Markgraf Karl Friedrich selbst schreibt noch 1803 in den 13 Erlassen der «Kurfürstlich Badischen Landesorganisation», dem großen staats- und verwaltungsrechtlichen Werk vor der eigentlichen Verfassung, der einzelne Bürger dürfe nicht «der Religionsgleichgültigkeit oder gar der Irreligiosität» verfallen, welche «das Fundament aller Bürgertugenden erschüttert». Dazu sei auch religiöse Toleranz nötig, die staatlich garantierte Freiheit, dem jeweiligen Glaubensbekenntnis anzuhängen und seine Riten auszuüben.

Als Hanspeter in die erste Klasse des Gymnasiums eintritt, ist die Schule in sechs Klassen eingeteilt: von der Sexta bis zur Prima, von oben nach unten gezählt. Hanspeter, der sich in der Lateinschule in Schopfheim und in der dritten Klasse des Gymnasiums in Basel, das er im Sommer 1772 besuchte, hinreichende Grundkenntnisse erworben hat, kann in der Sexta beginnen. An die Prima sind zudem drei

Kurse angeschlossen: eine Art Übergangsstufe zur Universität, die «in fachwissenschaftlichen Vorlesungen» auf das Studium vorbereiten sollte.[9] Diese Aufbaukurse für die sogenannten Exemte, Schüler, die das eigentliche Gymnasium bereits durchlaufen hatten, sollten immerhin ansatzweise die Lücke ausfüllen, die das badische Bildungswesen ohne eine Hochschule (Freiburg war noch österreichisch) aufwies – Karl Friedrichs diesbezügliche Pläne verliefen «im Sande von Organisations- und Finanzproblemen».[10]

So versuchte Karl Friedrich, das Niveau des gymnasialen Lehrplans zu heben und den Anforderungen der Zeit anzupassen, gab den naturkundlichen Fächern mehr Raum, ließ Präparate und Apparate anschaffen und dürfte damit auch die Grundlagen für die intensive Beschäftigung Hebels mit Botanik und Zoologie gelegt haben. Später werden sich diese Vorlieben in seinen volksaufklärerischen Aufsätzen niederschlagen, wie den differenzierten Betrachtungen über gefürchtete oder als Schädlinge geltende Tierarten, etwa Schlangen, Prozessionsraupen oder die Lieblinge aller Bauern, die Maulwürfe. Gerade am Naturkundeunterricht musste einem Landesherrn gelegen sein, der in der Förderung der Landwirtschaft einen zentralen ökonomischen Faktor sah und der aufkommenden Physiokratie, die im Boden die Grundlage für dem Wohlstand eines Volkes sah, große Aufmerksamkeit widmete.

Auch tritt nun, eine weitere Neuerung, neben die Lektüre der Bibel das Studium Homers sowie der ebenfalls noch ungewöhnliche Deutschunterricht. Hebels Lehrer Bouginé teilt sich dieses Fach mit dem aus Lübeck stammenden Mathematiker und Physiker Johann Lorenz Böckmann, der, 1741 geboren, natürlich ebenfalls den klassischen humanistisch-aufklärerischen Bildungskanon kennt. Der Unterricht ist ganz dem aufklärerischen Ziel unterworfen, das Vernunftvermögen zu fördern, also folgerichtiges Denken zu üben und das Urteilsvermögen anhand gültiger Kriterien zu schulen.[11]

Diese Kriterien wiederum stammen unvermeidlich aus der an den Universitäten noch etablierten, am klassischen Rationalismus des Philosophen Christian Wolff orientierten Schule des Leipziger Dichtungstheoretikers und Dramatikers Johann Christoph Gottsched. Dessen 1729 erschienener *Versuch einer Critischen Dichtkunst vor die Deutschen* gilt als Muster eines rationalistischen Literaturverständnisses, das in der Nachahmung der Natur, der *imitatio naturae*, das oberste Prinzip aller Dichtkunst sieht – im Sinne der Aufklärung davon ausgehend, dass die Natur sinnvoll geordnet sei und sich aus diesem von Gott gestifteten harmonischen Bau notwendig die moralischen Regeln menschlichen Zusammenlebens ableiten ließen, dass also normative Sätz aus deskriptiven Sätzen folgen würden. Diese Grundannahme aufklärerischer Weltauffassung, die Natur sei nach vernünftigen Regeln geordnet, denen der Mensch als vernunftbegabtes Wesen entspreche und die er daher auf seine Lebenswelt übertragen könne, überträgt seinerseits Gottsched in seiner 1748 erschienenen *Grundlegung einer Deutschen Sprachkunst* auf die Sprache: Da die Welt rational und naturgesetzmäßig aufgebaut sei, sei sie auch in der nach logischen Regeln funktionierenden Sprache angemessen abbildbar. Gottsched trägt damit maßgeblich dazu bei, die deutsche Sprache jenseits ihrer mundartlichen Eigenheiten zu standardisieren – zweifellos erhält Hanspeter auf dem Gymnasium den ersten und prägenden Einblick in das Weltgebäude der Aufklärung.

Und über Gottscheds Lehre dürfte er auch zum ersten Mal den Kerngedanken der Aufklärungsliteratur vernommen haben: Dass eine Geschichte wahrscheinlich sein, gemäß den Naturgesetzen ablaufen und einen allgemein gültigen moralischen Grundsatz enthalten müsse, der sich im Ablauf der Ereignisse offenbare – eben jene Auffassung, gegen die sich die junge Generation der Sturm-und-Drang-Geniepoeten auflehnt und die zwei Jahrzehnte später die Romantiker mit ihren Phantasmen hinter sich lassen, zum Glück aller späteren Leser.

Das Pensum, das Hanspeter zu bewältigen hat, ist noch umfangreicher. Neben deutscher Sprache und Dichtung stehen Geschichte und Geographie auf dem Stundenplan, dazu, in der Tradition des Humanismus und als weitere Schulung eines regelgeleiteten Denkens, Rhetorik. Hinzu kommt natürlich das Bibelstudium mit der Lektüre hebräischer und griechischer Texte, außerdem Dogmatik. Und Latein, das als universale Gelehrtensprache im Verschwinden begriffen ist, aber nach wie vor zu den Grundlagenfächern des Bildungsprogramms gehört und nicht nur dem formalen «Training der sprachlichen Intelligenz» dient, sondern als Handwerkszeug noch «den Zugang zu großen Sektoren der Wissenschaft» öffnet.[12] Neu aber ist, wie gesagt, dass an der Schule nicht nur die Bibel, sondern eben auch Homer gelesen wird.

Die Aufnahme der antiken Fächer, Latein und Griechisch, steht noch unter der jahrhundertealten Prämisse, antike Weisheit und Weltanschauung in das Christentum einzubinden. So ist die Antike ganz in eine geschichtsphilosophische und kulturgeschichtliche Entwicklung eingebunden. Die Antike erscheint als notwendige, aber vom Christentum überwölbte Epoche einer abendländischen Kulturgeschichte, die seit der Gründung des Heiligen Römischen Reiches Deutscher Nation als Einheit empfunden wurde. Genau diese im frühen Christentum bereits aufgerissene und von Thomas von Aquin entscheidend erweiterte Perspektive sorgte dafür, dass überhaupt so viel vom antiken Erbe erhalten wurde, obwohl der Klerus die Steine alter Tempel gerne zum Bau seiner Kirchen und Klöster nutzte. Barbarischere Überwinder der antiken Götterwelt hatten alles vernichtet, dessen sie hätten habhaft werden können.

In dieser Sichtweise sind den antiken Schriften dann grundlegende Erkenntnisse und Lebenseinsichten abzugewinnen. Die Forderung etwa, der Mensch solle seine Triebe in sinnvolle, also produktive Bahnen lenken und so seinen Beitrag zur Stabilität des Gemeinwesens leisten, wie sie Cicero in seiner lebenspraktischen Gebrauchsphilosophie aufstellt, ließ sich ebenso für die Lehren des protestantischen Arbeitsethos und Staatsverständnisses vereinnahmen wie dessen Ideal eines freiheitlichen, republikanischen und starken Staates für die Forderungen der Französischen Revolution. Und die Anleitung zum Glücklichsein durch Selbstbeherrschung und Unerschütterlichkeit ist ohnehin in jeder Zeit wertvoll. Und genau aus dieser Sicht hat Hanspeter den antiken Politiker, Anwalt und Redner kennengelernt, wenn Bouginé Ciceros Freundesbriefe, die *epistulae ad familiares*, im Unterricht behandelt. Auch als Stilist und Rhetoriker galt der von den Humanisten hochgeschätzte Cicero als verbindlicher Lehrmeister.

Neben Cicero aber lernt Hanspeter noch einen weiteren lateinischen Klassiker kennen, der für seine eigene literarische Produktion fruchtbar werden wird: Vergil, dessen Gründungsmythos des Römischen Reiches Hebel in der Lektüre der *Aeneis* begegnet. Ebenso begegnet er Vergils berühmter *Bucolica*, die um 42 v. Chr. entstandene Sammlung von zehn Eklogen, die das Vorbild aller Hirten-, Schäfer- und Naturdichtung des 18. Jahrhunderts bildet.[13]

Obwohl das Pensum des Gymnasiums umfangreich genug scheint, tritt Hebel 1776 in die «Marchio-Badensis Societas latina» ein, die Lateinische Gesellschaft der Markgrafschaft Baden. In diesen hochangesehenen Zirkel aufgenommen zu werden bedeutet allerdings eine Auszeichnung: Unter der Schirmherrschaft des jungen Erbprinzen Karl Friedrich Ludwig versammelt die Lateingesellschaft die Gelehrten der Stadt, Philosophen, Rhetorik-Professoren, Philologen, Biologen, Mathematiker – sie ist der repräsentative Ort der badischen Intellektuellen, an dem die «Studenten», die Exemten, die Schüler der Aufbaustufe, ein Forum haben, auf dem sie in lateinisch abgefassten Reden und nach den Regeln antiker Rhetorik vor allem ihre philosophischen Kenntnisse präsentieren können. Da Hebel seine Vorsätze umgesetzt hat und gute Leistungen zeigt, rückt er nach dem ersten Schuljahr, im Frühling 1775, auf Rang vier in der Bestenliste der Klasse und erhält vorzeitig den Status des Exemten.[14]

Nicht jeder also findet Zugang zum renommierten Kreis der «Societas». Aber Hanspeter hat sich als ausgezeichneter und wissbegieriger Schüler erwiesen, und seines guten Lateins wegen gehört er zu den Auserwählten. Um aufgenommen zu werden, muss der Aspirant in einem lateinischen Brief um Aufnahme bitten. Auch ist es Sitte, dass das neue Mitglied eine kurze Antrittsrede hält – ob auch Hebel bei seiner Aufnahme das Rednerpult bestieg, weiß heute niemand mehr genau.[15] Jedenfalls bietet ihm die Mitgliedschaft in der «Societas» die Möglichkeit, die Grundlagen seiner späteren Staatskarriere weiter auszubauen und vor allem wesentliche Erkenntnisse über das Weltbild der Hoch- und Spätaufklärung zu gewinnen. So bilden sich in diesen Jahren die wesentlichen Züge seines Denkens heraus,[16] auf denen dann auch der Weltentwurf seiner Gedichte und Geschichten aufgebaut ist.

Auch das an der antiken Tradition der öffentlichen Rede geschulte didaktische Prinzip der «Societas latina» weist dem späteren Lehrer den Weg. Es beruht nicht allein auf autoritärer Wissensvermittlung, sondern setzt auf die psychologische Wirkung des *learning by doing*: Die Mitglieder hatten eigene Redebeiträge zu liefern, in denen sie auf aktuelle politische und literarische Fragen eingingen.

Beherrschende Figur dieser für Hebels geistige Entwicklung maßgeblichen «Societas latina» ist Gottlob August Tittel, ein aus dem sächsischen Pirna stammender Gelehrter, den Karl Friedrich 1764 nach Karlsruhe berufen und der drei Jahre später «mit namhaften badischen und auswärtigen Gelehrten» die Lateingesellschaft gegründet hatte. 1797 stieg er zum Rektor des Gymnasiums auf, war also einer der Vorgänger seines ehemaligen Schülers Johann Peter Hebel. Schon Tittels Fächerkombination, Philosophie, Physik und Mathematik,[17] weist ihn noch als Vertreter des klassischen Kanons der Humanisten aus – ein Polyhistor, ein Universalgelehrter. Tittel, nach zeitgenössischem Zeugnis «ein helldenkender Kopf, außerordentlich thätig und arbeitsam, ganz Feuer in seinen Vorlesungen und gewiß vom Gegenstande derselben ganz durchdrungen», beeindruckt den jungen Hebel. Der in antiker Rhetorik versierte Akademiker beflügelt dessen eigene Lateinbegeisterung und öffnet ihm mit seiner Neigung für lateinische Poesie den Sinn für die «schöne Literatur».[18]

Im Unterricht des 1739 geborenen Philosophen vertieft Hanspeter die im Gymnasium vermittelten Grundsätze aufklärerischen Denkens und lernt, dass Philosophie, Literatur, Kunst nicht Selbstzweck sein sollen, nicht der schieren Unterhaltung dienen, sondern im Dienst des Gemeinwohls stehen. Mit dieser Maxime der Zweckgebundenheit erschließt Tittel Hebel das Verständnis für den Wirkungsbereich seiner späteren Literatur: Sie sollte «das Volk» zum eigenen Denken erziehen und moralische wie lebenspraktische Handreichungen bieten. «Es war diese auf das Einsichtige, Nützliche, Moralische und Praktische der Lebensführung gerichtete Popularphilosophie», aus der sich die «intellektuelle Basis jener breiten schriftstellerischen Bewegung der Volksaufklärung»[19] heranbildet, die Hebel bekanntlich mit seinen Kalendergeschichten erfüllen sollte – und nicht nur mit den Kalendergeschichten. So gesehen, wird Tittel zu einem Lehrmeister, dessen Einfluss auf Hebels Entwicklung zum Volkserzieher, zum Lehrer und Schriftsteller, kaum zu überschätzen ist – umso weniger, als auch Tittel noch ganz der knarrenden rationalistischen Regelpoetik Gottscheds verpflichtet ist und entsprechend die Genieästhetik der jungen Sturm-und-Drang-Generation als kulturelles Dekadenzphänomen betrachtet.[20]

Dass Tittel auch Kant ablehnt, liegt in der Natur seines Denkens: Für ihn gilt die Einheit von Gott und Welt, wie sie die traditionelle Metaphysik behauptete, noch als selbstverständlich. Gegen den Königsberger Philosophen und seine Anhänger wird er später, 1791, mit Hilfe seiner an Quintilian geschulten Rhetorik John Locke ins Feld führen, dessen klare empiristische Vernunft «als Wohltäterin des Menschengeschlechts gleichaufklärend und beglückend» sei und der Gefahr wehre, «in ewigen Träumen, oder, was noch ärger ist, in den Untiefen des Nichtseyns der Dinge heillos» zu versinken, wie es dann bekanntlich Kleist nach seiner Kant-Lektüre widerfahren ist. Mehr als Beschwörungen hat der Metaphysiker alter Schule gegen Kants Erkenntniskritik dann allerdings auch nicht aufzubieten. Dessen *Kritik der reinen Vernunft* ist 1781 erschienen, konnte also in der «Societas» zu Zeiten Hebels noch nicht behandelt werden. Gleichwohl werden auch Hebel Kant und dessen Prämisse, die Welt sei nur im Spiegel des menschlichen Geistes gegeben, fremd bleiben. So wird er später, Anfang 1797, seit sechs Jahren selbst Lehrer am Gymnasium illustre, seinem bestem Freund Friedrich Wilhelm Hitzig in Lörrach launig und in der ihm eigenen Lebenstüchtigkeit mitteilen: «Ich habe angefangen die Kantische Philosophie zu studiren, auf anrathen eines sehr gelehrten Ungarn, der sich hier aufhält, und laß es nun wieder bleiben auf Anrathen Meiner. (...) Es gibt nur ein System, nur eine Philosophie – Unsere!»[21] Als Theologe und religiöser Erzieher muss er diesen «dämonischen Nihilisten» und «unbarmherzige[n] Zerstörer des bisherigen Weltbilds»,[22] wie der Wiener Geschichtsphilosoph Egon Friedell den Königsberger Denker nannte, denn auch ablehnen.

Im Juli 1776 ist es dann so weit: Hanspeter ist an der Reihe, seine erste lateinische Rede zu halten. Es ist der Samstagvormittag des späteren Schriftstellers, denn diese Rede gilt mit den folgenden drei Reden als erstes Zeugnis ernsthafter literarischer Arbeit Johann Peter Hebels.

So präsentiert er sich denn auch zwischen 1776 und 1777 mit vier lateinischen Vorträgen den kritischen Zuhörern in der «Societas latina». Zwei davon, die erste und die dritte, tragen deutlich autobiographische Züge und spiegeln hellsichtig Hebels Empfinden seiner Karlsruher Schülerzeit wider. Die beiden anderen stecken, gestützt auf die von ihm soeben erlernten Regeln der traditionellen römischen *oratio*, den philosophischen Horizont seiner Zeit ab. So sind diese Reden auch Versuche einer geistigen Selbstvergewisserung und dürfen als «Akzente setzende Erstlingswerke des berühmten badischen Autors» gelten, «der gleichzeitig Anregungen der zeitgenössischen Popularphilosophie aufgreift und den Leser damit dazu einlädt, sich auf die noch viel zu wenig gewürdigte und erforschte Eigenart und Geistigkeit der Aufklärung im deutschen Südwesten einzulassen».[23]

Im Herbst 1777 darf er dann, endlich, wieder in sein geliebtes Wiesental – doch nur, um sich auf das Examen vorzubereiten. Es war üblich, dass der Kandidat eine Vor- und Nachprüfung ablegte, zudem eine Predigt hielt und in seiner Abschlussrede ein frei gewähltes Thema behandelte. Hanspeter beschließt die zwischen März und April 1778 stattfindenden Prüfungen mit einer öffentlichen Disputatio über die Erbsünde. «Auch wenn er das Thema ‹Erbsünde› routinemäßig (...) nach den Vorgaben seiner Lehrer» abhandelt, bedeutet diese Disputatio doch einen wesentlichen Schritt der Emanzipation: «auf Konfrontationskurs zu den Überzeugungen seiner Mutter begab er sich allemal».[24]

Die Richtung, wie sie allgemein an den Schulen und Universitäten herrschte, ist mit dieser Vermittlung bestätigt: Es geht weniger, im besten Glauben an die Vernunft als der zentralen und maßgebenden Instanz menschlichen Seins, darum, kreative Fähigkeiten und künstlerische Anlagen zu fördern, sondern letzten Endes darum, sie zugunsten des rationalen Ordnungsvermögens zu unterdrücken. Diese rationalistische, nach rhetorischen Regeln durchformte Tabulaturpoesie mit ihrer Abneigung gegen alle Mystik, allen Rausch und jeden Instinkt widerspricht im Grunde Hebels lebhaftem und zum Ausbruch neigendem Temperament, kommt aber zugleich seinem Bedürfnis nach Orientierung und Übersicht entgegen. Dieser Zwiespalt wird sich dann auch in seinem literarischen Werk wiederfinden, in dessen regelmäßigen Versen, in dessen durchkonstruierten Abläufen sich die natürliche und soziale Welt als harmonischer Bau abbilden, in dem der Mensch, wenn er die Regeln der Moral einhält und sich dazu seiner eingeborenen Vernunft bedient, den entsprechenden Platz findet. Dann aber zeigt er immer wieder das Wilde, Ungebärdige und Vernichtende der Natur, baut schauerliche Szenarien ein, die an E. T. A. Hoffmann denken lassen, und bekundet auch Sympathie für diejenigen, die die Regel brechen. Für diesen auf die Romantik verweisenden Zwiespalt zwischen Gefühl und Verstand, Ordnung und Ausbruch, Regel und Verstoß wird er eine Lösung finden, die das eine mit dem anderen zu vereinigen sucht, indem sie beides als das jeweils sinnvolle Element eines Ganzen betrachtet, das in der Allvernunft Gottes aufgehoben ist. Das wird sein der Aufklärung folgender, doch auch romantische Züge tragender Weltentwurf sein, der seine Gedichte und seine Erzählungen in einem umfassenden Gedanken vereinigt.

III.
Student in Regnitz-Athen

Wanderschaft und Freiheit

Hebel, nunmehr bald 18 Jahre alt, hat kaum die Prüfungen beendet, als er sich Ende April 1778 auf den Weg an seinen künftigen Studienort macht: nach Erlangen. Er ist nicht allein. Ein ehemaliger Mitschüler, Johann Wilhelm Schmidt, begleitet ihn. In Bruchsal schwenkt Schmidt, Sohn eines Pfarrers in Königsbach, in nördliche Richtung um. Sein Ziel ist jene Stadt in Preußen, die in wenigen Jahren ihren Aufschwung zu einer Metropole der deutschen Philosophie, Literatur und Wissenschaft nehmen soll, so bedeutend wie Weimar und Berlin: Jena. Allein wandert Johann Peter über Stuttgart, Schorndorf, Ellwangen, Segringen, Ansbach, Fürth und Nürnberg nach Erlangen.[1] Im Grunde hätte er wohl lieber in Basel studiert – allein, die Universität im reformierten Basel war, wie die theologische Fakultät in Heidelberg, das sich als Studienort sonst ebenfalls angeboten hätte, lutherischen Studenten nicht zugänglich.

Bei allen heute nicht mehr vorstellbaren Unbequemlichkeiten muss also diese Wanderung ins Fürstentum Ansbach ein Gefühl nie gekannter Freiheit wecken. Derart beflügelt, scheint es kein Zufall zu sein, wenn er gerade jetzt seine ersten launigen Verse zu Papier bringt:

> Ich bin hier in der Fremde
> Und habe nur *ein* Hemde.
> Wenn das zur Wäsche springt,
> So lieg' ich in dem Bette
> Wie Phylax an der Kette,
> Bis man mir's wiederbringt.[2]

kritzelt er beim Abschied seinem Freund Johann Wilhelm ins
Stammbuch – zu dieser Zeit freilich hat der junge Mann noch kei-
nen Gedanken daran, je als Schriftsteller zu Ruhm zu gelangen.
Dieser ersten kleinen Talentprobe sollte indes bald eine weitere
folgen: Im Juli 1779 wird er seinem Erlanger Kommilitonen Johann
Daniel Mertz folgenden markigen Vierzeiler widmen:

> Wir können vieler Ding' entbehren,
> Und dies und jenes nicht begehren,
> Doch werden wenig Männer sein,
> Die Weiber hassen und den Wein.[3]

Das vergleichsweise liberale Flair der süddeutschen Universitätsstadt wird ihm, der zum ersten Mal in seinem Leben auf sich
gestellt ist und sich weitab aller ihm bekannten Autoritäten bewegt,
einen ganz neuen Blick auf sich selbst und seine Umgebung eröffnet
haben. So dürfte er auch in erwartungsvoller Stimmung gewesen
sein, als er sich am 8. Mai 1778 an der Friedrich-Alexander-Univer-
sität unter dem Namen «Johannis Petris Badensis» immatrikulieren
läßt, Johann Peter aus Baden.

Es sind vor allem zwei Professoren, die der jungen, 1743 gegründeten Universität ihr fortschrittliches, im Vergleich zur Karlsruher Lateingesellschaft offenes Gepräge geben und die theologische Fakultät zu
einem Zentrum der sogenannten Neologie machen, also der auf praktische Rationalität und Anwendbarkeit im Alltag bedachten Linie der
Aufklärung: Johann Georg Rosenmüller und Georg Friedrich Seiler.

Erlangen aber bedeutet für den Studenten Johann Peter Hebel
nicht nur eine Erweiterung seines bisher noch von der alten Aufklärung geprägten Horizonts, sondern wird ihm geradezu zu einer
Schule des Lebens – immerhin ist Erlangen mit seinen zahlreichen
Textilmanufakturen und Handwerksbetrieben eine prosperierende
Stadt, und auch die mehr als 40 Gasthöfe, 35 Wirtschaften und
12 Bierbrauereien zeugen von bürgerlichem Wohlstand.

Johann Peter allerdings dürfte diese Gaststätten eher selten von innen gesehen haben: Sebastian Währer, der Vormund in Hausen, war
mit seinen Semesterzahlungen äußerst sparsam. Anders als in Karls-

ruhe war Hebel in Erlangen darauf angewiesen, von seinen betuchteren Kommilitonen unterstützt zu werden und, in Begleitung seines Hundes, seine Mahlzeiten in der Mensa zu nehmen – deren Wirt soll Jammertal geheißen haben und man kann sich, versetzt man sich in die damaligen Verhältnisse, leicht vorstellen, dass dieser Name auch die treffende Bezeichnung für die Qualität des Essens war.[4]

Mannbarkeitsriten: Knaster und Duell

Das Studium in Erlangen wird für Johann Peter in zweierlei Hinsicht entscheidend werden: So gewinnt sein Gottesbegriff durch den Unterricht seiner Lehrer Rosenmüller und Seiler einen weiter gesteckten Horizont. Auch wenn sie nicht die Bedeutung von Hebels Karlsruher Lehrer Tittel hatten, so konnte ihr an der Neologie ausgerichtetes Denken für Johann Peter fruchtbar werden, weil es auf ein starkes Bedürfnis nach innerer Freiheit und Eigenständigkeit stieß. Er muss diese Horizonterweiterung als geistige Befreiung empfunden haben. So wird er 32 Jahre später, als er längst ein berühmter Dichter und etablierter Karlsruher Bürger ist, am 1. August 1812 gegenüber seinen Straßburger Freunden Tobias und Sophie Haufe von «der Süßigkeit des Studentenlebens» schwärmen: «In der Brust des Studenten … wohnen das Kind und der Mann in einer Brust beysammen. Das Kind ist zwar am Einschlummern, schlägt aber immer noch die Augen auf und lächelt, als ob es in einen Traum voll Rosen nidertauchen wollte, und sich darauf freute. Der Knabe aber ist wacker und athmet Lebenslust und Freyheit, und der Mann wacht auch schon bisweilen auf und sieht die Sache ernsthaft an, schläft aber wieder ein, bis seine Stunde da ist.»[5]

Dass Hebel im Rückblick Erlangen mit Athen vergleicht, ist mehr als nur Spielerei, sondern steht in engem Zusammenhang mit seinen Erfahrungen, die er im studentischen Milieu dieser Universitätsstadt macht. So bildet Athen in der Wahrnehmung der Zeit, seit Winckelmann die Antike neu erfand, den idealen historischen Projektionsort für die Utopie eines Gemeinwesens selbstbestimmter und staatsbewusster Bürger. Die griechische Antike zur Zeit des Perikles gilt bekanntlich als Ausdruck eines goldenen Zeitalters, in dessen als Ideal verklärtem Staatswesen Politik und Kunst, Ethik und Ästhetik eine Einheit ergeben – das Gemeinwesen selbst formt sich so zu einem Kunstwerk. Daher erscheint es als Inbegriff eines klassizistischen Einheits- und Schönheitsideals. Dieses Bild der Antike enthält zudem eine tatorienterte Vorstellung von Männlichkeit, die, von Winckelmann in seinen *Gedanken über die Nachahmung der griechischen Werke in der Malerei und Bildhauerkunst* entworfen, sich unschwer mit einem bürgerlichen Leistungsethos verknüpfen ließ.

Ein kleines Abbild dieses Ideals kann der Theologiestudent in einer Verbindung finden, die typisch für das Zeitalter der Logen und Geheimorden ist. Die Mitglieder nennen sich «Amicisten» – unschwer als Ableitung von *amicitia* zu erkennen und etwas flapsig mit «Freundschafter» übersetzbar. Traditionell organisierten sich die Studenten an deutschen Universitäten in Landsmannschaften, ahmten aber seit Mitte des 18. Jahrhunderts die Freimaurerei in Orden nach, die ihre eigenen Abzeichen, Initiationsriten und hierarchischen Strukturen ausbildeten. Die Amicisten, auch als Mosellaner bekannt, gründeten ihren Orden 1771 in Jena, von wo aus er sich rasch verbreitete. Bereits 1773 ist er in Erlangen vertreten. Zeitweise soll ihm fast die Hälfte der Studenten angehört haben. Sein voller Name lautete «L' Ordre de l' Amitié», Orden der Freundschaft, seine Devise «V. A.», «Vivat Amicitia». Bei ihren Zusammenkünften tragen die Mitglieder ein Kreuz am gelben Bande auf der Brust, bei anderen Gelegenheiten können sie sich untereinander durch einen speziellen Händedruck erkennen – ein Geheimzeichen, das Hebel gefallen haben dürfte. Getrunken wurde mäßig, auch die Mensur wurde vermieden, allerdings nur den Statuten nach. Die Praxis sah meist anders aus, und die Obrigkeit hatte die Ordensmitglieder in Verdacht, besonders umtriebige Burschen zu sein.

Tatsächlich pflegte man Werte, wie sie sich bald auch die Revolution auf ihre Fahnen schreiben wird: Gemeinschaftlichkeit, Verantwortung, gegenseitige Achtung und Fürsorge, brüderliche und re-

publikanische Gesinnung. Auch das Ziel dieser Werte entspricht den
Vorstellungen, die in den Bildungsromanen und Geschichtsphiloso-
phien der Zeit ihren Ausdruck finden: durch Erziehung zum Guten
sollen Mensch und Menschheit zu eigenverantwortlichem und ge-
meinnützigem Handeln heranreifen.[6]

Doch der Gleichheitsgrundsatz, das eigenwillige und wohl auch
unruhige bündische Treiben musste in absolutistischen Fürstentü-
mern verdächtig erscheinen – kein Wunder, dass die Leitung der
Hochschule versuchte, den Studentenbünden ein Ende zu machen
und Markgraf Alexander von Ansbach den Amicistenorden sogar
verbot. Doch auch Relegationen und selbst die Inhaftierung einzel-
ner Studenten hindern die Mitglieder nicht, sich zu Beginn jedes
Monats in einem Wirtshaus mit dem programmatischen Namen
«Geharnischter Engel» zu versammeln. Beflügelt von Begeisterung,
Tabak und Bier übt man die praktische Anwendung der idealen
Satzung. So werden bedürftige Verbindungsbrüder von begüterten
Freundschaftlern unterstützt, sie zahlen Mittellosen die gemeinsamen
Kutschenfahrten, zahlen Essen, Kleidung. Nicht nur soll dafür ge-
sorgt sein, dass ein Amicist ernsthaft studieren kann, er soll auch
gesellschaftlich eine tadellose Figur machen.

Man kann sich denken, dass auf Hebel, der bisher unter der Beob-
achtung seines Vormunds und seiner Lehrer stand, die freiere Luft bei
den Erlanger Amicisten aufmunternd wirkt. So wichtig wie das Ge-
meinschaftserlebnis dürfte daher auch die Erziehung zur Mannbarkeit
gewesen sein: die den Statuten nach zu vermeidenden ritualisierten
Fechtkämpfe. Dem Soldatensohn Hebel mussten sie das eigene
Selbstgefühl stärken.

Zwei Duelle soll er als Amicist ausgefochten haben. Der Anlass:
zwei in den Konkurrenzorden der «Harmonisten» übergetretene
Bundesbrüder müssen sich nach studentischem Brauch «heraus-
hauen». Johann Peter hat die Ehre der Amicisten zu verteidigen:
«Hebel musste sich schlagen. Rheinwald sekundierte und gab ihm
mit feierlichen Worten den Degen in die Faust, Hebel gestand, es sei
ihm nicht sehr heldenhaft zu Mute gewesen. Er kam mit unbedeu-
tender Wunde am Arm davon», berichtet Christoph Friedrich Kölle,

ein späterer Freund Hebels, in seinen Mitteilungen über dessen Universitätsjahre.[7]

Wenngleich die Verletzung harmlos scheint, so ist sie doch eine im regelhaften Kampf empfangene Wunde – ganz abgesehen davon, dass vor der Entdeckung antiseptischer Medikamente keine Verletzung harmlos war. Der Kampf mit scharfen Klingen, heute als reaktionäres Ritual ewiggestriger Burschenschafter geächtet, ist für Hebel sicherlich ein weiterer Schritt zu sich selbst, ob ihm nun heldenhaft zumute war oder nicht.

Noch ein weiteres Requisit gehörte zur Männlichkeit, oder besser, zur Inszenierung von Männlichkeit, das in jüngster Zeit ebenfalls in Verruf geraten ist: das Rauchen. Johann Peter scheint es in Erlangen gelernt zu haben. Für ihn ist der Tabak, zusammen mit dem in vielen Erzählungen gepriesenen Wein, ein Mittel des wahren Genusses. Er hat ihm ausgiebig zugesprochen. «Knaster ist dein Element», steht auf dem Titelblatt seines studentischen Stammbuchs. Darüber eine Federzeichnung mit Tabakrolle und zwei gekreuzten Pfeifen – wie ein barockes Emblem, ein Wappen.[8]

Als Hebel dann im September 1780 in Karlsruhe zum Examen antritt, scheint es Irritationen gegeben zu haben – auch das, betrachtet man das Treiben der Amicisten, wäre nicht verwunderlich. Unter anderem behauptet Uli Däster, Hebel habe seine theologische Abschlussprüfung wiederholen müssen. Sicher ist, dass er die vorgeschriebenen Semesterberichte, die er an seine Lehrer nach Karlsruhe hätte schicken sollen, schuldig blieb. Auch waren offenbar die Examensnoten nicht ganz so gut, wie man das vom bisherigen Musterschüler erwartet hatte. Man kann das wohl als Zeichen des Aufbegehrens sehen, eine Folge des Erlanger Freiheitsgefühls. So gesehen, bekommt die Verweigerung Sinn: als Ausweis eines neuen Selbstbewusstseins, das dem Studenten den Schwung gibt, für einen Moment die Schulgelehrsamkeit zu verachten, wie das etwa Jean Paul überhaupt getan hat, der sich im November 1784 dem Theologiestudium und seinen Gläubigern durch Flucht aus Leipzig entzieht.[9]

Hebel bekommt die Folgen seiner kleinen Unbotmäßigkeit prompt zu spüren. Bei seinen Gönnern, auch bei dem ihm gewogenen Preuschen, fällt er in Ungnade. Und das, obwohl ihm sein Prüfer Tittel bescheinigt, «seine Thesis mit merklicher Fertigkeit verteidigt und dabei die schon so oft von ihm bekannten trefflichen Gaben bewiesen» zu haben.[10] Im November 1780 dann zählt der Theologiestudent zu den Pfarramtskandidaten, den «Candidati ministerii ecclesiastici». Mit der Amicistenfreiheit ist es vorbei.

IV.
Lehrjahre in der Provinz: Hertingen

Schloss Bürgeln

Hoch auf einem Hügel am südwestlichsten Ausläufer des Schwarzwalds liegt Schloss Bürgeln. Zwei Jahre nach Hebels Geburt, 1762, von dem italienischen Baumeister Franz Anton Bagnato in zurückhaltender, unaufdringlicher Rokoko-Manier errichtet, präsentiert die ehemalige Propstei des östlich gelegenen, damals also habsburgischen Klosters St. Blasien einen angenehmen Blick hinab ins Markgräfler Land. Weit hinten im Westen schiebt sich die anmutige Linie der Vogesen in den Horizont, um in südlicher Richtung sanft in die Burgunder Pforte abzufallen. Noch weiter im Süden schimmern die Felsgipfel von Jungfrau und Mönch durch den frühsommerlichen Dunst, unmittelbar zu ihren Füßen scheint Basel als Aquarell zu liegen.

Unterhalb von Schloss Bürgeln, heute beliebter Ort für Hochzeiten, funkeln die eleganten Hotels von Badenweiler wie architektonische Fundstücke aus der Zeit, als der Ort zur mondänen Sommerfrische für Adel und Großbürgertum avancierte. Auch Wilhelm I., Kaiser des 1871 gegründeten Deutschen Reichs, begab sich gerne zur Kur nach Badenweiler. Seine Tochter, Prinzessin Luise von Preußen, hatte 1856 den Großherzog von Baden, Friedrich I., geheiratet. Als badischer Landesvater erholte sich Friedrich I. ebenfalls gerne in Badenweiler, wo er 1906 sogar seinen 80. Geburtstag feierte. Heute noch ziehen sich über die lieblichen Hügelwellen zum Rheintal hin schmucke Dörfer mit altehrwürdigen Gasthäusern, Schliengen etwa, Bad Bellingen, Fischingen, Eimeldingen mit seinem noblen «Ochsen». Und unweit von Fischingen und Eimeldingen, am Rheinknie, liegt – Hertingen.

Heitere Eleganz als Inszenierung ländlicher Idylle unter dem Himmel katholischer Herrschaft: Schloss Bürgeln, erbaut 1762–1764 von Franz Anton Bagnato.

Wandert man, auf der Straße von Schloss Bürgeln her kommend, durch Hertingen, so fällt zuerst ein «Golfhotel Hebelhof» auf. Die «Hebelstraße» führt dann vorbei an der karg anmutenden, protestantischen Dorfkirche, in der Hebel aber niemals gepredigt haben dürfte, denn sie wurde erst im Jahre 1785 erbaut, als Hebel bereits seit zwei Jahren in Karlsruhe und schon zum Hofdiakon aufgestiegen war.

Nach der Kirche aber, die Hebelstraße führt noch ein Stück abwärts, taucht an der nach Westen ziehenden Biegung das ehemalige, 1759 errichtete Pfarrhaus auf. Noch immer steht dieser einstöckige hochgieblige Bau mit seinen Sprossenfenstern proper neben einem Bauernhof und bescheidenen Wohnhäusern, umgeben von einem Garten mit Rosensträuchern. Die schmale Straße rechts daneben, die «Pfarrgasse», führt hinaus auf Felder und Wiesen.

Hauslehrer oder Im Haus der Scharfrichtertochter

Als Hebel im Dezember 1780, zu Fuß vermutlich, in Hertingen eintrifft, teilt er das Schicksal vieler deutscher Intellektueller dieser Zeit, die nicht wie Goethe Eltern mit Geld hatten. Ob Herder, Winckelmann oder Kant, Fichte, Hegel oder Hölderlin, sie alle mussten sich für einen Hungerlohn als Hauslehrer verdingen. Eine solche Stelle bot für die meisten aus kleinbürgerlichen Verhältnissen stammenden Universitätsabsolventen die einzige Möglichkeit, ein paar Gulden zu verdienen und dazu ein Dach über dem Kopf zu haben. Zudem konnten sie ihr Wissen anbringen, sich weiterbilden und Erfahrung auf gesellschaftlichem Terrain sammeln.

Wer die Söhne und Töchter eines Barons oder Grafen unterrichtete, durfte seine Mittellosigkeit mit dem klangvollen Titel «Hofmeister» schmücken, hatte oft aber einen schweren Stand, da der Adel im Regelfall auf den bürgerlichen Hungerleider hinabblickte. So gesehen hat Mitte des 19. Jahrhunderts der bürgerliche Schriftsteller Gustav Freytag in seinem heute eher belächelten, doch fast ein Jahrhundert lang höchst erfolgreichen realistischen Entwicklungsroman *Soll und Haben* die Situation treffend wiedergegeben: Selbst als Freytags Baron Oscar von Rothsattel wirtschaftlich furchtbar gescheitert und, durch einen Selbstmordversuch noch erblindet, vollkommen auf die Kompetenz des jungen Kaufmanns Anton Wolfahrt angewiesen ist, selbst dann noch behandelt er ihn herablassend wie einen lästigen Bittsteller. So sei es, teilt der Erzähler mit, Rothsattels Geschäftsführer Wolfahrt unmöglich, jenes «sittliche Verhältnis»[1] aufzubauen, das die ideelle Grundlage der bürgerlichen Arbeitswelt bestimmte.

Im bürgerlichen Haus hieß der Hauslehrer zwar nur Hauslehrer, hatte dafür aber die größeren Chancen, geschätzt zu werden – das langsam selbstbewusst werdende Bürgertum brauchte gut ausgebildeten Nachwuchs. Hebels eigene Herkunft ist dafür ja beispielhaft: Nicht zufällig war es das dringende Anliegen der Mutter, ihrem Sohn das aussichtsreiche Theologiestudium zu ermöglichen.

Im Dezember 1780 also trat Hebel in Hertingen seine Lehrjahre
an. Sein Dienstherr, Pfarrer Schlotterbeck, war ein mutiger Mann.
Mit 35 Jahren hatte Schlotterbeck, in zweiter Ehe, die Tochter eines
Scharfrichters geheiratet, den biblischen Auftrag befolgt und im
Laufe von zwei Jahrzehnten neun Kinder mit ihr gezeugt. Zwei
Töchter, bei Hebels Ankunft fünf und zwölf Jahre alt, sowie der
vierjährige Sohn Wilhelm Friedrich waren die ersten Schüler des
späteren Gymnasialdirektors.

Der unerfahrene, im Vergleich zu Schlotterbeck hochempfindsame
Hebel hatte es vielleicht nicht leicht, sich gegen den als renitent
geltenden Mann durchzusetzen. Zudem empfand Hebel die Hertin-
ger Jahre als Beginn eines langen Wartens. Daran, Schriftsteller zu
werden, dachte er noch lange nicht, er wünschte sich eine eigene
Pfarre. Als er 60 Jahre alt war, geachtet, berühmt, in leitender Stellung,
schrieb er eben jene bereits zitierte fiktive, nie gehaltene Antrittspredigt, in der er die Zeit zwischen Examen und Beginn des Schul-
diensts in Karlsruhe nicht ohne Wehmut betrachtet: «Eilf Jahre lang,
bis in das einunddreißigste meines Lebens, wartete ich vergeblich auf
Amt und Versorgung. Alle meine Jugendgenossen waren versorgt, nur
ich nicht. (...) Da war es wohl an mir getan, daß mich Gott gelehrt
hatte, arm sein und nichts haben.»[2]

Tatsächlich schien für einen mittellosen Pfarramtskandidaten wie
ihn die Berufung auf eine Pfarrstelle die einzige Möglichkeit, sich zu
etablieren. Selbst wenn er den Ehrgeiz gehabt hätte, Schriftsteller zu
werden, so wäre es so gut wie aussichtslos gewesen, sich damit eine
Existenz aufzubauen. Der erste deutsche Autor, der von seinem
Schreiben leben konnte, war der von Hebel später hochgeschätzte
Jean Paul. Allerdings hatte der um drei Jahre Jüngere dieses Ziel, das
zu dieser Zeit gerade in den Bereich des Möglichen gerückt war, wie
ein Besessener verfolgt.[3]

Trotz seiner Wehmut um das ausgebliebene Pfarramt scheint sich
Hebel gern an seine Hauslehrerzeit erinnert zu haben. «O, wie
glücklich saß ich einst in Hertingen zwischen den Milchkänsterlein
und den nassen Strümpfen und Handzwehlen am Ofenstänglein.
Aber freilich 20 Jahre und 63 ist auch ein Unterschied», notiert er im

Januar 1823 in einem Brief an Gustave Fecht und deren Schwester Karoline Günttert.[4]

Anerkennung und das Glück des Lehrens

Bekanntlich verklärt die Erinnerung das Vergangene. Der jähe Wechsel von der Residenzstadt mit ihrem anregenden Gelehrtenzirkel um Tittel, von Erlangen mit dem Leben inmitten degentragender Studenten in das winzige Hertingen mit dem grobschlächtigen Schlotterbeck – das wird abermals nicht leicht gewesen sein. Zweifellos aber schafft sich Hebel während der drei Jahre im Pfarrhaus einen weiteren Pfeiler für das charakterliche und intellektuelle Fundament, das seinen späten und steilen Aufstieg tragen wird. Im Nachhinein lässt sich gewiss jedes Leben als teleologisch gestaffelter Entwicklungsroman erzählen – das stiftet Sinn. Gleichwohl ist Hebels Scheitern an der Hürde der Landpfarrerstelle auf weitere Sicht ein Segen.

Zum ersten Mal hat er in Hertingen Gelegenheit zu unterrichten. Jetzt kann er beweisen, dass humanistische Werte nicht nur verstiegene Ideale sind, dass sie sich vermitteln lassen und dass möglicherweise der unter den Kommilitonen gepflegte entschiedene, aber achtungsvolle Umgang miteinander eine pädagogische Grundlage liefern kann. Hebel wird gelehrt haben, was er selbst gelernt hatte, nicht nur Lesen, Scheiben und Rechnen, auch höheres praktisches Weltwissen etwa über das Wachstum der Pflanzen oder den geregelten Gang der Gestirne. Darüber wird er auch sein undogmatisches, aufgeklärtes Gottesbild entfaltet haben, mit dem nötigen Respekt vor den Berggeistern, versteht sich, die in den alten Volkssagen vorkamen – der unerschrockene Schlotterbeck wird ihm da keine Schwierigkeiten gemacht haben. Das älteste von Hebels Lehrkindern jedenfalls, die zwölfjährige Christina Elisabeth, hat später als Erwachsene nur die besten Erinnerungen an den Unterricht des Pfarramtskandidaten: «Uns Kindern ist bei ihm so wohl zumute gewesen. Wir haben aus auf jede Stunde von ihm gefreut. Und manches, was er uns gesagt hat,

ist zeitlebens geblieben. Er hat mitunter herzhaft lachen können.
Dann ist er wieder still und nachdenklich geworden. Manchmal hat
er uns Kinder an die Hand genommen und ganz lange eine Blume im
Garten erklärt. Oft ging er mit uns auch zu den Hühnern und Hasen
oder hinten zum Dorfe hinaus auf den Wiesenweg. Da hat er uns
immer viel erzählt.»[5] Für Hebel muss die Anerkennung, die ihm
Schlotterbecks Kinder damit entgegenbrachten, nach allem, was er
mit seinem Examen erlebt hatte, mehr als nur Genugtuung bedeutet
haben: Er konnte sich in seinem Bedürfnis, sich anderen mitzuteilen,
sie an seinem Wissen teilhaben zu lassen und ihnen so den Zugang
zur eigenen Geistes- und Charakterbildung zu öffnen, bestätigt sehen.
Es war das Glück des Lehrens, das der empfindet, der sich zur Vermittlung berufen fühlt.

Nicht weniger wichtig war allerdings, dass der Lehrer selbst lernte.
Ob ihm nun die Karlsruher Professoren empfahlen, Wissenslücken
zu schließen, oder ob er sich ausschließlich aus eigenem Interesse
weiterbildete: Er hatte Zeit zum Lesen, er las die Schriften aufklärerischer Theologen wie die Reden von Johann Lorenz Mosheim, der
die urchristliche Tugend des Mitempfindens mit seiner protestantischen Optimierungsethik zu vereinigen suchte.

Vor allem aber las er, der sich ja, wie er glaubte, ganz auf die Laufbahn eines Pfarrers vorbereitete, eines Intellektuellen also, der im
Rahmen der kirchlichen Institutionen bleibt und diese Institutionen
mit bildet und trägt, vor allem also las er ausgerechnet den radikalsten
Denker und größten Anarchisten, den die protestantische Lehre bis
dahin hervorgebracht hatte: den frühneuzeitlichen Theologen und
Philosophen Valentin Weigel.

Begegnung mit einem Anarchisten

Valentin Weigel, dieser 1533 in Sachsen geborene Querdenker,
war zwar tief von Luthers Auffassung durchdrungen, der Mensch
trage den Zugang zu Gott in sich selbst, so dass er ihn aus eigener

Kraft und eigenem Willen erfahren und erkennen könne. Anders als das orthodoxe Luthertum, anders als die katholische Kirche aber erklärte Weigel Priester, Kirche und Lithurgie für obsolet: Der Mensch selbst ist Gottes Kirche. So ist er auch selbst fähig zur Erkenntnis, um die er sich aktiv bemühen muss. Zweifellos, Weigel setzte unbedingtes Vertrauen in die autonome Bildungsfähigkeit des Menschen.

Zugleich betonte dieser tieffromme Anarchist das mystische Element des Glaubens, der rational nicht erklärbar bleibt. Damit half der eigenwillige Denker sowohl den Boden für den Rationalismus des 18. Jahrhunderts wie für die pietistische Innerlichkeitsreligion zu bereiten.

Dass ihm sein Angriff gegen alle kirchliche Institution die Feindschaft sämtlicher kirchlichen Würdenträger einbrachte, der Begriff «Weigelianer» bis weit ins 17. Jahrhundert «als das Äußerste der Opposition gegen Staat u[nd] Kirche» galt,[6] leuchtet ein. Die Lektüre muss auf Hebel verheißungsvoll gewirkt haben, er konnte seinen eigenen Widerspruchsgeist und zugleich seinen Glauben an die im Grunde guten Anlagen im Menschen bestätigt sehen. Und endlich, das mag nicht unwichtig gewesen sein: Trotz seiner ketzerischen Ansichten wurde Weigel 1567 auf das Pfarramt im kursächsischen Zschopau berufen, das er bis zu seinem Tod 1588 innehatte. Darin lag Hoffnung für den jungen Pfarramtskandidaten, der sich nichts lieber wünschte, als auf eine Landpfarre gesetzt zu werden. Allerdings hatte der berufliche Erfolg Valentin Weigels auch damit zu tun gehabt, dass der größte Teil seiner Schriften erst nach seinem Tod Verbreitung fand.

Bildungserlebnisse, Wanderungen

Doch Hebel liest auch Bücher über Botanik und Bienenzucht, Mathematik und Medizin, Geographie und Astronomie. Er vertieft sich in das Leben der Prozessionsraupen und erkennt, dass die Geschwulst, die die Tiere bei der Berührung mit der bloßen Haut her-

vorrufen, von ihren Waffen herrührt: «Die Raupen lassen augenblicklich ihre kurzen, steifen, stechenden Haare gehen, und drücken
und schießen sie gleichsam wie Pfeile ihrem Feind in die zarte Haut
des Körpers. Dies ist das Mittel, welches die Natur auch diesen ver-
achteten Tieren zu ihrer Verteidigung gegeben hat»[7] – alles hat seinen Sinn, nichts ist ohne Zweck.

Er erschließt sich die Welt der Schlangen, um in ein paar Jahren
jene, die keine naturwissenschaftlichen Kenntnisse besitzen, über
deren wahres Wesen aufklären zu können:

> «Noch immer glauben Leute, daß die giftigen Schlangen mit der
> Zunge stechen. Allein es ist schon lange außer Zweifel gesetzt, daß sie
> an der oberen Kinnlade zwei Giftzähne haben, die sie in eine Scheide
> zurückziehen und wieder hervorstoßen können. Diese Zähne sind
> hohl und haben an den Spitzen eine feine Öffnung, hinter jedem
> derselben befindet sich eine Drüse, in welcher das Gift bereitet wird,
> und wenn das Tier beißt, so tritt das Gift aus der Drüse in den Zahn
> und durch die Öffnung in die Wunde.»[8]

Obwohl nun aber die giftige Schlange für den Menschen gefährlich sei und ihr Biss «allemal schmerzhafte, traurige, bisweilen
sehr gefährliche Folgen» hervorrufe, so ist sie doch ein erstaunlich
nützliches Tier: «Denn die Schlangen verzehren viel sogenanntes
Ungeziefer, und helfen also, uns von der schädlichen Menge desselben zu bewahren. Und ein guter und besonnener Mensch will doch
lieber erhalten, als ohne Zweck und Not zerstören, lieber leben lassen als töten, wär' es auch nur ein Tier im Staube» – zumal sogar die
Giftschlangen «nicht mutwillig den Menschen angreifen, sondern
nur sich selber verteidigen, wenn sie beunruhigt, gereizt, gedrückt
oder verletzt werden.» Und schließlich ist gerade

> «die Schlange, ob sie gleich mit dem Bauch auf der Erde schleicht,
> (…) doch ein merkwürdiges und wirklich ein schönes Tier. Schon
> das verdient ja unsere Bewunderung, daß dieses Geschöpf ohne Füße
> nur durch seine zahlreichen Muskeln sich so leicht fortbewegen
> kann. Ihre Gestalt ist so einfach und doch fehlt ihnen nichts, was
> ihnen zur Erhaltung und zum Genusse ihres Lebens nötig ist.»

Auch hier, in diesem durch die biblische Überlieferung noch höchst prekären Feld der biologischen Wissenschaften, lässt Hebel das Muster des *kaloskagathos*, des Schönen und Guten, durchscheinen, zeitgemäß erweitert um das Nützliche. Und doch sind es nicht nur Nutzen und Schönheit, welche selbst die Giftschlange zu ihrem Dasein berechtigen, sondern die schlichte Tatsache, dass auch die Giftschlange ein Geschöpf Gottes und somit in irgendeiner Weise beseelt ist. Hebel erarbeitet sich also, die Natur vor Augen, praktische Kenntnisse, auf denen er sein beispielhaftes Programm der Volksaufklärung aufbauen kann, das er ab 1802 im *Badischen Landkalender* publizistisch umsetzen wird und das gleichermaßen seine späten *Biblischen Geschichten* durchdringt.

So scheint es nur, als habe er in Hertingen, ähnlich dem jungen Jean Paul Richter, wahllos gelesen, was ihm in die Finger kam. Doch was wie «skurrile Vielfalt»[9] aussieht, gehorcht in Wahrheit einer, wenn vielleicht auch unbewussten, Methode: Hebel erschließt sich die Welt vom Bienenstock und Tabakstrauch bis zum Sonnensystem – aber gerade nicht in der Art jener beliebigen lexikalischen Bildung, die Nietzsche später als «Gebildetheit» verspottet, sondern im Sinne einer ganzheitlichen Ordnung, in der jedes Ding den ihm gebührenden Platz hat. So schafft sich der künftige Autor die Grundlage systematischen Wissens, auf der er das universale Weltbild seiner Erzählungen wird entfalten können. Diese Vielfalt der Erscheinungen miteinander zu verknüpfen, zu systematisieren, in ihr den Ausdruck einer symmetrisch geordneten Welt zu erkennen, prägt das Denken der Aufklärung und Goethezeit. Hebel aber wird diesem Denken, in dem die «kleinen Federlein» der Löwenzahnblüten ihren genau bestimmten funktionellen Ort haben,[10] eine stark an den Texten Luthers geschulte sprachliche Form geben, an der der Autor schon mit dem ersten Satz zu erkennen ist.

Er ist freilich nicht der Intellektuelle, der sich die Welt am Schreibtisch bildet. Dass sich der junge Hauslehrer von Hertingen aus das Oberland erwandert, liegt ihm sicherlich «im Blut», hat aber vor allem eine ungemein beruhigende und zugleich anregende Wirkung. Außerdem verfolgt er damit einen unmittelbaren praktischen

Zweck: seinem theoretischen Wissen durch «Anschauung» und Erfahrung Gestalt zu geben. Hebel wandert, wann immer es Unterricht
und Studium erlauben, in die Dörfer an den Hängen des Blauen, er
wandert nach Müllheim, nach Schliengen, nach Kandern, er wandert
den Rhein entlang bis Mühlhausen, und weiter in den Hunsrück
nach Simmern, dorthin, wo sein Vater geboren wurde. Er sucht, es
mag ihm bewusst gewesen sein oder nicht, die Spuren seines Vaters.
Er sucht nach Wurzeln, nach Identität.

Auf einer dieser Wanderungen ist er dann auch auf Schloss Bürgeln
gekommen, wo er hinübersehen konnte nach Basel, das verschwom-
men wie ein Pastellbild in der Ferne schimmerte.

V.
Der Hilfslehrer

Unerfüllte Wünsche, heitere Geselligkeit

Bald sollte Hebel seiner geliebten Geburtsstadt denn auch
wieder näherkommen. Denn der Markgraf hatte beschlossen, den
candidatus ministerii ecclesiastici und Hauslehrer an die Schule nach
Lörrach zu versetzen. «Nachdem der Durchleuchtigste Fürst und
Herr, Herr *Carl Fridrich*, Marggrav zu Baden und Hochberg, Land-
grav zu Sausenberg (...),» ließ der Landesherr wissen, «sich gnädigst
entschlossen haben, den bisherigen Candidaten ecclesiastici *Johann
Peter Hebel* als Praeceptorats Vicarium nacher Lörrach ans Paedago-
gium in Gnaden zu berufen: So wird sothane Ihro Hochfürstlichen
Durchleucht gnädigste Resolution, unter Vordruckung des Fürstli-
chen größeren Canzley-Insiegels, ihme Praeceptoratsvicario Hebel
zu seiner Legitimation und Nachricht, auch daß er sich in Lehre und
Leben ohntadelhaft erweisen (...)»[1] und so weiter, kurz: Hebel erhält
endlich eine feste Stellung.

Vielleicht ist Hebel vor Aufregung das Schreiben aus der Hand
geglitten, vielleicht klopfte sein Herz – in jedem Fall muss er den Ruf
nach Lörrach als Erlösung empfunden haben. Jetzt hat er nur noch
zwei Monate im Hause Schlotterbeck abzusitzen. Dann packt er
Bücher und Hosen in den Mantelsack, nimmt den Hut und zieht in
vermutlich gehobener Stimmung an den Ort seines ersten offiziellen
Amtes, der ihn acht Jahre festhalten wird, aber als Sprungbrett für
seine spätere Lehrerkarriere unerlässlich ist und ihm zudem persönliche Bindungen beschert, die ihn durch sein ganzes weiteres Leben
geleiten werden. Am 17. Mai 1783 bezieht er am Pädagogium ein
Zimmer. Dass die Stätte seines neuen pädagogischen Wirkens an der

Basler Straße liegt, wird er gewiss nicht als schlechtestes Vorzeichen gedeutet haben.

Im Schatten der Patrizierstadt gelegen, ist der Marktflecken Lörrach mit seinen sechs Straßen, 200 Häusern und etwa 1500 Bewohnern ein kleines Verwaltungs- und Handelszentrum des Oberlandes. Schon als Knotenpunkt der reformatorischen Strömungen ist Lörrach, wie zu sehen war, für die Region bedeutsam geworden. Auch jene 13 Privilegien, mit denen der Ort ausgezeichnet wurde, als er vom damaligen Markgrafen Friedrich Magnus die Stadtrechte verliehen bekam, zeigen Lörrach als ein südwestdeutsches Zentrum des sozialen Fortschritts. So war das Niederlassungsrecht weder an Religion noch Herkommen geknüpft, auch galt freie Religionsausübung – nicht nur für Katholiken, auch für Juden. Jeder Neubürger sollte binnen zweier Jahre ein Haus bauen, wurde dafür aber volle dreißig Jahre von den Steuern befreit und «bevorzugt mit Holz und Steinen beliefert».[2] Nicht zuletzt dieses Anreizes wegen florieren Handwerk und Gewerbe. Und wenn Lörrach auch für den Markt zu Basel keine Konkurrenz darstellt, so ziehen der wöchentliche Markttag und die jährlichen zwei Pferde- und Viehmärkte die Bauern der Umgebung in die Stadt am Fuß der Rötteler Burg.

Als Hebel nach Lörrach kommt, findet er einen Ort vor, in dem mit der Idienne-Manufaktur, also der Textilfärberei, bereits die ersten Zeichen des künftigen Industriezeitalters erkennbar sind. Der ländliche Charakter dieser fortschrittlichen Stadt dürfte der Persönlichkeit des zwischen den Welten aufgewachsenen jungen Lehrers entgegengekommen sein – der allerdings als ehemaliger Karlsruher Gymnasiast und Erlanger Student bereits die Atmosphäre der größeren Städte zu schätzen weiß. Doch Basel liegt in unmittelbarer Nachbarschaft, und das kleine Lörrach besitzt immerhin elf Wirtshäuser.

Zwei Tage nach seinem Einzug ins Pädagogium, am 19. Mai 1783, beginnt Hebel seinen Unterricht in der Sekunda, der zweiten Klasse der drei Klassen umfassenden Lateinschule. In sechs Jahren sollte das traditionsreiche, aus der Mitte des 17. Jahrhunderts von Markgraf Friedrich V. gegründeten Rötteler Landschule hervorgegangene Bildungsinstitut auf den Übertritt ins Karlsruher Gymna-

Das Pädagogium in Lörrach, Hebels erste amtliche Wirkungsstätte als Lehrer.

sium vorbereiten. Hebel hat elf Schüler, die er täglich in, natürlich, Religion zu unterrichten hat, außerdem an zwölf Wochenstunden in Latein und an je zwei in Geschichte und Geometrie. Dem Fach Deutsch bleibt eine einzige Stunde pro Woche vorbehalten – noch immer dominiert im akademischen Milieu das Lateinische, obgleich sich die deutsche Sprache, auch als Zeichen des allmählich aufkommenden Nationalbewusstseins, durchzusetzen beginnt. Und wenn Hebel später noch Arithmetik und Erdkunde als Fächer hinzubekommt, markiert auch diese Einführung eher praxisbezogener Fächer, dass die Zeiten reif für einen Umbruch sind.

Überschaubar wie die Klassen ist auch das Lehrerkollegium. Neben Hebel sind drei weitere Kollegen am Pädagogium tätig: der um neun Jahre ältere Schulleiter, Prorektor Tobias Günttert, der Diakonatsvikar Karl Friedrich Sonntag sowie, in der Rangordnung auf dem letzten Platz, der von den übrigen offenbar nie ganz ernstgenommene[3] Präzeptor Johann Christoph Riedel.

Die Schule ist für Hebel auch im Privaten bereichernd. Über den

Kollegenkreis öffnet sich ihm eine so gebildete wie herzliche Gesellschaft. Vor allem mit Günttert, der in Halle Theologie studiert hat und dort offenbar ebenfalls dem Amicisten-Orden angehörte,[4] kommt er ausgezeichnet zurande. Das Verhältnis zu seinem Vorgesetzten, dem Sohn eines Landarztes und seit einem Jahr mit der zwanzigjährigen Pfarrerstochter Karoline Auguste Fecht verheiratet, wird bald zur Freundschaft.

Doch der Schuldienst bringt für den jungen Lehrer, dessen pädagogisches Geschick ihm bald die Sympathien seiner Schüler einträgt, auch Unannehmlichkeiten mit sich. So soll Hebel, ohnehin mit einem mehr als umfangreichen Unterrichtspensum betraut, als zusätzliche Dienstleistung im nahegelegenen Grenzach sonntags predigen. Außerdem muss er sich den Unterricht der Sekunda mit dem Kollegen Sonntag teilen. Das bedeutet indessen nicht halbe Arbeit, sondern halben Verdienst. Da nämlich Hebel nur Präzeptoratsvikar, also Hilfslehrer ist, Sonntag hingegen Diakonatsvikar, also der Ranghöhere, folgt daraus, dass Sonntag etwas mehr verdient. Überhaupt aber verdienten beide wenig. «Von jenen 280 Gulden jährlich, die für das Gesamtdiakonat ausgeworfen waren, erhielt der Diakonatsvikar drei Fünftel, so daß dem Präzeptoratsvikar lediglich der geringere Rest von 112 Gulden verblieb.»[5] Das reicht nicht, um den Lebensunterhalt zu bestreiten. So bekommt Hebel zusätzlichen Verdienst in Naturalien ausbezahlt: «Korn, Wein und Brennholz». Zudem darf er sein Teil des Gemüse- und Obstgartens ernten. Zum Leben ist das noch immer nicht genug.[6] Daher sieht er sich gezwungen, zusätzlich Nachhilfestunden zu geben. Er «instruiert[e]»[7] aus schierer Notwendigkeit. Als er sich im Frühsommer 1804 in Karlsruhe in einem Brief an Gustave Fecht daran erinnert, gedenkt er trotzdem nicht ohne Dankbarkeit seiner Nachhilfetätigkeit:

> «Jetzt habe ich noch eine Privatstunde (...) In Lörrach informierte ich extra, aus Noth. Hier setzte ich es noch lange fort, theils aus Freundschaft gegen die Eltern, wenn sie es verlangten, theils aus Liebe zu meinen Schülern, die etwa einer Nachhilfe bedurften, ohne etwas dafür zu verlangen oder zu bekommen, und aus Dankbarkeit gegen die Vorsehung, die mich in Lörrach ernährt hat.»

Der Künstler als Erfolgsbürger, wie ihn das späte 19. Jahrhundert sah: Das Hebel-Denkmal im Lörracher Stadtpark, an dem sich früher der Markt befand.

Hebels Lage war die übliche. «Lehrer und Professoren (…) wurden (…), außer in Sachsen, in der Regel schlecht bezahlt.»[8] Genauer: Sie wurden in der Regel lausig bezahlt. So hatte, wenn man Günther de Bruyn glauben darf, Johann Christian Christoph Richter, der Vater des nachmals berühmten und von Hebel verehrten Schriftstellers Jean Paul Richter, als Lehrer in Wunsiedel in den 1760er Jahren ein Jahresgehalt von 119 Gulden, immerhin noch 7 Gulden mehr als Hebel.[9] Bedenkt man, dass Beamte im höheren Dienst bis zu 4000 Gulden verdienten, dass das Existenzminimum einer Kleinfamilie bei etwa 150 Gulden pro Jahr lag,[10] so wird begreiflich, weshalb «Lehrerelend»[11] an der Tagesordnung war und sich erst um die Mitte des 19. Jahrhunderts milderte, als die Lehrer in den Staatsdienst übergingen und aus der Vormundschaft der Kirche befreit wurden. Der typische Volks-, Dorf- und Lateinschullehrer hatte viel zu tun und wenig zu lachen.

Die materielle Lage als Lehrer wurde durch die Pflicht, in der Kirche bei der Eucharistie auszuhelfen und hin und wieder auch «auf die Kanzel zum Predigeramt» zu steigen, nicht besser.[12] In allerdings souveränem Tonfall beklagt sich Hebel in einem Brief an den Kollegen Sonntag darüber, dass ihm die Pflicht zum Predigen sogar noch den Samstag raube:

> «Mein Bester! – Wie ich wohl sehe, daß mir die Geschäfte an der Kirche immer mehr zur Schuldigkeit gemacht werden, und also Ursach genug hätte die Predigt auf übermorgen nicht anzunehmen, so bin ich doch entschlossen, damit Du nicht dabei leiden darfst, Vormittags zu predigen. Doch nehm ich Gelegenheit Dir einmal meine Gedanken über die Sache zu entdecken. Mich deucht, daß Tage, wie der Samstag ist, Tage der Erholung für den sein sollen, der eine Woche lang in die Schulstube eingesperrt war, Tage, die von ihm und nicht von andern sollen benutzt werden.»

Er könnte sich, wie er natürlich weiß, in diesem seinem persönlichen Anliegen auf die Bibel berufen, in der es im Schöpfungsbericht im Ersten Buch Mose heißt: «Am siebten Tag vollendete Gott das Werk, das er geschaffen hatte, und er ruhte am siebten Tag, nachdem er sein ganzes Werk vollbracht hatte.» Ein freier siebter Tag ist Hebel offenbar nicht gegönnt. Er ist indessen, wie es ihn auch der studentische Kommers gelehrt hat, zum Widerstand entschlossen. Er fährt fort:

> «Wenn dieß bei mir allein eine Ausnahme haben, wenn ich doch sizen und immer sizen soll, warum sollt ich denn nicht lieber über meinen Berufsgeschäften sizen bleiben und fortinformieren, als mich an ein neues Geschäft binden lassen, das mich in meiner gegenwärtigen Lage nichts angeht.»

Und mit dem Ethos des berufenen Lehrers fügt er hinzu, er halte es «nicht für gut, um einer Nebensache willen meine Pflicht beiseite zu setzen, und die mir anvertrauten und am Herzen liegenden Schüler entgelten zu lassen, wofür sie nichts können.» Auch die Eltern würden wohl schwerlich «darauf Rücksicht nehmen,» wenn er samstags frei nehmen würde, «um nach Basel gehen zu können», weil er sonntags habe predigen müssen.[13]

Der Protest war zwecklos, natürlich. Hebel muss predigen. Diese Aufgabe ist in seiner Berufsbezeichnung Präzeptoratsvikar allerdings durchaus enthalten: Präzeptor bezeichnet den Lehrer, Vikar den Hilfsprediger.

Auch in der Schule selbst stößt er auf Schwierigkeiten. Seinen pädagogischen Vorstellungen folgend, die den Schüler zu eigenem Denken anregen sollen, streicht er eigenmächtig Katechismuspassagen, die auswendig gelernt werden sollen, aus dem Stoffplan. Das empfindet der Pfarrer im nahen Rötteln, die als «Spezial» aufsichtsführende Instanz, als unbotmäßigen Eingriff in den «Schematismus», den Lehrplan, und sieht gar den geistigen Bestand der Schule in Gefahr: «Nur wünschte man, daß mehrere Zeit und Fleiß auf das Christentum verwendet und solches nicht als Nebensache tractieret würde»,[14] vermerkt Ernst Friedrich Hitzig, kein anderer als der Vater von Hebels baldigem besten Freud Friedrich Wilhelm Hitzig, in seinem Protokoll des Frühjahrsexamens 1787.

Wenn aber an der Säule der Religion gesägt wird, so ist auch der Staat in Gefahr – so muss es der Spezial Hitzig gesehen haben, und aus seiner noch einem frühaufklärerischen Autoritätsbegriff verhafteten Sicht war das auch völlig korrekt. Auf seinen Bericht reagiert die Schulbehörde erwartungsgemäß ungehalten: «Anbey ist dem Vicario Hebel eine Erklärung abzufordern, was seine Anzeige im Schematismo (…) zu bedeuten habe.» Das Ende vom Lied ist, kein Wunder, die eindeutige Anweisung: «Katechismus minor recitatus» – der Kleine Katechismus ist aufzusagen.[15]

Dass Hebels eigenmächtiger Eingriff in die Vermittlung des Kleinen Katechismus solche Aufregung entfachen musste, wird sofort klar, wenn man sich bewusst macht, dass dieser von Luther verfasste Text die Grundlage aller religiösen Laienbildung in den lutherischen Gebieten bildete: Er stand in jeder Wohnstube, war ein Volks-, Haus- und Erbauungsbuch erster Ordnung und damit auch ein wichtiges Buch für jeden Einzelnen, ganz im Sinne der lutherischen Lehre, die Schrift selbst zu erfassen, um so ohne Vermittlung durch einen Pfarrer unmittelbar Gott zu erfahren. Der Kleine Katechismus war somit auch ein wichtiger Text im aufklärerischen Programm der Volksbildung und Alphabetisierung. Es war üblich, dieses Buch auswendig im Kopf zu haben. Hebels Streichungen mussten der Schulbehörde deshalb als geradezu revolutionärer Akt erscheinen.

Dabei ist Hebels pädagogisches Programm kein Programm im Sinne eines ausformulierten Konzepts. Hebel folgt seinen Empfindungen und handelt, indem er versucht, die Schüler für die Sache zu interessieren, Begeisterung zu wecken. Seine Vorstellungen, wie Wissen zu vermitteln sei, damit es anschaulich und verständlich wird, formuliert er später, als er bereits Professor ist, in einem Schreiben an den Pfarrer Wilhelm Köster, «daß die Erbauung nicht in das Herz des Zuhörers als in ein leeres Gefäß hinüber gegossen, sondern aus ihm als einer verschlossenen Quelle herausgefördert werden müsse, daß die geistlichen Zunftartikel ganz vermieden, und natürliche Gedanken und Empfindungen in natürlicher Sprache vorgetragen werden müssen; daß die ächte Popularität nicht darin bestehe, den gelehrten Vortrag bis zur Allgemein-Verständlichkeit hinab auseinander zu ziehen, sondern die genuine Art der Vorstellung und Darstellung des Volks unmittelbar und lebendig aufzufassen, und nur veredelt auszudrücken und daß die schöne und gereinigte Sinnlichkeit in der Darstellung die Blüthe der Popularität und das wirksamste Vehikel für den Eingang ins Herz sey.»[16]

Das ist nichts anderes als eine Umschreibung dessen, was man pädagogischen Eros nennt: Der Lehrende müsse ein Mensch mit natürlicher Autorität und Ausstrahlung sein, er dürfe seine Zuhörer nicht primär über die Vernunft, sondern über das Gefühl ansprechen, wissend, dass nur dann, wenn das Gefühl berührt ist, der Verstand sich öffnet, um der Vernunft zu folgen. Das entspricht einer modernen Lehr- und Lernpsychologie, die Hebels pädagogischen Erfolg begründet – nicht nur den Erfolg bei den Schülern, sondern später auch den Erfolg bei den Lesern seiner Gedichte und Erzählungen. Interesse, gar Begeisterung für den Stoff zu wecken, um schließlich diesen Stoff in umfassende theologische, philosophische, wissenschaftliche und gesellschaftliche Zusammenhänge einzuordnen, so dass sich der Sinn erschließt: Das ist Hebels Verfahren auch in seinen Kalendergeschichten, und deshalb werden diese Geschichten gerade

auch bei den akademisch ungebildeten Lesern seiner Zeit, beim
«Volk», so beliebt.

Die «Niederlage» gegenüber der Schulbehörde nimmt ihm also
keineswegs den Humor, im Gegenteil, sie fördert eher einen gewissen sarkastischen Tonfall, der sich später bisweilen in seine Briefe
mischt. Andererseits aber dürfte sie auch seine Anpassungsbereit-
schaft verstärkt haben. Dergleichen Erfahrungen mit der Autorität
erklären nicht zuletzt die Begeisterung für den vielgerühmten Männerbund des Lörracher Freundeskreises, an dessen Gründung Hebel
als treibende Kraft beteiligt ist. Dieser Bund aber ist die für Hebel
heilsame Folge einer zeitgemäßen Geselligkeit, der in Lörrach zu be-
gegnen er das Glück hat und die ihn für manchen Ärger entschädigt.

So darf er wieder, diese Erfahrung ist ihm von Karlsruhe her
wohlbekannt, an fremden Tischen als Essensgast Platz nehmen –
diesmal allerdings nicht mehr in der undankbaren Rolle als bittstel-
lender Schüler, sondern als gleichwertiger Kollege. In dieser Hinsicht
gewinnt er in dem gastfreien Haus seines Freundes Tobias Günttert
einen Ort, dessen Bedeutung für sein weiteres Leben kaum zu überschätzen ist.[17]

Im Haus des Ehepaars Günttert fühlt er sich aufgehoben – es ist
die offene und herzliche Atmosphäre, die ihm ein Gefühl von Ge-
borgenheit gibt. Und hier, im Hause Günttert, lernt er auch die Frau
kennen, die, nach der toten Mutter, in seinem Leben die wichtigste
Rolle spielen wird: Gustave Fecht, die Schwester von Güntterts Frau
Karoline Auguste, die 1788 als Zweiundzwanzigjährige in den Haushalt der Güntterts einzieht.

Hebels Biograph Wilhelm Zentner beschreibt sie so: «Ihr Äußeres
war geeignet, sofort für sie einzunehmen. Sie war von großer, schlan-
ker Gestalt. Ihre schönen blauen Augen und blonden Flechten fanden in Hebel nicht ihren einzigen Bewunderer. Ihrem Wesen war
ohne Zweifel eine gewisse Zurückhaltung, später vielleicht eine
wachsende Herbheit eigen. Man hat sie aus diesem Grund eine ‹kalte
Natur› genannt.»[18] Dies sei, wie Zentner meint, «gewiß unzutref-
fend». Immerhin aber seien «bei ihr Züge eines energischen, mitunter fast männlichen Charakters» aufgefallen.[19] Im Übrigen, meint

Zentner weiter, habe Gustave auch Humor besessen. Zudem soll sie sich in den Unterhaltungen durch «weiblichen Scharfsinn»[20] ausgezeichnet haben – schließlich hat ihr Hebel später in einem Brief die Lektüre Jean Pauls ans Herz gelegt.[21] Hebel wird daher auch ihre – leider nicht überlieferten – Briefe mit umso größerer Freude gelesen und beantwortet haben, wenngleich man sicher sein darf, dass er sie auch gerne gelesen und beantwortet haben würde, wenn sie nichts weiter enthalten hätten als belanglose Alltagsbeobachtungen. Viel mehr scheinen sie bisweilen auch nicht enthalten zu haben – das wiederum dürfte Hebel durchaus entgegengekommen sein, da er sich so bei aller Schüchternheit in seinen Erwiderungen desto besser als Lehrmeister inszenieren konnte.

Freundschaft fürs Leben, Männerbund

«Mein Jutzler auf dieser Reise wird ein rechter Mastelnack seyn.» Was klingt, als komme es aus dem Munde von Ernst Jandl, stammt aus der Feder von Johann Peter Hebel. Jandl war beileibe nicht der erste, der mit Satzbruchstücken, Buchstabenverdrehungen und klanglichen Neuschöpfungen arbeitete, um mit bösem Humor auf Zustände zu verweisen, die hinter der wahrnehmbaren Ereignisabfolge verborgen liegen.[22] Aber auch Hans Arp, Kurt Schwitters und die Dadaisten waren nicht die ersten. Hebel war vermutlich auch nicht der erste, ganz sicher aber war er ein Pionier dieser avantgardistischen Art des authentischen und autonomen sprachlichen Ausdrucks, der die logische Ordnung der Welt, die sich in der Sprache abbildet, unterschwellig attackiert.

«Mein Jutzler auf dieser Reise» also «wird ein rechter Mastelnack seyn» – der Brief, den Hebel Anfang September 1802 von Karlsruhe aus schreibt, wo er bereits mitten in der Arbeit an seinen *Alemannischen Gedichten* steckt, ist an Friedrich Wilhelm Hitzig adressiert, den Mann, dem Hebel in seinem weiteren Leben am nächsten stehen wird, der sprichwörtliche beste Freund.

Hitzig, 1767 geboren, hatte wie Hebel das Karlsruher Gymnasium besucht. Als die beiden sich in Lörrach kennenlernten, es muss im Jahr 1787 gewesen sein,[23] war Hitzig Vikar im wenige Kilometer nördlich gelegenen Rötteln, dessen Pfarrstelle sein Vater innehatte – eben jener, mit dem Hebel wegen des *Catechismus minor* in Konflikt geraten war. Der Sohn, Friedrich Wilhelm, bereitete sich auf das theologische Examen vor – in Jena, das sich anschickte, neben Berlin, Leipzig und Weimar zu einem Zentrum der Philosophie und Literatur aufzurücken. Hitzig bestand mit Auszeichnung und arbeitete danach wieder als Hilfspfarrer bei seinem Vater. Nachdem Hebel Lörrach verlassen hatte, rückte Hitzig an dessen Stelle als Hilfslehrer, stieg auf zum Prorektor, zum Schulleiter, heiratete und wurde bald danach Nachfolger seines Vaters. Hitzig verkörperte kurzgesagt wie aus dem Bilderbuch den um Volksaufklärung bemühten Landpfarrer, der alles erreicht hatte: eine Pfarre im Wiesental, Frau, Familie. Später gründete er noch eine philosophische Gesellschaft.

Dass Hebel sich von diesem Mann, der geistreich war, tatkräftig und witzig, angezogen fühlte, lag in der Natur seines Wesens. Hitzig, obwohl sieben Jahre jünger, wurde Vorbild, Vertrauter, väterlicher Freund bis zu Hebels Tod.

Der «Jutzler» auf der im zitierten Brief geplanten Wanderung ist schlichtweg der Begleiter. Und dieser Begleiter ist kein Mensch, sondern ein Ding, das bei Wanderungen hilfreich und geradezu unentbehrlich ist: ein «Mastelnack» eben, ein Mantelsack, das heißt: eine Art Rucksack.

Als Hitzig Hebels Worte las, muss er sich lebhaft an den Männerbund erinnert gefühlt haben, den er mit Hebel um 1787 in Lörrach gegründet hatte, oder der sich vielmehr aus einer Wirtshauslaune heraus ergeben haben soll,[24] nachdem er in der Freundschaft zwischen Hebel und Tobias Güntert bereits so etwas wie eine Keimzelle hatte. Jedenfalls kommt Schwung in die Sache, als der agile Hitzig hinzustößt. Und das Wissen um die Rituale eines solchen Bundes bringt Hebel von den Erlanger Amicisten mit. So wird eine Geheimsprache eingeführt, ein Geheimzeichen, ein geheimnisvoll klingender Name, der eine gewisse Ironie signalisiert: *Proteus-Bund.*

Der beste Freund:
Friedrich Wilhelm
Hitzig, Lehrer und
Pfarrer.

Zweifellos: Der Lörracher Männerbund ist auch als Parodie auf die Geheimlogen der «Zopfzeit» gedacht, also auch als Parodie auf den Studentenbund der Amicisten. Dass aber «Parodie» im ursprünglichen Sinne des Wortes nicht einfach nur Umkehrung ins Unernste bedeutet, sondern Gegenstimme, also etwas Ergänzendes und Erweiterndes, das wissen die in den alten Sprachen ausgebildeten Theologen natürlich genau. Und so scheint es, als habe dieser Männerbund sehr wohl einen ernsthaften Kern. Denn hinter dem Witz zungenbrecherischer Wortverdrehungen und Despektierlichkeiten steht das Vergnügen gestandener Männer, unter der Tarnkappe karnevalistischer Verbrämungen zu tun, was im beruflichen Alltag albern erscheinen würde. Als therapeutische Möglichkeit für Leute, die, bei aller Begeisterung für ihren Beruf, auch den Zwängen eines Lehr- und Pfarrbetriebs unterworfen sind, ist der Proteus-Bund kaum zu überschätzen.

So spricht Hebel in seinen Briefen an Hitzig immer wieder gerne von «Schwabenhämmeln». Beim Klang dieses Wortes glaubt man ihn mit freudiger Behaglichkeit an seinem Karlsruher Schreibtisch sitzen und mit dem gespitzen Federkiel aufs Papier kritzeln zu sehen: «Schwabenhämmel». 80 Jahre später, 1886, findet Nietzsche die präzise aphoristische Übersetzung dieses Prädikats in seinem Kapitel «Völker und Vaterländer» in der *Genealogie der Moral*: «‹Gutmüthig und tückisch› – ein solches Nebeneinander, widersinnig in Bezug auf jedes andere Volk, rechtfertigt sich leider zu oft in Deutschland: man lebe nur eine Zeitlang unter Schwaben!»[25]

«Schwabenhämmel» also. Noch heute ist es gefährlich, im Badischen einen Badener – keinen «Badenser», versteht sich – den Schwaben auch nur einen Faden breit näher zu rücken. Den Begriff «Schwabenhämmel» gebrauchten Hebel und Hitzig allerdings, bei allem Heimatstolz, weniger im patriotischen Sinne, vielmehr war er ihnen ein Synonym für «spießig». Der Begriff benennt somit alles, was zu jener Zeit in dem Wort «Philister» gebündelt war und was die Griechen *idiotes* genannt hatten: Gemeint war der Bürger, der sich nur um die eigenen Belange kümmert und eingekrümmt in sich selbst im eigenen Haus nur zu Hause ist. Der Philister war der beschränkte Mensch ohne Geist und Humor. Er war, so sahen es die Proteus-Bündler, das Gegenteil ihrer selbst, das Gegenteil des «Belchisten» – auch das ein emblematisches Wort, das der Identitätsbildung nach innen und der Abgrenzung nach außen dient, auch wenn dieser Gestus ironisch gebrochen ist und zeigt, dass diese Männer auch über sich selbst lachen können – anders als der «Schwabenhämmel» natürlich.

Die Bundesbrüder nennen sich also auch «Belchisten». Der Name leitet sich vom Belchen ab, mit 1414 Metern einer der vier höchsten Berge im Schwarzwald, von dessen Kuppe aus man das gesamte südliche Oberrheintal überblicken kann. Der Belchen aber ist nicht einfach nur eine Erhebung, ein geologisches Phänomen, sondern wird von den Theologen interessanterweise zum «Altar des Proteus» erklärt. Auch diese Benennung ist signifikant: Der griechische Gott Proteus steht als Sinnbild für Wandlungsfähigkeit, für Tarnung und Täuschung. Zugleich wird – es handelt sich um einen Gott – die Natur sakralisiert. Damit offenbart der Name «Proteuser», wie sich die Belchisten auch nennen, ein gefühlsbestimmtes Erleben der Natur, das sich bisweilen in rauschhafte Empfindungen steigert – ein Zustand, den bald die Romantiker als das wahre Menschsein feiern werden und der sich etwa auch in Novalis' Naturbetrachtungen ausdrückt. Tatsächlich nennen die «Belchisten» alles «proteisch», was jenseits der rationalen Ordnung steht und gesteigertes Empfinden auslöst, den Wein, das Wandern, die geselligen Runden im Wirtshaus.[26]

«Proteisch» ist aber auch Lörrach, das zu «Proteopolis» wird, zur Stadt des Proteus. Auch dieses scheinbar nur witzige Spiel mit Benennungen ist signifikant, zeigt es doch, dass im naturromantischen Kosmos der «Proteuser» das Moment rationaler Ordnung als Gegengewicht zum gefühlsbewegten Naturerleben eingebaut ist – damit vervollständigt sich das weltanschauliche Experiment in der Tat zum Kosmos, das heißt zu einem idealisierten Weltentwurf.

Dem Ausdruck dieses Erlebens dienen denn auch die abenteuerlichen Buchstabenspiele und Wortverdrehungen, mit denen sich Hebel oft in seinen Briefen an Hitzig sprachlich austobt, dem dient auch das geheimnisvoll emblematisch anmutende Erkennungszeichen des Bundes, ein um einen Fuß verlängertes griechisches P (ℿ). Zusammen liest sich das dann ungefähr so:

> «Bester Zenoides. Ich verlasse Karlsr. Am Sonntag vor Micheli mit Sander, Welper und Fröhlich und gehe nach Hügelheim zu Schmidt an die Stuffen des großen, Niebewegten, Wolkenspendenden. Von dort aus soll es mir gar nicht ab der Hand und außer dem Sinne liegen, wenn der Genius mich anweht ihn gerade zu erklimmen den Großen, Nimmerbewegten, Oechsleinseligen, und wenn ich den Drekchdu und die Steissibruserie begrüßt, und Carolisens verwehte Spuren gesegnet (…) habe, eines Gangs das Thal hervor zu metzgen.»[27]

Mit dem «Niebewegten» ist eindeutig der Belchen gemeint, «Drekchdu» bezeichnet einen Dummkopf, «Carolisen» ist der Begriff für das Spirituelle und Wunderbare, «metzgen» bedeutet: inkognito

reisen. Schließlich ist Zenoides der bündische Name für Hitzig, abge-
leitet von dem griechischen Philosophen Zeno. Auch Hebel trägt, versteht sich, ein Pseudonym. Oft zeichnet er damit seine Briefe an Hitzig, etwa «J. P. Parm».[28] Oft auch bemüht er stellvertretend das bündische Zeichen, das verlängerte griechi-sche P.[29] Die Abkürzung meint Parmenides – dass Hebel sich nach jenem griechischen Philosophen benennt, der den Satz aufgestellt hat, das Nichtseiende existiere nicht, es gebe also nicht Nichts, ist gewiss kein Zufall: Parmenides' Lehre lässt sich gut mit dem christ-lichen Glauben an die Auferstehung vereinbaren, der Tod sei nicht das Nichts, vielmehr die Geburt in das neue und wahre Leben. So verweist denn auch diese scheinbare Kleinigkeit von Hebels Bun-desnamen auf das Ganze des Proteus-Bundes: Er bildet einen fikti-ven Weltentwurf, durch den die christliche Weltordnung hindurch-schimmert, der aber doch eigenständig ist, wenn auch nicht radikal anders – nicht atheistisch, nicht heidnisch, nicht der Idee eines Staates verpflichtet, wie er in Rousseaus staatstheoretischer Schrift des *Contrat social* (erschienen 1762) entworfen und verbreitet wird, in dem der «neue Adam» des Christentums zum Staatsbürger säku-larisiert ist. Der spielerische Entwurf des Belchismus ist, darin erin-nert er allerdings durchaus an Rousseau, auf Freundschaft, Empathie und Gemeinschaftsgefühl gegründet, er liebäugelt mit dem Götter-glauben der Antike, er ist religiös und sieht als absolute Macht über der weltlichen Gesellschaft einen Gott – eben Proteus. Dessen dies-seitiges Reich ist gewiss nach dem Muster der gegenwärtigen Ge-sellschaft organisiert, das heißt nach einer Gemeinde des Wiesen-tals, mit Günttert als Bürgermeister, von Hebel in Briefen als Vetter Vogt tituliert, mit Hebel selbst als dessen Stellvertreter («Stabhal-ter») und einem gewissen Bammert, dem Feldwart, gespielt vom Lörracher Verwaltungsbeamten August Welper, der später zum Richter am Hofgericht in Mannheim aufsteigt[30] – so albern das wirkt, so steckt hinter diesem Rollenspiel doch die Inszenierung eines tendenziell demokratischen Gemeinwesens, da jeder als Mit-glied eines Freundschaftsbundes auch gleichberechtigt, auch *primus inter pares* ist.

Es liegt auf der Hand, dass dieser gänzlich einflusslose und rein private, politisch und ideengeschichtlich unbedeutende Bund bei aller selbstironischen Verspieltheit eben doch ein ernstgemeinter Versuch ist, geistige und politische Zeitströmungen zu verbinden, die noch außerhalb des Möglichen und Erlaubten lagen.

So wirkt es auch schlüssig, dass Hebel an dem Punkt, der ihm als Theologen am nächsten lag und sich zudem als einziger verwirklichen ließ, ernst macht: Zusammen mit Hitzig, mit dem sich offenbar Pferde stehlen ließen, kämpft er sich auf den Gipfel des Belchen vor. Der Wagemut eines solchen Unternehmens Ende des 18. Jahrhunderts erschließt sich, wenn man sich klarmacht, dass der einfache Bauer an Gespenster und Berggeister glaubte und die Bergbesteigung, der Gang in unwegsames Gelände, unter den Gebildeten kein übliches Unterfangen war. Wie vielfältig Hebels Wesen war, offenbart sich kaum je deutlicher als in dieser Aktion: Er war ein Vertreter des rationalisierten Glaubens, der in diesem Glauben mitnichten aufgeht, der, wie er später in einem Aufsatz über den Geisterglauben auch theoretisch darlegt, die Natur für einen beseelten Organismus ansieht und mit dieser mythischen Auffassung die Gegenposition zu ihrer rationalen Erklärung bezieht. Er nähert sich in dieser Hinsicht Schleiermacher, dem zufolge das religiöse Erleben in der Anschauung des Unendlichen im Endlichen besteht, also im Gefühl, nicht im Verstand angelegt ist. So erlebt auch Hebel die Natur: als etwas Erhabenes, auf das der Mensch nicht nur planend und regelnd einwirkt, das vielmehr in seiner offenbarenden Kraft auf den Menschen wirkt.

Die Belchen-Wanderung muss ihm dieses naturromantische Religionserlebnis in einer gesteigerten Weise beschert und ihn geradezu verzückt haben. Er hat dieses Erlebnis immer wieder auf seinen Wanderungen im Oberland gesucht und gebraucht, um sich seiner selbst zu vergewissern und sich seine seelische Kraft zu erhalten. Wenige Jahre nach der Belchenbesteigung, 1793, gibt er in eben jenem genialischen, zerrissenen und atemlosen Gedicht mit dem signifikanten Titel *Extase* eine hymnische Schilderung dieser Empfindungen, die sich zur Schau einer Kosmogonie verdichten:

«Es säuselt und säuselt, – was säuselt so mild?
Es sauset und brauset, – was tobet so wild?
Wie wehender Morgenhauch flüstert
In Frühlings blumigem Haar,
Wie steigendes Flämmchen erknistert
Auf Proteus goldnem Altar,
So flüstert's
Und knistert's – – – –

– – – – – – – – – – –

Und wie in schwarzer Wetternacht
Von Pol zu Pol der Donner rast,
Und in die Elementarschlacht
Der wilde Sturm zum Angriff blast,
Mit Blitz und Flammen spielt er,
Im Feuermeere wühlt er,
Der Ozean wogt um ihn her,
die Erde bebt und ächzet schwer,
So saust es
Und braust es
Von allen Seiten umher –.–.–

(...)

Kein Wort der Sprache sagt's –
Kein Bild des Lebens malt's

–.–.–.–.–.–.–.–.–.

Das fühlt der Sterblichen keiner nach,
Fühlt nie das verlorenste Schattengefühl
Der Wonne mir nach –.–.–.

–.–.–.–.–.–.–.–.–.

Ich schwimm' im elementarischen Meer.
Zehntausend Millionen Nächte tief,
Zehntausend, tausend rechts und links und schief
Zuck' ich im ewigen Nichts umher,
In deiner Aberwesenei,
Du, dem's nie tönet: Werde!
Wo bin ich?
Wo schwimmt das Stäubchen Weltgebäu?
Und wo der Staubpunkt Erde?
(...)»[31]

Dem Gesuch wird nicht stattgegeben

Am 11. Februar 1789 richtet Hebel folgendes Gesuch an den Markgrafen Karl Friedrich:

«Durchlauchtigster Marggraf, Gnädigster Fürst und Herr,
Die große Gnade, womit vor beinahe sechs Jahren Euer Hochfürstliche Durchlaucht das Präzeptorats Vikariat an dem Pädagogium zu Lörrach mir zuzuwenden geruhten, macht mich kühn, wenn ich seit iener Zeit auf diesem Anfangsplatze meine Kräften zu einem weiteren Wirkungskreise bereitet habe, Euer Hochfürstlichen Durchlaucht gegenwärtig um weitere Beförderung anzuflehen, und der hohen Gnade, womit Höchstdieselben meine Vorgänger an diesem Platz beglükten, mich unterthänigst anzuempfehlen; der ich in tiefster Unterwürfigkeit verharre
Euer Hochfürstlichen Durchlaucht unterthänigst, treugehorsamster
    Lörrach d. 11ten Febr. 1789   J. P. Hebel

Er hat, bei aller Freundschaft mit seinem Vorgesetzten Tobias Günttert und der Begeisterung für den Belchismus, offenbar genug von der subalternen Tätigkeit und bewirbt sich bei Karl Friedrich um, wie man vermutet, eine Stelle als Landpfarrer.[32] Vielleicht aber wusste Hebel zu diesem Zeitpunkt bereits, dass Günttert im folgenden Jahr die Pfarre im benachbarten Weil übernehmen würde. In diesem Falle darf man annehmen, Hebel habe bereits die Stelle des Prorektors des Pädagogiums in den Blick genommen, und Günttert selbst habe den geschätzten, als Lehrer in jeder Hinsicht bewährten Freund und Kollegen zu diesem Gesuch ermuntert.

Der Markgraf aber lässt nichts von sich hören.

Genau ein dreiviertel Jahr später, am 6. Dezember 1789 schreibt Johann Peter Hebel ein weiteres Gesuch an den Markgrafen:

Durchlauchtigster Marggraf, Gnädigster Fürst und Herr,
Bald sind es sieben Jahre, daß ich als Präzeptorats Vikarius an dem Pädagogium zu Lörrach in Euer Hochfürstlichen Durchlaucht Diensten stehe, und dem Unterricht der Jugend meine Zeit und Kräften

widme. Ich wage daher die unterthänigste Bitte, im Fall daß mit dem
Protektorat an diesem Pädagogium eine Veränderung vorgehen sollte,
daß Euer Hochfürstliche Durchlaucht die Stelle eines Prorektors mir
in Gnaden zuzuwenden geruhen mögen, da ich zu höchsten Hulden
mich unterthänigst empfehle, und in tiefster Ehrfurcht verharre
Euer Hochfürstlichen Durchlaucht unterthänigster

Lörrach, d. 6ten Dec. 1789   J. P. Hebel

Diesmal ist es eindeutig: Er will die Leitung des Pädagogiums
übernehmen. Das hätte den Gepflogenheiten entsprochen: Schon
Günttert hatte zehn Jahre zuvor die Schulleitung von seinem Vorgänger übernommen, nachdem er zunächst Präzeptoratsvikar gewesen war. Einige Jahre später sollte Hitzig den Posten des Prorektors
bekleiden, nachdem er wie Hebel als Präzeptoratsvikar am Pädagogium unterrichtet hatte. Doch bei Hebel läuft es anders. Wieder lässt
der Markgraf nichts von sich hören.

Stattdessen setzt die oberste Schulbehörde in Karlsruhe dem Präzeptoratsvikar Hebel einen Mann von außen vor die Nase: Prorektor
wird nun ein gewisser Ferdinand Zandt, ein alter Mitschüler Hebels
und vom selben Jahrgang, 1760. Als Hebel selbst dann später eine ge-
hobene Stellung im badischen Schulwesen innehat und außerordent-
licher Professor ist, erinnert er sich mit gelassener Süffisanz an diese
offenkundige, wie eine späte Ohrfeige für seine studentischen Eigen-
willigkeiten wirkende Zurücksetzung: Er würde bedauern, bemerkt
er im Zusammenhang mit der zu diesem Zeitpunkt wieder einmal
anhängigen Personalfrage im Lörracher Pädagogium, «wenn der un-
beklatschte Akt von anno 90 zum zweitenmale sollte gegeben werden».[33] Solche Akte indessen gehören immer dann zur Inszenierung,
wenn begehrte Posten frei werden. Ein zur gleichen Zeit verfasster
Brief an den Freund Engler gibt noch besser als der eben zitierte
Einblick in das schulamtliche Besetzungskarussell im Baden des Jahres 1800. Hebel, als Professor mit den Zirkeln der Entscheider vertraut, wusste inzwischen, wie das abläuft. Und zwar so:

«Daß Hitzig Rötteln hat, wissen Sie. Bommern werden noch Schwierigkeiten gemacht. Nach Lidolsheim (...) Rink bestimmt, und dann

kann Cornelius Dietlingen, und Eccard Hagsfelden haben. Allein Rink schlagt L., wie ich höre, aus und macht Ansprüche auf das erste Diakonat in Pforzheim. Erringt ers, so wird die Wahl für Lidolsheim auf Molter zurückfallen, und Mylius sein Successor werden, der auf einmal die Grille bekommt, zu glauben, er tauge nicht zum Schulwesen. An seine Stelle denkt man sich Lang oder Katz (...).»

Und Hebel setzt hinzu: «– So geht's.»[34] Tatsächlich ist gleichgültig, ob man die Namen und Orte kennt – sie sind nichts als Metaphern des immer Gleichen.

So wird Ferdinand Zandt Prorektor und Hebels neuer Vorgesetzter. Nun aber zeigt Hebel, die Eignung Zandts erkennend, seine Größe: Er lässt dem Kollegen jede fachliche Unterstützung zukommen und arbeitet mit ihm einen Reformplan aus, der eine Erweiterung des Deutschunterrichts von tatsächlich nur einer auf immerhin vier Wochenstunden vorsieht. Dafür solle es nur zehn statt wie bisher zwölf Stunden Latein geben. Auch das Fach selbst müsse anders aufbereitet werden: So sei wenig gewonnen, die Schüler sofort mit lateinischen Dichtern zu traktieren, die nun einmal nicht für Zwölfjährige geschrieben hätten. Schließlich fordern Zandt und Hebel, Naturkunde und Mechanik in den Lehrplan aufzunehmen.[35] Das heißt: Sie tragen einer Entwicklung Rechnung, die die Vermittlung praktischer Kenntnisse verlangt. Das aufstrebende Bürgertum braucht anwendbares Wissen für seine Söhne.

Hebel hat die Zeichen der Zeit erkannt. Er wäre vielleicht sogar zu einem Pionier der Bildungsreformen im 19. Jahrhundert geworden, hätte die Schulbehörde auf die Denkschrift reagiert, die er und Zandt unter dem zeittypischen Titel *Einige Gedanken, wie die bisherige Einrichtung der Lektionen des Pädagogiums, besonders in Rücksicht der zweiten Klasse nach den Umständen könnte abgeändert werden* nach Karlsruhe schickten. Die Behörde im Kleinstaat Baden aber stellte sich taub. Erstaunlich ist das nicht.

Als systemstützende Elemente sind Behörden ihrer Funktion nach konservativ. Hinzu kommen die besonderen zeitbedingten Umstände am Ausgang des 18. Jahrhunderts: Die sich aus dem Bürgertum rekrutierende intellektuelle Elite sieht die gottgegebene weltliche Ordnung

nicht mehr als selbstverständlich an, viele, wie auch Schiller oder Jean
Paul oder Hegel, begrüßen emphatisch die Französische Revolution,
ihren Rousseau und seine Gleichheitsidee kennen sie ohnehin. Hegel,
Schelling und Hölderlin, Stubenkameraden am Tübinger Stift, füh-
ren gar Tänze um Freiheitsbäume auf – gewiss wirken solche Kund-
gebungen politisch nicht unmittelbar, dennoch sind sie Zeichen von
Aufbruchsmentalität. Und auch wenn die meisten sich später von den
Auswüchsen der Revolution distanzieren wie Schiller, so entfalten die
Ideen von 1789 ihre Kraft auch in Deutschland, und gerade nach
Baden und Karlsruhe fließen sie fast synchron zu den politischen
Ereignissen.[36] Wenn folglich die Schulbehörde eines deutschen Duo-
dezfürstentums, das direkt an Frankreich grenzt, auf die Reformvor-
schläge bürgerlicher Intellektueller abweisend reagiert, ist das verständlich – es mögen die beiden Schulreformer Hebel und Zandt
noch so gottesfürchtig und obrigkeitstreu sein. Und überhaupt: War
nicht dieser Hebel durch Unbotmäßigkeit schon aktenkundig?

Dass Hebel die Dinge ganz anders sehen musste, liegt ebenso auf
der Hand. Er ist Lehrer mit Leidenschaft, kennt die Bedürfnisse der
Schüler.[37] Er sieht sich selbst als Teil eines auf Kooperation einge-
stellten gesellschaftlichen Ganzen, zu dessen Fortschritt er, der für die
zweckdienliche Ausbildung des Nachwuchses mitverantwortlich ist,
das Seinige beizutragen willens ist.

Seine Enttäuschung ist begreiflich. Im fortgeschrittenen Alter behauptet er gar, er habe sich damals mit dem Gedanken getragen,
«noch umzusatteln und Medicin zu studiren.»[38] Man sollte indessen
diese oft zitierte Äußerung nicht allzu ernst nehmen. Hebel war nicht
der Mann, der, schon ganz eingebettet in eine Gemeinschaft gleichge-
sinnter Theologen, aus eigenem Entschluss die Richtung wechselt.

Stattdessen geht er auf dem eingeschlagenen und im Grunde vor-
bestimmten Weg weiter. Das Glück kommt ihm nun zu Hilfe, das
Glück des Tüchtigen. Vielleicht auch hat man in Karlsruhe doch begriffen, welche Fähigkeiten in diesem Hilfslehrer stecken. Vielleicht
konnte man ihn schlichtweg nicht mehr übergehen.

Tatsache ist, dass der Altersgenosse Zandt einen Ruf ans Karlsruher
Gymnasium erhält. Zandt lehnt ab. Statt seiner wird Hebel berufen.

Am 2. November 1791, knapp zwei Jahre nach der vergeblichen Bewerbung um den Posten des Schulleiters in Lörrach, erreicht ihn die Ernennung zum «Subdiakonus», die ihn freilich auch – durchaus ehrenvoll – verpflichtet, «von Zeit zu Zeit in der markgräflichen Schloßkirche oder sonst vertretungsweise zu predigen.»[39] Es ist das alte Lied. Aber der Markgraf wird gerne zuhören.

VI.
Der Ruf in die Stadt

Der Aufstieg beginnt mit einer Demütigung

Goethe war wenig begeistert von Karlsruhe. Er gehörte, als er noch Ende des 18. Jahrhunderts, im Dezember 1779, in die markgräfliche Residenz kam, zu jenen Besuchern, die «zwar lobende Worte» für Karl Friedrich und seine Gemahlin als ein musterhaft aufgeklärtes Fürstenpaar fanden, die Stadt selbst gleichwohl als öde und eng erlebten.[1] Am Ende, obwohl er den Markgrafen sehr schätzte, war er froh, wieder wegzukommen. «Die Langeweile hat sich von Stund zu stund verstärckt (...) Adieu Gold. Gott im Himmel was ist Weimar für ein Paradies!»[2]

Vom Markgrafen Karl Wilhelm von Baden-Durlach 1715 gegründet, bot die Stadt wie andere neue Städte dieses Zuschnitts nicht nur Fürsten, sondern auch Menschen, die nicht von den althergebrachten Strukturen profitierten, die Möglichkeit, ein neues Leben zu beginnen. Attraktiv wurden diese Städte und besonders Karlsruhe durch die Freiheiten, die den neuen Bürgern gewährt wurden: Steuerfreiheiten, freie Religionsausübung, ein geregeltes Gerichtswesen sowie zahlreiche Erleichterungen beim Hausbau – all das waren wichtige Anreize. Eine klar gegliederte Stadtanlage war im 18. Jahrhundert das Mittel schlechthin, um in der Konkurrenz mit anderen Städten bestehen zu können. Doch damit war es unter Karl Wilhelm nicht weit her: ein Schloss aus Holz und Häuser, die überwiegend kaum mehr als einheitlich gestaltete Hütten waren, das war alles. Erst unter Karl Friedrich wird nach 1746 ein Schloss aus Stein gebaut und die Stadt mit besseren Häusern versehen. Zwar betrieben Karl Friedrich und seine Gattin Karoline Luise von Hessen-Darmstadt durchaus einen gewissen, der

Kompassrose aus
32 Straßen: Karlsruhe
um die Mitte des
18. Jahrhunderts.
Die Residenz galt als
architektonisches Ideal
eines aufgeklärten
Absolutismus.

Zeit des Spätabsolutismus gemäßen «Repräsentationsaufwand», insgesamt jedoch bestimmte deren «ausgeprägt lutherisch-protestantische
Moral» Klima und Lebensstil Karlsruhes. Wie freilich gerade an der
«Societas Latina» zu sehen war, legte das Herrscherpaar auch Wert darauf, Kunst und Wissenschaft zu fördern. «Alles in allem» aber herrschte
bis Ende des 18. Jahrhunderts in der Residenzstadt «eine eher nüchterne,
geradezu bürgerlich-bieder zu nennende Atmosphäre vor».[3]

Typisch für «die Residenzen in Mitteleuropa» dieser Zeit war die
Bevölkerungsstruktur Karlsruhes. So stellten um 1800 die Hof- und
Staatsbeamten mit ihren Familien knapp ein Viertel der Einwohner
(22,6 Prozent), gut ein Fünftel (21,1 Prozent) waren Militärpersonen
und deren Angehörige. Die übrige Stadtbevölkerung, also etwas über
die Hälfte der 8186 christlichen Bewohner, setzte sich aus Handwerkern und Händlern, aus «Gesellen, Tagelöhner(n), Dienstboten und
Fremden» zusammen.[4]

Hatte bereits die Vereinigung mit der Markgrafschaft Baden-

Baden 1771 «einen gewissen Entwicklungsschub» gebracht und die Bevölkerung bis zur Jahrhundertwende von bescheidenen 2500 Einwohnern um 1750 auf immerhin über 7000 ansteigen lassen, so sorgten die großen Gebietszuwächse in napoleonischer Zeit, nach dem Reichsdeputationshauptschluss, für die rasante Entwicklung zur «Regierungs- und Verwaltungsmetropole eines bedeutenden Mittelstaates».[5] Entsprechend nahm bis zum Jahr 1815 die Bevölkerung auf 15 000 Einwohner zu.

Als Hebel Anfang der 1790er Jahre in die Residenz kommt, empfängt ihn also noch das Milieu der lutherisch kargen, einfachen und sparsamen Stadt. Zugleich kann er bereits die Veränderungen spüren, die sich dann vor allem nach 1800 auch im Stadtbild niederschlagen. Das wiederum ist dem Architekten Friedrich Weinbrenner geschuldet, der, 1766 selbst als Zimmermannssohn in Karlsruhe geboren, nach prägenden Aufenthalten in Berlin und Rom Mitte des Jahres 1800 wieder in seine Heimatstadt zurückkehrt. Dort wird er dann als Karl Friedrichs Baudirektor enorme Aktivitäten entwickeln. Zwischen 1803 und 1825 wirkte Weinbrenner unter anderem an der Errichtung der an die Berliner Sankt-Hedwigs-Kathedrale erinnernden evangelischen Stadtkirche und dem Neubau des Gymnasiums mit, dessen Direktor Hebel noch werden sollte. Weiterhin baute er das neue Stadttheater mit einer nach außen hin bescheiden wirkenden korinthischen Säulenanordnung, hinter der sich dann allerdings ein prachtvoller Zuschauerraum öffnet – in dem Hebel etliche erbauliche Stunden erleben wird.[6]

Bis dahin allerdings gehen noch einige Jahre ins Land. Vorerst empfindet Hebel eher den Verlust: Die Freunde sind weit weg, Hitzig, das gesellige Pfarrhaus der Güntterts, Gustave. Man kann sich lebhaft vorstellen, er habe «mit gemischten Gefühlen (...) sein neues Amt» angetreten,[7] habe ungern das «Oberland» verlassen: «Kein Drang des Herzens zog ihn nach Karlsruhe.»[8] Andererseits: Dass Jungfer Gustave weit weg ist, hat auch sein Gutes. Er ist befreit von dem Drang, ihre Nähe zu suchen und sich dann in ihrer Nähe unfrei zu fühlen. Überhaupt: Er ist Subdiakon, er hat eine Laufbahn vor sich. Er gehört zum gutbürgerlichen Bevölkerungsviertel dieser Stadt, er, der Bauern- und

Leinewebersohn. Soll er darauf nicht stolz sein? Soll er sich nicht der Aufgaben freuen, die seiner harren? Als er freilich an jenem feuchtkalten Dezemberabend des Jahres 1791 in der trübe erleuchteten Residenzstadt ankommt und im renommierten Gasthaus «Zum Bären» absteigt, wird sich der Drang des Herzens wohl auch nicht besonders verstärkt haben. Denn als sich der frisch ernannte Subdiakon anderntags bei den erlauchten Herren der Schulkommission als Diakon vorstellt, wird der neue Kollege von den Eingesessenen auf den Platz verwiesen: Er sei, schallt ihm entgegen, nur «Subdiakon».[9] Hebels Aufstieg beginnt mit einer Demütigung.

«Catechismus» und Götterglaube

Bald aber spricht sich bei den Herren, die ja, als der Aufklärung verpflichtete Staatsbeamte, an maßvollen Neuerungen von oben interessiert sind, Hebels pädagogisches Geschick, seine Beliebtheit bei den Schülern und zumal auch seine unbestrittene theologische Kompetenz herum. Zudem hat er in Nikolaus Friedrich Brauer, seinem Gastgeber aus Gymnasialzeiten und nunmehr Direktor des Kirchenrats, nach wie vor einen Förderer. «Der verhältnismäßig rasche berufliche Aufstieg, den Hebel in der Residenz nahm, vollzog sich im Zeichen dieses Protektors.»[10] Brauer ist es vermutlich denn auch gewesen, der Hebel zur Beförderung vorschlägt. Jedenfalls dauert es kein Jahr, und der anfangs noch so harsch auf seine untergeordnete Stellung verwiesene Hebel steigt vom Subdiakon zum Hofdiakon auf.[11] Mehr als der klingendere Titel dürfte Hebel die mit der Beförderung verbundene Gehaltserhöhung gefreut haben. 250 Gulden pro Jahr, zudem Korn und Wein aus der Amtskellerei Durlach – wobei der Markgräfler Gutedel, den man ihm aus dem Oberland sandte, ihm eher zugesagt haben soll.[12]

Hebel hat sich im renommierten Gasthof «Zum Bären» im oberen Stock eingemietet. So trennen ihn nur wenige Schritte von der Stätte

seines Wirkens. Sein Lehrpensum ist umfangreich: Auf 21 Wochenstunden verteilen sich die Fächer «Hebräisch, Griechisch, Latein,
Geographie, Mathematik und Naturkunde».[13] Wieder greift Brauer
ihm unter die Arme und sorgt für seinen ersten schriftstellerischen
Auftrag, wenn man es denn so nennen will:[14] Er ist es, der Hebel be-
auftragt, den «Herderschen Catechismus zum Gebrauch des Landes
zu revidieren und überarbeiten», wie Hebel seinem Freund Hitzig
mitteilt. Der Hofdiakon, vielleicht auch beflügelt von seiner raschen
Beförderung, macht sich mit Eifer an die Arbeit, kann jedoch Herders theologischen Auslegungen wenig abgewinnen. Er könne, führt
er dem Pfarrerkollegen Hitzig gegenüber aus, «oft nicht begreifen,
was unser großer Herder dachte, wenn er anders nicht im Schlaf geschrieben hat». Dieser mache, tut Hebel recht selbstsicher kund, «es
iedem nur halb geübten leicht genug (...), wenigstens theilweise, ihn
noch zu verbessern».[15]

Dabei müsste, sollte man zunächst denken, Herders pantheistisch
beeinflusster Gedanke, das Sein sei einheitlich und unzergliederbar, sei
bewegt und durchflutet von einer unteilbaren Kraft, Hebel durchaus
entgegenkommen, der ja durch seine Naturerlebnisse einem romantischen Pantheismus nicht völlig abgeneigt ist. Zudem befindet sich
Herder in mancherlei Hinsicht in der gleichen Lage wie der Kollege
Hebel, wenngleich Herder mit Caroline Flachsland glücklich verheiratet war. Doch im Oktober 1776 auf Drängen Goethes von Herzog
Karl August nach Weimar berufen, war Herder als Generalsuperin-
tendent[16] von seinen Amtsgeschäften mehr als ausgelastet. Nicht genug, dass er sich um kirchliche Verwaltung und Seelsorge zu kümmern hatte, fiel auch noch die Aufsicht über das Schulwesen in sein
Ressort – abgesehen von seiner äußerst produktiven schriftstellerischen Tätigkeit, die in seinem von 1784–91 erschienenen Hauptwerk
Ideen zur Philosophie der Geschichte der Menschheit gipfelte.

Doch hatte der Theologe und Kulturanthropologe bereits in seiner Abhandlung *Über den Ursprung der Sprache*, 1772 erschienen, sowie
in der zwei Jahre später veröffentlichten Streitschrift *Auch eine Philosophie der Geschichte zur Bildung der Menschheit* die weltanschauliche
Perspektive bereits kräftig auf den Menschen selbst und das Diesseits

gerichtet. Herder kritisiert die traditionelle Offenbarungsreligion und, schlimmer noch, erklärt den Menschen zu einem Wesen, das sich aus sich selbst heraus bildet, aus eigenem Bewusstsein, beeinflusst und abhängig von der Natur und den geschichtlichen Umständen, die ihn jeweils umgeben. Damit löst Herder den alten Schöpfergott tendenziell in eine gestaltlose, aus der Natur strömende, die Gestirne, die Erde und den Menschen antreibende Kraft auf. In diesen ständig sich reproduzierenden Ablauf kehre, vermutet Herder, der Mensch vielleicht nach seinem Tode in einer Art Seelenwanderung zurück.[17] Dass er wohl wenig Neigung zu einem *Catechismus* hatte und diese Aufgabe, die in sein Portefeuille als Hoftheologe des Herzogs August von Sachsen-Weimar fiel, wohl als eine lästige erledigte, leuchtet ein.

Für Hebel freilich bleibt, mag er vielleicht manchmal, wie im Gedicht *Extase*, ähnliche Gedanken anklingen lassen, die Offenbarungsreligion mit ihrem personalen Gott leitende Wahrheit. So ist ihm auch der Glaube an die Auferstehung ein zeitlebens tröstlicher Gedanke, den er in den *Alemannischen Gedichten* wie in den Kalendergeschichten immer wieder zum Thema macht. Sogar in einem Traktat mit dem nämlichen Titel, *Auferstehung*, hat er seine Anschauungen dazu gebündelt. Da nun, so seine Überlegung, die Auferstehung gewiss ist, verkündete Wahrheit der Bibel, bleibt nur die Frage: Erhält der Mensch in der Auferstehung «den nämlichen Körper», also denselben, oder einen neuen? Dass er den nämlichen erhalte, dafür spricht immerhin die «physische Wahrheit», der Körper bleibe trotz der «Gesetze der stets umschaffenden Natur» letztendlich doch er selbst. Denn hat nicht «die Nase (...) noch dieselbe Bedeutung, denselben Höcker»? Spielen denn nicht die «Finger, die du jetzt hast, (...) noch mit der nämlichen Geläufigkeit die Arie, die sie vor zehn Jahren auf dem Klavier spielten»? Kurz: «Lage, Verbindung, Mischung der Bestandteile des Körpers, Gestalt, Fertigkeit und Eigenschaften desselben leiden unter dem steten Wechsellauf der Teile so wenig, daß sie eine gewisse Identität des Körpers als solche darstellen. So werden wir auch einst den nämlichen Körper wiederempfangen, das hieße, eine Hülle, die aus ähnlichen Bestandteilen nach dem Plan und Gesetz gebildet ist». Zugleich aber wird dieser Körper insofern

Das Karlsruher Schloss mit dem Denkmal Karl Friedrichs.

ein anderer sein, als er der Verkündigung nach «verklärt» sein wird: Im selben Maß, in dem in der jenseitigen Welt «die Gegenstände, an denen wir höhere Vernunft und Tugend üben sollen, anders und geistiger sein werden, in dem nämlichen wird auch der Körper anders und vollkommener, d. h., er wird verklärt».[18]

Trotz seiner theologisch begründeten Einwände arbeitet er mit Eifer am *Catechismus.* An Hitzig meldet er Mitte April 1801: «Ich wäre fertig, und es war mir ein freudiges Geschäft.» Jedoch ist sein kirchenamtlicher Auftraggeber, Brauer, mit der Revision nicht einverstanden: «Aber ietzt revidirt Brauer mich, misbilligt, ändert, schiebt Fragen ein, die mit seiner eigenen, ganz eigenen Religionsphilosophie zusammenhängen (...).» Hebel lässt durchblicken, Brauer seien seine Änderungen nicht schulmäßig genug, er wünsche daher nicht, als «Revisor einer Herderschen Arbeit» bekannt zu werden.[19]

Dazu kommt es auch nicht. Der *Catechismus* verschwindet in der Ablage, wird erst, nochmals überarbeitet, nach Hebels Tod gedruckt, aber nicht in den Schulen eingeführt.[20]

Unruhe um einen Friedfertigen

Erst nach fünf Jahren Aufenthalt in Karlsruhe sollte Hebel zum ersten Mal wieder ins Oberland reisen. Unterdessen aber marschierte die Revolution, wie es ihrer selbst gewählten kulturellen Sendung entsprach. Der erste Koalitionskrieg brach 1792 aus, nachdem die französische Nationalversammlung dem Papst und deutschen Fürsten im Elsaß und in Lothringen ihre verbrieften Rechte genommen hatte. Kaiser Leopold II. hatte sich anlässlich seiner Begegnung mit Preußens König Friedrich Wilhelm II. in Pillnitz bei Dresden im August 1791 noch mit einer bloßen Erklärung zugunsten der Monarchie in Frankreich begnügt. Sein Nachfolger Franz II. hingegen begann nach seiner Thronbesteigung im März 1792 ein Bündnis gegen die Franzosen zu schmieden. Diese suchten im Angriff ihr Heil und erklärten am 20. April 1792 Kaiser und Reich den Krieg.

Nachdem erste französische Vorstöße in die Österreichischen Niederlande zurückgeschlagen worden waren, rückten preußische und hessische Truppen unter dem Befehl des Herzogs Karl Ferdinand von Braunschweig auf französisches Gebiet vor. Der Einnahme der Festungen von Longwy und Verdun folgte die Kanonade von Valmy. Zeuge ihres Misserfolgs wurde bekanntlich auch Goethe (*Campagne in Frankreich*). Nun übernahmen die Franzosen wieder die Initiative und rückten bis nach Brüssel, Mainz und Frankfurt vor.

Nachdem auch die Niederlande, Spanien und vor allem Großbritannien der Koalition beigetreten waren, konnten Frankreichs Gegner 1793 das linksrheinische Deutschland wieder von den Besatzern befreien. Die belgischen Territorien wurden hingegen 1794 erneut von Truppen des revolutionären Frankreichs eingenommen, das in der Zwischenzeit den König und seine Gemahlin hingerichtet hatte und zur Republik unter radikaler Führung geworden war. Die Niederlande insgesamt wurden als Batavische Republik zum Vasallenstaat der Franzosen.

Angesichts dieser Rückschläge, beeindruckt auch von der Entschlossenheit, die die Ideen der Revolution im französischen Heer

*Der mit Hebel
befreundete Arzt und
Hofbotaniker Karl
Christian Gmelin,
Verfasser des seinerzeit
berühmtenPflanzen-
lexikons* Flora Badensis.

entfalteten, scherten Preußen und Spanien 1795 aus dem Bündnis aus und überließen das linke Rheinufer seinem Schicksal. Aber auch das rechtsrheinische Deutschland war vor den Franzosen nicht sicher. 1796 fielen die Generäle Jourdan vom Mittelrhein her und Moreau von Kehl aus im Südwesten ein und zwangen Baden und Württemberg in die Knie. Ihr Gegner war Erzherzog Carl, der sich mit seinen Soldaten bis in die Oberpfalz zurückzog. Bei Amberg und Würzburg konnte er den Franzosen allerdings Niederlagen zufügen.

Hebel wurde auf seiner Reise ins Oberland im Herbst 1796 Zeuge des Rückzugs der Franzosen auf das linke Rheinufer und geriet in den Vormarsch der Koalitionsarmee. «Als der Rückzug der Franzosen aus Schwaben anfing, und ein großer Theil der Armee im scheußlichsten Zustande nebst der ganz unschäzbaren Menge der Beute und des Raubs aller Art eine Woche lang von Rheinfelden herab durch Lörrach und über den Tüllinger Berg nach Hüningen zog, fieng uns doch insgesamt zu grauen an, zumal da wir auf fleißige Erkundigungen immer hören mussten, daß der schlimmste Theil der Armee, die Arrieregarde unter General Tarreau noch zurück sey, die wie ein Kehrbesen hinter der Armee her alles rein mache», schreibt er an den Arzt und Botaniker Karl Christian Gmelin, der sich im Gefolge des Markgrafen mit der Naturaliensammlung aus Karlsruhe nach Ansbach in Sicherheit gebracht hatte.[21] Der Markgraf kehrte dann erst nach dem Frieden von Campo Formio (18. Oktober 1797) wieder nach Karlsruhe zurück.

Liebe im Reich der Phantasie oder
Gustave wartet vergebens

Auf dieser Reise im Herbst 1796 ist Hebel auch in Weil im geliebten Haus der Güntterts eingekehrt, wo er mit Tobias Günttert die Kriegsgefahr für Baden bespricht und das Elend der Geplünderten beklagt. Bei diesem Besuch soll es auch zur endgültigen Aussprache mit Gustave Fecht gekommen sein, der Frau, die er begehrte und vor der er sich fürchtete.[22]

Er teilt ihr mit, vermutlich eher sich windend als entschlossen, dass er sie verehre, ständig an sie denke, sie ihm die liebste, verehrteste, holdeste Person im Leben sei, er niemals eine artigere Jungfer, ein tüchtigeres Frauenzimmer gekannt habe als sie, dass er sie aber nicht heiraten, nicht mit ihr leben könne.

Die Gründe für diesen Verzicht liegen, wie schon erwähnt, tief in Hebels Charakter begründet und sind nur erklärbar, wenn man sich sein Verhältnis zu seiner Mutter und dann, wie gesagt, vor allem sein Lebenstrauma, ihren frühen Tod, vor Augen hält.

Noch in den 1970er Jahren merkte eine Studie zu diesem persönlichkeitsprägenden Einschnitt in Hebels Leben tadelnd an, die Psychoanalytiker hätten sich zwar sonst kaum einen «träumenden Dichter» entgehen lassen, doch hätten sie Hebel seltsamerweise noch nicht als Objekt ihres Faches entdeckt. Inzwischen freilich ist das Naheliegende geschehen, und auch der träumende Dichter Hebel hat die Neugierde psychoanalytisch interessierter Literaturwissenschaftler geweckt.[23]

Mit dem «träumenden Dichter» ist nicht nur der schöpferische Mensch gemeint, dessen Gedanken eigene Welten hervorbringen. Die Wendung bezeichnet auch die gleichsam realen Träume des Autors. So hat auch Hebel, wie nach ihm mancher Dichter der Moderne, Aufzeichnungen seiner Träume hinterlassen. Sie zeichnen ein aufschlussreiches Bild des Verhältnisses zu seiner Mutter. Der Traum, berichtet Hebel in einer dieser zwischen 1805 und 1812 entstandenen Aufzeichnungen, gebe ihm oftmals seine Mutter zurück, die aus dem Grab emporsteige und ihm dann als Wesen von zweierlei Gestalt erscheine: «Entweder ist sie erzürnt und will nichts von mir wissen, oder sie erscheint in der Verklärung der höchsten mütterlichen Milde und hat Vergnügen an meinen Liebkosungen.» Auch, teilt Hebel in einer weiteren Traumaufzeichnung mit, begleite ihn seine Mutter auf dem Weg «nach Hausen an unser eigenes Haus». Er erzählt ihr, dass er «oft um sie weinte». Allein: «Sie blieb kalt und unteilnehmend und verlangte nicht in dieses, sondern in meiner Nachbarin Haus.» Nun fordert seine Mutter die «9 Reichsthaler», die er plötzlich in der Hand hält. Als er ihr gehorsam das Geld gibt, geschieht dies: «Sie gab es einer andern Weibsperson, von der ich es vergeblich zurückforderte.»[24]

Hebel scheint geahnt zu haben, dass diese Träume Bedeutung haben. Wären sie ihm belanglos erschienen, er hätte sie kaum aufgezeichnet. Zweifellos offenbaren diese Träume ein zwiespältiges Verhältnis zur Mutter: Er sieht sich von ihr mit nachhaltiger Strenge behandelt, mit Liebesentzug eingeschüchtert und am Ende noch zweifach gedemütigt, indem sie sich zunächst weigert, ihm ins eigene Haus zu folgen, und dann noch das Geld, das er ihr ganz offenkundig als Leistungsnachweis hinhält, einer anderen Frau übergibt.

Dann wieder erscheint die Mutter als das Gegenteil: als die liebevolle, hegende und sorgende Idealgestalt, wie der Sohn sie sich wünscht. Die psychischen Folgen dieses widersprüchlichen Verhaltens sind einschneidend: Sie ziehen den Sohn durch Wechselbäder der Gefühle, die ihn im Zwiespalt zwischen Angst und Erfüllung halten. So sind sich denn auch die nach wie vor wenigen, doch bedeutenden psychoanalytischen Studien zu Hebels Charakter einig: Der Schlüssel zu seiner erotischen Askese liege im Verhältnis zu seiner Mutter.

Nun kann die Entwicklung einer starken Mutterbindung durchaus in seinen Anlagen gelegen haben und durch übermäßige Fürsorge der Mutter wie durch Zurückweisungen durch sie nur gefördert worden sein. Fraglos aber ist diese Bindung dadurch gefestigt und ins latent Pathologische gesteigert worden, dass Hebel vaterlos und ohne Geschwister aufwuchs. «Diese Situation musste eine besondere Bindung zwischen Mutter und Sohn schaffen»[25], mit einem Wort: eine bis ins Erwachsenenalter anhaltende libidinöse Bindung.[26] Der vergebliche Versuch, sich davon zu lösen, muss notwendig den grundlegenden Konflikt mit der Mutter verstärken, der aus Sehnsucht nach ihrer Nähe und der gleichzeitigen «Angst, ihrer Macht ausgeliefert zu sein», erwächst. Dieses Verhältnis habe sich «in Hebels Beziehungen zum weiblichen Geschlecht» naturgemäß fortgesetzt und Nähe nur im Reich der Phantasie zugelassen.[27]

Den Befund bestätigt eine neuere Untersuchung, die Hebels bekannteste Erzählung, *Unverhofftes Wiedersehen,* in den Mittelpunkt rückt: jene oft romantisierte Geschichte eines verunglückten Bergmanns, dessen junge Braut ihm lebenslang treu bleibt.

Diese Geschichte nun deutet der Autor der Studie, Carl Pietzcker – aus psychoanalytischer Sicht zu Recht –, als Ausdruck von Hebels enger Mutterbindung aufgrund des lebensbeherrschenden «Trennungstraumas». Auch Pietzcker stellt Hebels «starke Mutterbindung» in ursächlichen Zusammenhang mit dem frühen Tod des Vaters und diagnostiziert ein «gespaltenes unbewusstes Mutterbild». Die eine Seite dieses Bildes zeigt «die zurückweisende Mutter», die andere «die idealisierte liebevolle».[28] Dass Hebel inmitten seiner Pubertät, einer Lebensphase, in der «die ödipalen Gefühle» erneut erwachen, den Tod seiner Mutter erleben muss, vertieft dieses zwiespältige, von Sehnsucht und Angst geprägte Verhältnis noch einmal.[29]

So kommt auch diese Studie zu dem Schluss: «Hebels Beziehung zur Mutter prägte die zu anderen Frauen, z. B. zu Gustave Fecht.»[30] Diese Beziehung lässt Nähe nur aus der Ferne zu: also in der Imagination, in der Phantasie. Das Schreiben wird so zur intuitiven Therapie, die Phantasie öffnet den Ausweg aus dem unlösbaren Konflikt.

Demnach also war es Hebel psychisch unmöglich, sich an eine Frau aus Fleisch und Blut zu binden – die tote und gefürchtete, doch auch zur Marienfigur verklärte Mutter blieb lebenslang die beherrschende Frau. Und darf man der Psychoanalyse weiter glauben, so verstärkte sich diese unüberwindbare seelische Blockade noch dadurch, dass sich Hebel unbewusst am Tod seiner Mutter mitschuldig fühlen musste.

So führt Freud in seiner Neurosenlehre aus, ein Kind fühle sich am Tode der Eltern deshalb mitschuldig, weil es den Eltern zwangsläufig auch Gefühle wie Ablehnung und Hass entgegenbringe, Gefühle also, die als sündhaft gelten.

Auf Hebel musste das Gefühl der Sünde umso stärker wirken, als er, aller emanzipatorischen Impulse zum Trotz, in seinem Innersten doch ganz in der lutherischen, auch vom reformierten Bekenntnis geteilten Auffassung steht, der Mensch sei aufgrund des Sündenfalls grundsätzlich sündig, da mit der Erbsünde belastet: «Diese zielt auf das durch die Sünde grundlegend verkehrte Sein des Menschen vor Gott als dem Kern der Selbst- und Fremdwahrnehmung des Sünders, das als stets wirkender Grund Ursprung aller Tatsünden ist und als wirkliche Schuld gilt.»[31] Der Mensch ist also schlechthin sündig, die Sünde wird, im eigentlichen Sinne, als Erbsünde durch die Zeugung weitergegeben – unabhängig von der sogenannten Tatsünde, den einzelnen Verfehlungen, die er im Laufe seines Lebens notwendig, aufgrund seines Menschseins, begeht. Daher auch kann die Taufe die Erbsünde nicht tilgen. Wohl aber bewirke die Taufe, so Luthers Auffassung, dass die Erbsünde dem Menschen vor Gott nicht angerechnet werde. Und durch das Sakrament der Taufe sei er in der Lage, «durch tägliche Reue und Buße» den «alte(n) Adam in uns» zu bekämpfen, heißt es in Luthers *Kleinem Katechismus.*[32]

Gleichwohl bleibt der Mensch grundsätzlich sündig, *simul iustus et peccator,* zugleich vor Gott gerechtfertigt wie unter der Anfechtung der Sünde stehend. Der Kernpunkt dieser Ausprägung der Sündentheologie, die notwendig als lebensbeherrschende und lebensregelnde Macht wirksam werden muss, liegt im Gedanken der prinzipiellen Untilgbarkeit der «vererbten» Sünde, ein Gedanke, den auch Calvin teilt und wovon sich das katholische Bekenntnis wesentlich unterscheidet, indem es davon ausgeht, die Ursünde werde durch die Taufe getilgt.[33]

Jedenfalls ist es zum Verständnis von Hebels seelischer Grundstimmung wesentlich, sich klarzumachen, dass er die lutherisch-protestantische Auffassung der grundsätzlich sündigen Existenz und damit also auch das entsprechende Daseinsgefühl in sich aufgenommen hatte – wobei man nicht vergessen darf, dass diese lutherisch-protestantische Sündenlehre zugleich auch die Stütze seiner Zuversicht und das Kraftzentrum seiner Pflicht und Dienstethik war. «Helf uns Gott», hat er, vielleicht nicht zufällig, gut zwei Jahre vor seinem entscheidenden Besuch in Weil an die «Beste Freundin» Gustave geschrieben, «Wir sind eben arme Sünder und unsre Mütter haben uns in Sünden empfangen. Lieb Mama werden's nicht übel nehmen; die meinige hat mir's mehr als einmal gestanden und mir oft vorausgesagt, es werde mir mein Lebtag nachgehen.»[34] Damit umschreibt er sehr genau seine seelische Situation, und ob es sich bei der von ihm erinnerten Mahnung der Mutter um eine *self-fulfilling prophecy* handelte oder nicht, ändert an der Tatsache nichts, dass sie allem Anschein nach recht behalten sollte. Wenn Hebel im selben Brief lässig hinzusetzt: «Was ich Ihnen wieder unnützes Zeugs schreibe»,[35] spricht dies angesichts seiner lutherischen Prägung eher dafür, dass es ihm mit seiner Bemerkung zur Sündhaftigkeit des Menschen gerade ernst war.

Dass das Kind selbstverständlich nicht am Tode der Mutter oder des Vaters schuld ist, ändert in jeden Falle wenig an den tief im Unbewussten liegenden Vorstellungen – die Phantome sind, wenn sie im Unbewussten bleiben, stärker als die Tatsachen. Das Gefühl herrscht über die Vernunft.

Auch wenn man sich vor dem Irrtum hüten sollte, mit Hilfe psychoanalytischer Zugriffe jede Gefühlsregung, jeden Charakterzug, jede Handlung und jeden Satz im Werk eines Autors erfassen zu

können, so bietet dieser Ansatz doch immerhin eine schlüssige Erklärung für die schwer verständliche Tatsache, dass ein Mann nicht
heiratet, obwohl gerade dieser Mann durch Beruf, Stellung und Re-
putation zur Ehe berufen wäre – Hebel als Lehrer, Prediger und
Theologe hätte, wäre er die Verbindung mit Gustave Fecht einge-
gangen, geradezu lehrbuchhaft die Anforderungen des klassischen
protestantischen Pfarrhauses als eines Horts der Bildung und der
Familie erfüllt. Dass er davon träumte, dass er Hitzig um seiner
Landpfarre willen bewunderte, ist ja kein Zufall.

Hebels frühere Biographen haben dessen platonisch gebliebenes
Verhältnis zu Frauen überhaupt und zu Gustave Fecht im Besonderen
zum Ideal eines keuschen Lebenswandels verklärt und als «angebo-
rene Höflichkeit des Herzens, der zarten Rücksichtnahme» gedeutet.[36] So gewiss auch Hebel zu Höflichkeit und Rücksichtnahme
neigte, so greifen solche rein auf moralische Kategorien beschränkten
Erklärungen doch zu kurz.

Auch lassen sie unerwähnt, dass Hebel in seiner Unberührtheit
eine fundamentale Lebenserfahrung, ein vitales Initiationserlebnis
vorenthalten blieb, das fast alle seine großen Kollegen von Wieland
bis Goethe erfahren hatten – und dies oft recht exzessiv – und das
zweifellos auch die Atmosphäre ihrer Werke prägt. Erst der Biograph
Uli Däster hat es gewagt, dezent auf diese Zusammenhänge aufmerk-
sam zu machen, und darauf hingewiesen, der «Einfluß» von Hebels
Mutter auf ihren Sohn sei «weit über das Grab hinaus» beinahe
«übermächtig» gewesen, um dann zu folgern: «Manches im Leben
des Dichters, Befremdliches und Bewundernswertes, müßte wohl
von hier aus gedeutet werden.»[37]

Die Jungfer als Muse wider Willen

Hebel scheint sich dieses lebensbeherrschenden Einflusses seiner Mutter grundsätzlich bewusst gewesen zu sein. Wie weit er die
traumatischen Folgen ihres Todes ahnte oder durchschaute, bleibt

wohl für alle Zeiten im Dunkel der Vergangenheit. Eine psychoana-
lytische Erklärung hätte er ohnehin erst haben können, wäre er hundert Jahre später als Zeitgenosse Arthur Schnitzlers geboren – und ob
er sie dann, wie Schnitzler, geglaubt und in seiner Literatur umgesetzt hätte, ist alles andere als sicher.

Ohne Frage aber täuschte er sich nicht darüber hinweg, dass sich
seine Gefühle für Gustave nur aus weiterer Ferne entfalten konnten
und er zudem nur dann, wenn er fern der Verehrten war, seine produktiven Potentiale auszuschöpfen imstande war. Das geht aus dem
nur als Fragment erhaltenen Brief hervor, den er Anfang November
1796, nach seiner Abreise aus Weil, an Gustave schrieb: «(...) [D]a
war ich sehr düster und gedrückt. – Ietzt wünschte ich nur wieder
eine Stunde bey Ihnen zu sein, nur alle Tage eine Stunde, Vormittags
eine und Nachmittags eine, ausgenommen am Sonntag zwey, am
Montag drei, am Dienstag vier, am Mittwoch fünf und am Donners-
tag sechs oder gleich alle Tage zwölf.» In Worten nimmt er zurück,
was er in Taten geschaffen hat, und so drückt er sich auch folgerichtig im Konjuktiv aus: «Ich wünschte». Das heißt im Klartext: ich
kann nicht, oder auch: ich will nicht.

Im nächsten Satz folgt die Begründung: «Mein Gemüth ist Ihnen
nie näher als wenn ich weit von ihnen bin, und ich habe immer mit
Ihnen etwas zu plaudern, bis ich einmal hinaufkomme, alsdann hab
ich nichts.» Darin schwingt eine gewisse Melancholie, auch eine gewisse jungenhafte Unschuld mit. Zieht man indessen den Schmelz
der Schwermut von diesen Sätzen, so bleibt als Aussage: Wenn er
«hinaufkommt», wenn er also ins Oberland fährt und Gustave trifft,
so macht ihre Gegenwart ihn befangen, engt ihn ein, hindert ihn an
der Entfaltung seiner selbst. Und im folgenden Satz wird Hebel dann
noch deutlicher, er lässt sogar Erleichterung über seinen Abschied
durchblicken: «Auch bin ich seitdem viel munterer im Geschäft.
Heut Vormittag hab ich alles aufgearbeitet. Ist's möglich? Und hab
heute nichts mehr zu tun, als diesen Brief zu schreiben (...).»[38]

Wie immer Gustave diesen Brief aufgenommen haben mag –
seine Botschaft ist eindeutig. Vielleicht hat sie trotzdem die Hoffnung nie ganz aufgegeben, geheiratet hat sie jedenfalls nie und die

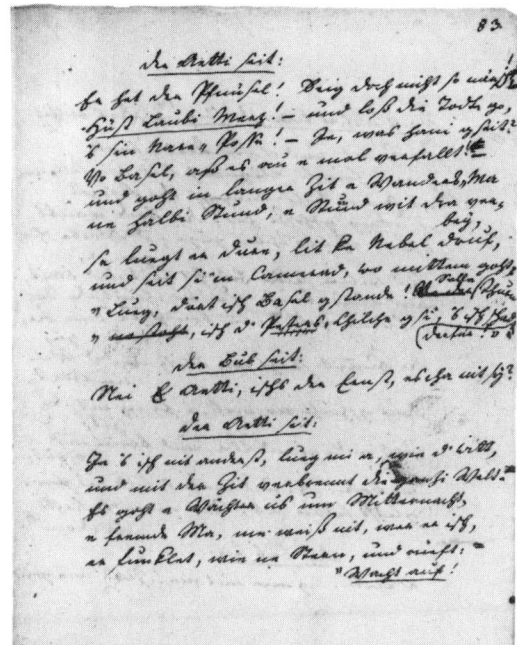

«'s kommt alles jung
und neu und schleicht
dem Alter zu, und alles
nimmt ein End'»:
erste Seite der
Vergänglichkeit.

Freundschaft blieb erhalten bis zu Hebels Tod. Doch wenn sie im Stillen noch wartete, so wartete sie vergebens und wurde, wie ein Hebel-Porträtist maliziös bemerkt, «eine ewig kränkelnde und hypochondrische Jungfer».[39]

Und wenn es stimmt – und alles spricht dafür –, dass Hebel in Gegenwart von Gustave Fecht schlecht denken, nicht schreiben und nicht frei sprechen konnte, so war sein Entschluss, sie nicht zu heiraten und sich von fern von ihr anregen zu lassen, konsequent. Dann hat die Nachwelt diesem Entschluss nicht weniger zu verdanken als Hebels Gedichte und Kalendergeschichten.

VII.
Alle Menschen werden gut: Die «Alemannischen Gedichte»

Der Professor sehnt sich nach dem Oberland

Als Hebel also Anfang November 1796 (einem Brief an den Hofbotaniker Karl Christian Gmelin zufolge muss es der 4. November gewesen sein),[1] nunmehr vom Druck äußerer Erwartung befreit, in sein Karlsruher Lehramt zurückkehrt, empfindet er, wie es sein Brief an Gustave Fecht vermuten lässt, abermals Heimweh. Doch erst zweieinhalb Jahre später, im Frühling 1799, lassen ihm seine Verpflichtungen Zeit für die nächste Reise ins Oberland. Er wandert in den geliebten Bergen und genießt es, den vertrauten Dialekt zu hören.[2]

Zweifellos: In Karlsruhe vermisst er diesen Dialekt, der für ihn ja nichts weniger ist als «seine erste oder Muttersprache».[3] Dass er in dieser seiner «Muttersprache» weit weg vom Oberland seine erste große Dichtung verfassen wird – offenbar brauchte er diesen Abstand, um den Raum künstlerisch erfassen zu können.[4] Die politischen Umstände, die soeben erlebten militärischen Aktionen im Oberland, die Besetzung Karlsruhes im Sommer 1796, dies alles mag seine Neigung gesteigert haben, sich ins Wiesental als einem idealen Natur- und Kulturraum zu träumen.[5]

Wenn bei Hebel also offenkundig die Mischung aus Schmerz und Erleichterung für seine Dichtung katalysatorisch wirkt, so wäre er doch in seinem unprätentiösen Auftreten niemals auf den Gedanken gekommen, sich als genialisch leidenden Dichter zu präsentieren, wie er im «Sturm und Drang» und im Gefolge von Goethes *Werther* Mode geworden war und im 19. Jahrhundert den Typus des neuen

Künstlers prägen wird. In seiner «aggressiv-melancholischen Zerrissenheit, seinem Enthusiasmus, seiner pathologisch-genialen Produktivität» löst dieser neue Typus den «harmonischen, in Symmetrien denkenden Künstler nach dem Vorbild Goethes» ab und wird so zur Leitfigur des Künstlers in der Moderne.[6]

Nicht unerheblich für den bald einsetzenden Produktionsschub dürfte auch ein erhöhtes Gefühl innerer Sicherheit gewesen sein, die Gewissheit, nach Jahren subalterner Stellung nunmehr doch zu den arrivierten Bürgern zu gehören: Nachdem Karl Friedrich aus dem Ansbacher Exil zurückgekehrt ist, ernennt er Hebel zum außerordentlichen Professor der dogmatischen Theologie und des Hebräischen. Und abermals steigt die Besoldung: Zuzüglich der «60 Gulden Wohnungsgeld» bezieht er nun ein Jahreseinkommen von gut 350 Gulden, nebst Korn und Wein und dem Ertrag eines Gartens.[7] Nun auch hat er erreicht, was er sich schon als Hilfslehrer in Lörrach erträumt hatte: Er braucht nicht mehr pflichtmäßig zu predigen! Nur freiwillig noch, oder halbfreiwillig, betritt er die Kanzel: Wenn der Markgraf den Wunsch dazu äußert oder Hebel einen verhinderten Pfarrer vertritt. Die Ernennung bedeutet zweifellos einen biographischen Wendepunkt. Nun ist der lange, schwierige und auch demütigende Weg von der Hausener Dorfschule zur sicheren Stellung in der Gesellschaft erreicht. Hebel hätte sich auch mit weniger beschieden, eben mit einer Landpfarre. Aber es war nun einmal Gottes Fügung, Lehrer und Professor zu werden – doch vielleicht, so darf man vermuten, wäre der ganze Einsatz an Kraft, Geduld und Zuversicht, wäre die ganze Frömmigkeit, die Pflichtbereitschaft, das mühevoll erworbene Wissen nicht in dem Maß fruchtbar geworden, hätte nicht Brauer, inzwischen zu einem einflussreichen badischen Politiker aufgerückt, immer wieder seine schützende Hand über Hebel gehalten, den er schätzen gelernt hatte, seit dieser vor fast einem Vierteljahrhundert als mittelloser Gymnasiast und Tischgast in seinem Haus war. Darin vielleicht lag jenes Quentchen Glück, das jenseits aller Tüchtigkeit immer über Erfolg oder Scheitern entscheidet. Hebel selbst, stets bereit, in anscheinend unbedeutenden Alltagsereignissen Prinzipien zu erkennen, schreibt einige Jahre später an Gustave Fecht

«... da wird das Herz mir plötzlich krank»: Illustration zu «Das Hexlein» aus den Alemannischen Gedichten. (Stahlstich von Carl Mayer's Kunst-Anstalt in Nürnberg, signiert mit dem Namen «Zwecker», um 1830).

angesichts seiner Vermutung, die Scherben seiner zerbrochenen Waschschüssel hätten die Hähne einer Nachbarin das Leben gekostet: «Mit welchen Zufällen, sagte ich am Ende, hängen in der Welt die Schiksale der Menschen und selbst der Kapaunen zusammen!»[8]

Hebels weiterer Aufstieg, die Ehrenmitgliedschaft in der renommierten mineralogischen Gesellschaft in Jena 1799, die Ernennung zum Direktor des dann Lyceum genannten Gymnasiums im Dezember 1808, die Berufung in die Evangelische Ministerialsektion im September 1814, die Ernennung zum ersten Prälaten der Evangelischen Landeskirche 1819 – so bedeutend all das ist, es bedeutet doch nur Steigerung des Erreichten, keine neue Zäsur, keinen Angelpunkt, sondern eine Art Abrundung und Vollendung.

«Aber wäre es bei dieser Rolle geblieben, wüssten wir nichts mehr von Hebel.»[9] An diesem Punkt fallen sein Selbstverständnis, jedenfalls sein geäußertes, und die Wahrnehmung der Nachwelt weit auseinander. Denn noch immer denkt er nicht daran, zumindest nicht laut, Schriftsteller werden zu wollen und sich mit Dichtung einen Namen zu machen.

Dass er Gedichte in alemannischer Sprache schreibt, das scheint als Erster sein «lieber theuerster Angeliko» zu erfahren, der vermutlich seit Gymnasialzeiten mit ihm befreundete Sebastian Engler, Pfarrer im oberländischen Knielingen, einem beliebten Wanderziel Hebels.[10] Im Mai 1800 schickt er ihm «ein Donnerwetter ins Haus»,[11] sprich: ein erstes Gedicht *Der Stadthalter von Schopfheim*, seine «im oberländer Dialekt in Hexametern» verfasste und ins «Schopfemer Kirchspiel»[12] verpflanzte Version der biblischen Geschichte von David und Abigajil im Ersten Buch Samuel. Was er da mache, sei, vertraut er Hitzig im Februar 1801 an, nichts weiter als «Liebhabery in den Nebenstunden».

Hebel schreibt die *Alemannischen Gedichte* zwischen 1800 und 1802, er beginnt damit vermutlich unmittelbar nach der Rückkehr von einer Wanderung auf den Dobel bei Herrenalb. Die eigentlich fruchtbare Phase liegt in den eineinhalb Jahren von 1800 bis zum Sommer 1801, in der auch das «Hauptstück der Sammlung»[13] entsteht. Dann ebbt der produktive Schub ab, und im Februar 1802 meldet Hebel in leicht selbstironischem Tonfall seinem Freund Hitzig nach Lörrach: «Der alemannische Pegasus will nimmer fliegen, er prätendiert, er sei nicht schuldig, so etwas zu tun bei der Unterländer Stallfütterung, wenn er nicht droben bei den sonnigen Hügeln weiden dürfe.»[14] Das heißt im Klartext: Er braucht zur Anregung die Wanderungen in der Natur des Oberlandes, während im städtischen Karlsruhe und unter all den amtlichen Aufgaben («Unterländer Stallfütterung») die kreative Kraft versiegt ist.

Dass nun die Gedichte, die man heute vor allem mit dem Namen Hebel verbindet – seine hochdeutschen Gelegenheitsgedichte und Epigramme sind längst nur noch dem eingeschworenen akademischen Hebel-Kreis bekannt –, in Mundart geschrieben sind, hat, selbst bei diesem friedfertigen und allem revolutionären Geist fremden Hofdiakon, mit dem aufkommenden nationalen Zeitgeist zu tun. Mit Herders Behauptung, die Seele des Volkes drücke sich in seiner Sprache aus, gewinnt auch der Dialekt an Ansehen. Auch Hebel ist überzeugt, in der Sprache, und gerade im Dialekt, liege untrüglich der Charakter des Volkes und der Landschaft begründet. Darüber äußert er sich ausführlich in einem Brief an Daniel Schneegans, den mit ihm befreundeten Direktor des Straßburger Waisenhauses, der ihn um seinen Rat gebeten hatte, ob sie ihre Kinder zuerst in Französisch oder in Deutsch erziehen sollten. Hebels Antwort ist ein leidenschaftliches, ganz im Herder'schen Sinne abgefasstes Plädoyer für die deutsche Sprache als eines nationalen, vor allem aber regionalen Identitätsmerkmals: «Für Ihre Kinder», schreibt er,

> «(…) will ich eine gute Fürbitte einlegen. Lehren Sie sie zuerst die angeborne Muttersprache und am liebsten im häuslichen heimatlichen Dialekt sprechen, mit der fremden ist's noch lange Zeit. Mit dem Sprechen empfangen wir in der zarten Kindheit die erste Anregung und Richtung der menschlichen Gefühle in uns und das erste verständige Anschauen der Dinge außer uns, was den Charakter des Menschen auf immer bestimmen hilft, und es ist nicht gleichgültig, in welcher Sprache es geschieht. Der Charakter iedes Volkes, wie gediegen und körnig, oder wie abgeschliffen es sein mag, und sein Geist, wie ruhig oder wie windig er sey, drückt sich lebendig in seiner Sprache aus, die sich nach ihm gebildet hat, und theilt sich unfehlbar ihm mit.»[15]

Dieses enge, innige Verhältnis zur Muttersprache hat für Hebel natürlich nicht nur, und sicher nicht einmal vordringlich, intellektuelle Ursachen. Seine Leidenschaft für die angestammte Sprache ist keineswegs ideologisch begründet, entscheidend sind die lebensgeschichtlichen Ursachen: Mit der Mutter hat er von Kind auf den alemannischen Dialekt des Wiesentals gesprochen. In der Situation, in der er sich um 1800 befindet, bedarf es nur noch eines Auslösers – und das war aller Wahrscheinlichkeit nach[16] das beliebte Literaturmagazin *Braga und Hermode, oder Neues Magazin für die vaterländischen Alterthümer der Sprache, Kunst und Sitten*, das der Altertumsforscher

Friedrich David Graeter in Schwäbisch Hall herausgibt. Allein der Titel dieses Journals ist aufschlussreich: Er benennt mit geradezu akademischer Genauigkeit die Kategorien, die Herder als die für den «Volksgeist» wesentlichen bestimmt: als erste die Sprache, dann die Kunst und endlich die «Sitten», das heißt, die politischen, gesellschaftlichen, wirtschaftlichen Systeme, die Gesetze, die moralischen Normen, die Kleidung, die Feste und Wohnungen – alles, was die Lebensformen eines «Volkes» bestimmt.

Hebel selbst betont mitten in der Hochphase seines Schreibens, im Februar 1802, gegenüber dem Philologen Graeter vor allem die volkspädagogische Absicht seines Schreibens: «Meine erste Absicht ist die, auf meine Landsleute zu wirken, ihre moralischen Gefühle anzuregen und ihren Sinn für die schöne Natur (...) zu veredelen, theils auch zu wecken.» Er wünsche, fügt er noch an «auch allgemeiner zu interessieren und dem Studium der deutschen Sprache, wenn auch nur etwas weniges und mittelbar, zu nützen.»[17]

Betrachtet man dieses Ensemble von Einflüssen, Ursachen und Auslösern, so kann nicht mehr erstaunen, dass der erste, in Lörrach unternommene Versuch, alemannisch zu dichten, steckengeblieben war: «Im 28. Jahr, als ich Minnesänger las, versuchte ich den alemannischen Dialekt. Aber es wollte gar nicht gehen. Fast unwillkürlich, doch nicht ganz ohne Veranlassung fing ich im 41. Jahr wieder an. Nun gings ein Jahr lang freilich vonstatten.» Im 41. Jahr: Demnach hätte Hebel erst 1801 mit den Gedichten begonnen. Dass tatsächlich seine Erinnerung nicht ganz richtig ist und er bereits vorher daran gearbeitet haben muss, belegen die oben zitierten Briefe an «Angeliko» Engler und vor allem an Hitzig vom September 1800, in dem er den *Statthalter von Schopfheim* erwähnt und anfügt: «Hab' Spaß daran, wenn du kannst (...).»[18]

Die Arbeit scheint dann gut voranzukommen. Fünf Monate später, am 6. Februar 1801, teilt er abermals seinem Freund Hitzig launig mit: Diese seine «Liebhaberey», mit welcher er sich für «den Ungenuß mancher Geschäftsstunde» schadlos halte, habe «sich in ein eigenes Fach geworfen. Ich studiere unsere oberländische Sprache grammatikalisch, ich versifiziere sie herculeum opus! in allen Arten von Metris

(...).» *Herculeum opus* – in herkulischer Anstrengung vergräbt er sich ins Alemannische, um, ganz im Sinne von Herders nationaler Kulturtheorie, «in dieser zerfallenden Ruine der altdeutschen Ursprache noch die Spuren ihres Umrisses und Gefüges» aufzusuchen. Er «gedenke», fährt er fort, «bald eine kleine Sammlung solcher Gedichte mit einer kleinen Grammatik (...) in die Welt fliegen zu lassen.»[19] Und im Sommer 1801, am 20. Juni, meldet er wiederum Hitzig beschwingt: «Der Proteus ist in mich gefahren», womit er eine Art rauschhafter Inspiration meint. «Ich bin fleißig an den Allemanischen Liedern, und werde bald ein Schiflein voll auf die hohe See schicken.»[20]

Nach dieser rund eineinhalb Jahre dauernden und immer wieder proteushaften Produktionsperiode gibt es nur noch Nachspiele, einen «Nachtrieb», wie Hebel die Tatsache umschreibt, dass es ihm nach zweijähriger fruchtbarer Arbeit nicht mehr gelang, die kreative Spannkraft aufzubringen, um eine Fortsetzung der *Alemannischen Gedichte* zu schreiben. Am 8. Januar 1805 bekannte er, auf den Erfolg der ersten Ausgabe seiner Gedichte eingehend: «Ach, lieber Freund, dieser Beyfall hat mich zur Fortsetzung nicht aufgemuntert, sondern verzagt gemacht. Ich mag ihn nicht selber wieder wegsingen. Der Geist, der damals so stille über mir schwebte, ist beschrieen und, ich fürchte, verschwunden. Es ist ein heiliger Geist von eigener Laune, der mit keinen Pfingst- noch Christglocken herbeizuläuten ist, wenn er nicht selber kommen will, wiewohl ich ihm zu Dank nachsagen muß, daß er sich auch schon manchmal durch Glockengeläute hat wecken lassen. Zwei Proben vom Nachtrieb hat die Iris 1804 und 1805 aufgenommen, und nur noch etwas Weniges und Gemeines habe ich in den Papiren.»[21]

Mag sein, Hebel sehnt sich im Grunde seines Herzens noch immer ins Wiesental zurück, nach Hausen, nach Lörrach, in die Nähe der Freunde. Mag sein, seine Gedanken schweifen dorthin ab, wenn er am Honoratiorenstammtisch im «Bären» beim Bier sitzt und mit dem Hofbotaniker Gmelin gelehrte Gespräche über die sinnnvolle Ordnung in der Natur führt. Mag sein, er vermisst die Wanderungen, die er allein und in Begleitung Hitzigs unternommen hat, und er würde gern hinüber zum Belchen blicken oder dem Lauf der Wiese folgen – all dies würde produktionstechnisch nichts mehr nützen. Er hat sich sozusagen leergeschrieben, hat, ohne es recht zu wissen, ein Meisterwerk geschaffen, indem er sein Wiesental zur Metapher des ewigen und unveränderbaren Weltzustandes gestaltet hat.

Kühn und folgsam, begehrlich und fromm: «Die Wiese»

Als Hebel 1797 seinem Freund Hitzig mitgeteilt hatte, er habe angefangen, die kantische Philosophie zu studieren, bemerkte er im folgenden Satz: «Sie sey dem Desgelisgeinet im Augenblick seiner schlimmsten Laune preisgegeben mit allen Kategorien.»[22]

«Desgelisgeinet»: das ist «protcischer» Jargon und meint den Dengle-Geist. Als Wiesentaler weiß Hebel natürlich von der alten alemannischen Sage des Dengle-Geistes, der angeblich im am Feldberg gelegenen Todtnau umgehe: Die Sage vom alten Mann, der um Mitternacht auf dem Friedhof die Scharten aus seiner Sense hämmert, die Sense dengelt, damit sie scharf bleibe.[23] Das heißt, der Dengle-Geist ist ein Sinnbild des Todes. Auf diese Sage bezieht sich Hebel, wenn er das erste der Alemannischen Gedichte – *Die Wiese*[24] – folgendermaßen beginnen läßt: «Wo der Dengle-Geist in mitternächtige Stunde / uffeme silberne Geschirr si goldeni Sägese denglet», um dann sogleich zur Quelle der Wiese zu springen.

Die ersten Verse sind geschrieben, und wieder taucht er die Feder ein, hält kurz inne, fährt fort:

> Feldbergs liebligi Tochter, o Wiese, bis mer Gottwilche!
> Los, i will di jez mit mine Liederen ehre,
> und mit Gesang bigleiten uf dine freudige Wege!
>
> *Sei mir gegrüßt, o Wiese, Feldbergs liebliche Tochter!*
> *Höre – ich will dich mit meinen Liedern jetzt ehren*
> *und mit Gesang dich begleiten auf deinen freudigen Wegen!*

Diese Wege versieht er nun gleich mit Hindernissen, Gefahren lauern allenthalben. Denn Gefahren und Hindernisse gehören zum

Bildungsgang. An ihnen kann sich der junge und übermütige Mensch, kann sich in diesem Fall eben die Wiese, erproben, ihrer bedarf es zur Formung des Charakters. Und so lässt nun Hebel, ganz dem Bildungsmodell der Goethezeit folgend, seinen Schützling zum ersten Mal in dessen jungem Leben die schmerzhafte Erfahrung machen, dass man bei zu großem Ungestüm auch stolpern kann. Dass Hebel die Natur selbst, das heißt: die Beschaffenheit des Geländes, entgegenkommt, kann ihn nur in seiner Auffassung bestätigen: Die Welt ist wunderbar eingerichtet, alles, was wir über die Bildung des Menschen denken, ist in der Natur so angelegt, und in der Natur ist es so angelegt, weil Gott es so wollte.

Hebel, der wusste, wie gebirgig, fast alpin das Gelände am oberen Feldberg ist, teilt über seine Wiese folglich mit:

Allwil en andere Weg, und alliwil anderi Sprüngli!
Fall mer nit sel Reinli ab! – Do hemmer's, i sag's jo –

Immer einen anderen Weg, immer andere Sprünge!
Fall' mir diesen Rain dort nicht hinab! – Schon passiert, ich hab's doch gesagt!

Diese liebenswerten, wie einem ungebärdigen, aber innig geliebten Kind erteilten Ermahnungen lassen jenen erzieherischen Gestus durchscheinen, dessentwegen Hebel heute als durchaus altmodisch gilt. Indessen wird leicht der leise, heute ebenfalls längst aus der Mode gekommene Humor überhört, mit dem sich der Erzähler durchaus über sich selbst lustig macht: Indem er nämlich, Einverständnis mit dem Leser suggerierend, augenzwinkernd auf die Kluft hinweist, die sich zwischen seinen pädagogischen Bemühungen und der tatsächlichen Ohnmacht gegenüber der Naturkraft auftut.

Feldbergs Tochter, los, de gfallsch mer numme no halber!
'so got ner wie dem Seppli. Was hesch für Jesten im Chöpfli?

Heda, Feldbergs Tochter, du gefällst mir nur noch halb so gut.
Mir geht es wie dem Sepp: Was hast du bloß für Grillen im Kopf?

Mit «lieblichem Gesicht» sendet die Wiese ihre Blicke ins Tal, aus «verborgenen Klüften» und «keck». Mit dieser «Anthropomorphisierung» sind die Eigenschaften und Merkmale, die der Mensch dem Menschen zuschreibt, auf den Fluss übertragen: die «Wiese» als Mensch, als Wesen aus Fleisch und Blut, eben Feldbergs liebliche Tochter. Die Wiese ist eine Frau.

Doch bleibt sie tatsächlich ein Fluss, ein Stück Natur. Wenn Hebel nun, sinnbildlich, dieser Natur menschliche Eigenschaften zuschreibt, entwirft er ein bestimmtes Modell von Natur: Diese Natur ist kein Ding, keine abstrakte Tatsache, nicht einmal nur eine blinde Gewalt. Vielmehr ist sie beseelt, lebendig, ist, wie jeder Mensch, von Launen, Trieben und Instinkten geleitet, aber auch zur Vernunft fähig, fähig zu denken, fähig, ihre Triebe zu beherrschen und sie auf sinnvolle Ziele zu lenken.

So formt Hebel ein Naturbild, das christlicher Tradition entspricht. Da die Wiese Gottes Geschöpf ist, muss sie auch vernünftig sein: Die Natur hat Teil an der göttlichen Vernunft, Teil an der ordnenden All-Vernunft, Teil an dem, was die Griechen Logos nannten.

Aber die Wiese, sagten wir, ist auch eine Frau. Der Auffassung zufolge, die Hebels Zeit von den Geschlechtern hatte, ist die Frau ein natürlicheres Wesen als der Mann. Sie steht der Natur näher, näher den Instinkten, Launen und Trieben, näher dem Irrationalen als der Mann mit seiner Ratio, seiner berechnenden, kulturschaffenden Vernunft.

Tatsächlich kehrt dieses Weiblichkeitsbild in Hebels Charakterisierung wieder. Die junge Wiese ist übermütig wie ein Fohlen, unberechenbar, reizend. «Keck» blickt sie ins Tal, «barfuß» schleicht sie «mit leisem Tritt» aus ihrer Höhle und zeigt «so heitere Augen». Stolz, als wäre sie nicht Feldbergs, sondern Hebels Tochter, präsentiert sie der Erzähler:

Nei so lueg me doch, wie cha mi Meiddeli springe!
‹Chunnsch mi über›, seit's und lacht, und witt mi, se hol mi!›
Allwil en andere Weg, und allwil anderi Sprüngli!

So schaut mir nur her, wie kann mein Mädel springen!
‹Fängst du mich?›, ruft es und lacht, ‹und willst du mich, so hol mich!›
Immer einen anderen Weg und andere Sprünge!

Andererseits aber ist die übermütige Tochter auch ein braves Mädchen. «(…) und luegsch mit stillem Lächlen an Himmel. O, wie bisch so nett, wie hesch so heiteri Äugli!» «*Mit stillem Lächeln*» wendet sie den Blick «*zum Himmel*», mit «*lieblichem Gesicht*» tritt sie ihren Weg durchs Wiesental an. Er führt sie durch die nunmehr bekannten Fluren, durch Weiden und Wälder, vorbei an Sägewerken, Schmieden, Manufakturen, vorbei auch an Kirchen und Pfarrhäusern: «Gott grüß Euch, Herr Pfarrer!»

Je länger sie unterwegs ist, umso älter wird sie. Ihr Weg entspricht einem Reifeprozess, sie entwickelt sich ganz im Sinne eben des Bildungsideals, das die Spätaufklärung und Klassik in ihrer Kunst vermitteln. Dabei sollen sich die von Natur aus angelegten Charakterzüge in dem Maße entfalten, wie sie durch äußere Einflüsse, durch pädagogische Prägung wie durch Naturerlebnisse, gefördert werden. So erwacht denn auch in der vom Mädchen zur «Jungfer» reifenden Wiese ein Bewusstsein des rechten Glaubens, die Erkenntnis in das sinnvolle Walten göttlichen Geistes.

Zugleich erwacht ihr Gefühl, nützlicher Teil eines Ganzen zu sein, sie wird «schaffig», fleißig, betriebsam, sie bewässert Felder und treibt Schwungräder an. Man kann wohl sagen: Sie gliedert sich in die menschliche Kultur ein, sie sozialisiert sich. «Feldbergs Tochter», lobt der Erzähler, «wo du weilst, ist Nahrung und Leben!»

Trotz dieser Erziehung zum nützlichen Mitglied der Gesellschaft verliert die Wiese ihr natürliches und das heißt natürlich: sprunghaftes Wesen, nicht. Sie gibt Anlass zu Tadel:

Aber solli eis, o Wiese, sage, wie's ander,
nu se seig's bikennt! De hesch au bsunderi Jeste,
's chlage's alli Lüt, und sagen, es sei der nit z'traue,
und wie schön de seigsch, wie liebli dini Giberde,
stand der d'Bosget in den Auge, sage sie alli.

Aber, soll ich eines, o Wiese, sagen, wie's andre,
nun, so bekenn ich's: Du hast so deine besonderen Launen!
Alle Leute beklagen es; dir sei nimmer zu trauen.
Und so schön wie du seist, wie lieblich deine Gebärden,
sehe die Bosheit dir aus den Augen.

Die Wiese kann, wie jede schöne Frau, gefährlich werden, insonderheit dann, wenn sie ihrer Lust an der Zerstörung nachgibt:

> Eb men umluegt, chresmisch näumen über d'Faschine,
> oder rupfsch sie us, und bahnsch der bsunderi Fueßweg,
> bohlsch de Lüte Stei uf d'Matte, Jaspis und Feldspat.

> *Ehe man umschaut, kletterst geschwind du auf die Faschinen,*
> *rupfst sie aus und bahnst dir deinen eigenen Fußweg,*
> *schleuderst den Menschen Stein' auf die Wiesen, Jaspis und Feldspat.*

Und wenn diese Lust auch noch den letzten Rest von Spielerei verliert, entfaltet sich ihre ganze Gewalttätigkeit:

> Mengesmol haseliersch, und's mueß der alles us Weg goh;
> öbbe rennsch e Hüsli nieder, wenn's der im Weg stoht.

> *Manchmal auch tobst du, und jedermann geht schnell auf die Seite,*
> *rennst sogar ein Häuslein nieder, wenn's dir im Weg steht.*

Nein, die Wiese ist kein braves Mädchen. Um indessen die Domestizierung der ungezügelten Natur zu betreiben, gibt es zu Hebels Zeit, gibt es Anfang des 19. Jahrhunderts nur eine einzige Lösung: «ein Mannsbild»,[25] das der Rhein sein wird.

All diese irdische Pracht und Plage scheint ganz aus Gottes Hand zu kommen. Unübersehbar legt Hebel die Verbindungen und zeigt seinen strömenden Liebling als ein ganz vom Glauben an Gottes Allmacht durchpulstes Wesen. Als die noch junge Wiese Todtnau hinter sich gelassen hat, über freies Feld fließt und Flur und Fauna befruchtet, beeilt er sich mitzuteilen:

> Rotet jetz ihr Lüt, wo üser Töchterli hi goht!
> Hender gmeint an Tanz, und zue de lustige Buebe?
> Z'Utzefeld verbei goht's mit biwegliche Schritte
> zue de Schöne Buechen, und (...)

> *Ratet nun, ihr Leute, wohin unser Töchterlein gehet!*
> *Habt ihr gemeint zum Tanz und zu den lustigen Burschen?*
> *Flink vorüber an Utzenfeld läuft es mit hüpfenden Schritten,*
> *zu den Schönen Buchen dann und (...)*

Die Wiese kurz vor Basel (Zeichnung von Samuel Birmann).

Was also wird es bei den Schönen Buchen tun, der alten, dem Apostel Petrus geweihten Wallfahrtskapelle? Da kommt nur eines in Frage: «und hört e heiligi Meß» – *und hört eine heilige Messe.*

Bis hierhin war die Wiese durch österreichisches, also habsburgisches und damit katholisches Gebiet gerauscht. In dem Augenblick, da sie den Schwarzwald hinter sich lässt und ins Wiesental vordringt, überschreitet sie die Grenze zur Markgrafschaft Baden-Durlach und damit zum reformierten Glauben. Sofort ist der Autor als väterlicher Lehrmeister zur Stelle, äußert seine Zufriedenheit über die Konversion der zunächst Widerstrebenden: «Sagte ich es denn nicht? Ich musste es immer schon glauben. / Ja, so ist es jetzt! (...) / Einstens bringst Du mir noch Freuden und heitere Stunden».[26] Und hält sogleich die entsprechende Tracht bereit: «Halt ein wenig still, ich will dich nun lutherisch kleiden!»

Zweifellos bezeichnet diese Einkleidung einen rituellen Initiationsakt: Er markiert, wie es dem Zweck jeder Initiation entspricht, den Übertritt in eine höhere Lebensstufe, der mit der Aufnahme in

einen anderen, höhergestellten und einflussreicheren Gesellschafts-
kreis einhergeht.[27] Die Wiese hat den alten Glauben hinter sich gelassen und einen höheren Grad moralischer Reife und geistigen Be-
wusstseins erreicht. Dieser lebensgeschichtlich wesentliche Schritt
bringt dann auch eine bessere Gesellschaft mit sich: eine freiere und
wahrhaftigere, eben die Gesellschaft protestantischer Christen, wie
sie in der Markgrafschaft Baden und der Schweiz beheimatet ist.

Folgerichtig macht sich die Wiese in gut protestantischem Ethos
ohne Zögern an die Arbeit und setzt als tüchtige Schaffnerin ihr
Produktionspotential in Leistung um:

> (...) Am Bergwerch fisperlet's abe,
> lengt e wenig duren, und trüllt e wengeli d'Räder,
> was der Blosbalg schnufe mag, aß d'Füürer nit usgöhn.
> Aber 's isch sis Blibes nit.

> *(...) Sie geistert am Bergwerk hurtig vorüber,*
> *greift ein wenig hinüber und dreht ein Weilchen die Räder,*
> *daß der Blasebalg zu schnaufen vermag und die Feuer nicht ausgehn.*
> *Doch ist hier ihre Bleibe nicht.*

Sie, als elementare Naturkraft, ist Bedingung dafür, dass die Räder sich drehen. Worauf es ankommt, ist, sie von möglichen zerstöre-
rischen in produktive Bahnen zu lenken, den elementaren Trieb also
in praktische Vernunft umzuleiten.

Hebel, der als Theologe und Altphilologe die antike Überlieferung kannte, zitiert hier versteckt einen Kernmythos des Abendlands,
wonach zum einen das Herdfeuer nicht verlöschen dürfe, wenn die
Prosperität des Hauses anhalten, wenn das Leben des Hauses fort-
blühen solle – das *Feuer* ist demzufolge das lebenserhaltende und be-
wegende Element.

Zum anderen aber schimmert durch das Bild der Wiese, deren
Kraft in den Essen und Kaminen das Feuer lodern lässt, der Satz des
Vorsokratikers Thales von Milet, demzufolge das *Wasser* der Urstoff
aller Dinge sei. Im Bedeutungsgefüge des Hebel'schen Werks heißt
das aber: Die treibende Kraft des Lebens, der Natur und der Kultur,
ist das *Wasser*, das aus den Tiefen entspringt – nicht von ungefähr ver-

folgt Hebel die Wiese bis an ihren Ursprung tief im Erdinneren und bedient sich dabei einer Metaphorik, die unmissverständlich die Geburt eines menschlichen Wesens beschreibt:

> Im verschwiegene Schoß der Felse heimli gibore,
> an de Wulke gsäugt, mit Duft und himmlischem Rege,
> schlofsch e Bütschelichind in dim verborgene Stübli
> heimli, wohlverwahrt.

> *Im verschwiegenen Schoße der Felsen heimlich geboren,*
> *von den Wolken gesäugt mit Duft und himmlischem Regen,*
> *schläfst Du, ein Wickelkind, in deinem verborgenen Stüblein*
> *heimlich, wohlverwahrt.*

Von den Wolken gesäugt: Damit kann nichts anderes gemeint sein, als dass Regen in die Erde sickert, sich sammelt in einer unterirdischen Höhle, also einer Art von Gebärmutter, um schließlich die «Wiese» daraus hervorgehen zu lassen – wieder taucht das Wasser als lebensspendendes Element auf, eine Metapher, die Hebel immer wieder aufblühen lässt, wenn er die Wiese als Lebensspenderin und damit auch als zeugendes Element beschreibt:

> Aber wie de gohsch, wirsch sichtli größer und schöner.
> Wo di liebligen Otem weiht, se färbt si der Rase
> grüener rechts und links, es stöhn in saftige Triebe
> Gras und Chrüter uf, es stöhn in frischere Gstalte
> farbigi Blüemli do, und d'Immli chömmen und suge.

> *Aber wie du so gehst, wirst du immer größer und schöner.*
> *Wo dein lieblicher Atem weht, da färbt sich der Rasen*
> *grüner rechts und links. Es sprießen in saftigen Trieben*
> *überall Gräser und Kräuter. Es stehen in frischen Gestalten*
> *farbige Blumen da, und die Bienen kommen und saugen.*

Saftige Triebe, saugende Bienen, frische Blumen: All diese Begriffe bezeugen Fruchtbarkeit, Wachstum, Bewegung, kurz: Leben, das aus dem Urelement des Wassers keimt. Doch war auch die Rede davon, dass die Wiese mit ihrer Kraft die Feuer anfacht, mit denen wiederum, so die naheliegende Assoziation, geschmiedet, geheizt und gekocht, mithin Leben und Kultur geschaffen wird.

Hebel lässt also die Urelemente Feuer und Wasser derart zusammenwirken, dass sie einander nicht vernichten, sondern, in wechselseitigem Einfluss, ihre Kraft verstärken und in sinnvolle Bahnen lenken, also produktiv nutzen und so der Kulturbildung dienen. Damit bezieht er sich abermals auf jene für das Denken seiner Zeit charakteristische und im Großen und Ganzen bis etwa zur Mitte des 19. Jahrhunderts gängige Vorstellung, wonach nichts in der Natur und in der Lebenswelt des Menschen vergeblich sei, wonach alles sinnvoll ineinandergreife und einander ergänze. Gelehrter formuliert: «Keine Größe, die vorhanden (…) (gewesen) ist, darf verloren gehen und aus der dargestellten, literarischen bzw. gedachten, theoretischen Welt einfach eliminiert werden.»[28] Alles, was zugleich existiert, soll miteinander verbunden werden können, soll «untereinander kompatibel sein».[29]

Dieser Gedanke des All-Zusammenhangs, wonach ein Teilchen immer Teil eines großen Ganzen ist, ist auch der Gedanke, auf dem Hegel den ganzen Riesenbau seiner Philosophie errichtet: Wenn ein Teil immer Teil eines Ganzen sei, zwar vom Ganzen verschieden, doch nicht vom Ganzen getrennt, so müsse auch Gott ein Teil der Welt sein und Gott und die Welt eine einzige große Einheit – eben jene «spekulative Grundfigur», auf der Hegels gesamtes Denksystem aufbaut.[30]

Hebel interpretiert diese Denkfigur, alles stehe mit allem in sinnvollem Zusammenhang, indem er die Wiese als fließendes Gewässer das Feuer des Schmieds unterhalten lässt. So ist bei ihm, wie beispielhaft an der *Wiese* zu sehen ist, der Prozess des Lebens und der Kulturschöpfung, allgemein also der Prozess der Geschichte, von einer in der Welt selbst waltenden (doch von Gott gestifteten) Vernunft gelenkt. Diese Vernunft hat auch Blasebalg und Esse erfunden, sie sorgt für das konstruktive Zusammenspiel von Wasser und Feuer.

Die Wiese also erreicht im Lauf ihres Lebens, der eine innere, eine geistige und seelische Entwicklung mit sich bringt, einen Zustand, in dem Religion und Glaube, gesellschaftliche und territoriale Zugehörigkeit eine Einheit ergeben; sie wird, im ursprünglichen Wortsinn, «ordentlich». So ist denn auch, was Hebels Erzähler hier anstimmt, nichts weniger als ein Hymnus auf die Ordnung in der Natur, die, vom Urelement des Wassers belebt, von der pflanzlichen über die tierische Welt bis zur Kulturwelt die Dinge in eine hierarchische Abfolge stellt: Der Ordnung der Natur entspricht die Ordnung der kulturellen Welt. Und beide, Naturraum und Kulturraum, ergeben ein sinnvolles System gegenseitiger Abhängigkeiten, in dem die jeweils untergeordnete Welt im Dienst der übergeordneten steht – die vom Menschen geschaffene kulturelle Welt an der Spitze, die ihrerseits einer sinnvollen Hierarchie unterliegt, vom Bauern zum Müller zum Schmied, der seinerseits mit seinem Tun die Voraussetzungen für die kulturelle Fortentwicklung schafft. Und über der gesamten diesseitigen Welt, so scheint es, steht die transzendente Welt, steht der im Priester repräsentierte Gott der Christenheit: «‹Gott grüß Euch, Herr Pfarrer!›»[31] Hebel weiß noch genau, wo oben und unten ist.

In diesen Versen klingt der Lobpreis auf die Schöpfung Gottes an. Wer im Buch der Welt zu lesen vermag, teilt Hebel zwischen den Zeilen mit, wird deren Zeichen in jedem Grashalm erkennen. Die Lilien auf dem Felde entschlüsselt er als Chiffren des göttlichen Textes – sie sind Buchstaben der Gedanken Gottes. Hebel reiht sich damit erkennbar in den Zusammenhang der Physikotheologie, wie sie sich im 18. Jahrhundert als religiös geprägte Form der Aufklärung heranbildet. Sie leugnet nicht die Naturgesetze und führt die Phänomene auf natürliche Ursachen zurück.

Hebel verdichtet so die *Wiese* zu einer großen Metapher auf die Welt als Schöpfung Gottes. Sieht man genau hin, so formt er ihre Entwicklung, nach turbulenten Anfängen, sogar nach dem Bilde des Schöpfungsaktes, wie er im Ersten Buch Mose überliefert ist. Sie tritt aus dem Dunkel des Erdinneren ins Licht des Tages, nachdem sie in den Tiefen des Feldbergs gezeugt, das heißt: geschaffen wurde. Dass diese Erschaffung ein göttlicher Akt ist – darauf jedenfalls verweist die schon zitierte Metapher des «himmlischen Regens», der in den «Schoß der Felsen» dringt. Die Zeugungsmetaphorik ist eindeutig: Die Wiese ist ein Kind Gottes.

Vorbilder und Vorgänger: Sailer, Jacobi, Schlosser

Auf Melodie, Tonfall und auch Wortwahl der *Alemannischen Gedichte* hatte ein damals weit über den Süden und Südwesten Deutschlands hinaus beliebter Volks- und Bauerndichter sicherlich stilistisch prägenden Einfluss: Sebastian Sailer. Sailer, 1714 im bayerisch-schwäbischen Weißenhorn geboren, darf als Begründer der schwäbischen Mundartdichtung gelten. Wenn man dem bodenständigen Prediger, der nicht zuletzt seines Unterhaltungstalents wegen landauf landab als Kanzel- und Festredner gerne eingeladen wurde, eines nicht vorwerfen kann, so sind es Berührungsängste mit Misthaufen und Fastnachtskleid. Ob Sündenfall, Weihnachts- oder Heilsgeschichte – Sailers Sprache ist stets das, was man als «deftig» bezeichnen kann. So schreckt Sailer, und das verbindet ihn in gewisser Weise mit Hebel, niemals davor zurück, sakrale Inhalte mit derber Hand in eine Fassung zu kneten, die sie gerade für den «einfachen Mann» genießbar machen: «Male! Da hoscht koi G'fohr. / Friß a Gottsnama, und häb koin Daula, / s'wär jo Sünd, wenn dar Aepfel thät verfaula», heißt es etwa in Sailers dreiaktigem Melodram *Die Schöpfung*, als Eva Adam den verbotenen Apfel anbietet: *Mein lieber Mann, friß' endlich und hör' auf zu maulen, / Es wär' eine Sünd', würd' der Apfel verfaulen*.[32]

Schon diese kleine Kostprobe lässt keinen Zweifel: Dieser wackere Gottesmann hat nicht im Sinn, ein Schuld- und Büßerchristentum zu predigen. Jene «christliche Wurmdemut», wie Heinrich Heine das pietistische Frömmlertum verächtlich nannte, lag ihm fern. Der weitgereiste und hochgebildete Sailer, dem im Juli 1767 sogar die Ehre einer Audienz bei Kaiserin Maria Theresia zuteil geworden war,[33] brachte stattdessen ein alltagstaugliches Gebrauchschristentum unter seine aus Bauern, Grafen und Bischöfen gemischte Hörerschaft, in dem das Wort des Neuen Testaments als eines Evangeliums, einer frohen Botschaft, ernst genommen wurde. So hat Sailer auch keine Bedenken, im ersten Auftritt seines Schauspiels *Der Fall Luzifers* einen «Engelchor» frohlocken zu lassen: «Danza, schpringa, / pfeiffa, singa, / seand im Himmel alte Ding. / Bey Schalmeya / Juhui schreia, / daß oim schier dar Sack verschpring.»[34] *Tanzen, springen, pfeifen, singen, sind im Himmel alter Brauch. / Bei Schalmeien Juhu schreien, bis uns platzet schier der Bauch.*

Hebel, der die Stücke des 1777 in Kloster Obermarchtal gestorbenen Sailer kannte, dürfte das mit Vergnügen gelesen haben, vielleicht hat er Sailer auch um dessen so unbekümmerten wie sicheren, von keinem Selbstzweifel getrübten Umgang mit dem Allerheiligsten der christlichen Überlieferung insgeheim ein wenig beneidet. Vielleicht ließ er sich sogar von Sailers Reimen anregen.

Jedenfalls wirken seine *Alemannischen Gedichte* mit ihren wirklichkeitsnahen Abbildungen bäuerlichen Alltagslebens manchmal sogar ausgesprochen derb – doch hebt Hebel, seinen herzhaften schwäbischen Vorgänger überflügelnd, in seiner äußerst sensiblen Wahrnehmung scheinbar nebensächlicher Einzelheiten und seiner innigen, bisweilen auch sentimental werdenden Empathie, endlich auch mit seinem Gespür für Takt und Rhythmus seine Gedichte in die Sphäre der als klassisch geltenden Dichtung.

Ein Dichter, der ebenfalls entscheidenden Einfluss auf die *Alemannischen Gedichte* hatte, war Johann Georg Jacobi. Jacobi war der Landschaft, aus der die *Alemannischen Gedichte* kamen, aufs Engste verbunden. Nicht nur stand er als Freiburger dem Breisgau geographisch nahe, er hatte zudem noch in Emmendingen eine Tante, die mit dem Juristen und Schriftsteller Johann Georg Schlosser verheiratet war. Schlosser wiederum hatte in erster Ehe Goethes Schwester Cornelia geheiratet, war in den frühen 1770er Jahren als Hofrat in die Dienste des badischen Markgrafen Karl Friedrich getreten, 1787 Hofrat in Karlsruhe und drei Jahre darauf Direktor des Karlsruher Hofgerichts geworden – zu einer Zeit also, als Hebel bereits in Karlsruhe am Gymnasium lehrte und, es war 1792, sogar schon vom Sub- zum Hofdiakon befördert worden war.

Es ist durchaus wahrscheinlich, dass Hebel Schlosser, der weit über Baden hinaus als Fachmann für deutsches und römisches Recht geschätzt wurde und Kaiser Joseph II. bei dessen Rechtsreform beraten hatte, persönlich kannte. Johann Georg Jacobi also hatte Schlosser des öfteren besucht, als dieser noch in Emmendingen lebte. Jacobi

kannte die Landschaft, kannte die Leute, vielleicht kannte er auch die
Gasthäuser, die berühmte Post im nahegelegenen Müllheim etwa, die
Hebel in dem Gedicht *Der Schwarzwälder im Breisgau* mit einer Strophe geehrt hatte. Zusammen mit seinen Lehrmeistern, den bekannten Dichtern Johann Wilhelm Ludwig Gleim – der kurz vor Erscheinen der *Alemannischen Gedichte*, im Februar 1802, mit 84 Jahren
im preußischen Halberstadt gestorben war – und dem lebensfrohen
und bereits 1754 gestorbenen Hamburger Dichter Friedrich von
Hagedorn, zählte Jacobi zu den vornehmsten Vertretern der anakre-
ontischen und bukolischen Dichtung. Diese Lyrik entfaltete in
zartgesponnenen Versen und pastellfarbenen Tönen Bilder von träumenden Schäfern, glücklichen Schäferinnen und verschmitzten Fau-
nen. Das in erhabenen und oft auch heiteren Worten geschilderte
Naturbild – und eben dies musste auch jüngere Leser wie Hebel ansprechen – war das einer beseelten, vom Geist der Schöpfung durch-
fluteten Natur. Sie schien erfüllt von einer Art denkenden Gefühls.
So findet sich in Jacobis Naturlyrik auch jene für Hebel charakteristische Metaphorik, welche die Tier und Pflanzenwelt menschlichen Wesen ähnlich macht:

> In einer durch die Kunst gemachten Wüsteney,
> An einer Garten-Klaus', erbaut für junge Damen
> Und Ritter, die nicht oft hineinzuschauen kamen,
> Hing eine Spinne, froh und frey,
> Als Eremit im engen Fenster-Rahmen,
> Begann ihr Werk, und sah dabey
> Im wilden Luftgehölz von Disteln Ulmen, Buchen,
> Verschiedne Vögel Mancherley
> Zu Nestern sich zusammensuchen.

reimte Jacobi beispielsweise in dem irgendwann zwischen
1775 und 1782 entstandenen Gedicht *Die Spinne und der Hänfling*,[35]
dessen Titel Hebel vielleicht zu seinem eigenen *Spinnlein* inspirierte.
Jedenfalls knüpfte auch Jacobi, nach Art der antiken Tierfabeln,
gerne eine Lehre an seine Naturschilderungen, was Hebel ebenfalls
gefallen musste.

«*O zwitschre fort!*
Du singst mir gut»:
der Dichter Johann
Georg Jacobi, der die
erste Rezension zu den
Alemannischen
Gedichten *verfasste.*

Friedrich Heinrich Jacobi

Und im Gedicht *Der Sperling*, einer Parabel auf die Ethik der Nächstenliebe («Des Gastrechts unverjährten Brauch / halt ich dem kleinsten Sperling auch»), belehrt die *persona*, der Erzähler, am Ende den Schutz suchenden Vogel:

> O zwitschre fort! Du singst mir gut
> Genug; doch sey auf deiner Huth!
>
> Geheime Tücke warten,
> Die Flinte wacht;
> Vor meines Nachbars Garten
> Nimm dich in Acht!
> Gieb nicht, mit leichtem Sperlingssinn,
> Dein Glück für eine Kirsche hin![36]

So schrieb Jacobi in dieser Naturlyrik zwar auch die in der Hoch- und Spätaufklärung, seit etwa 1750, unter goldbetressten

Samtröcken keimende Sehnsucht nach dem Busen einer anmutigen Ideal-Natur fort. Doch verbarg sich dahinter mehr als nur empfindsame Gefühlspflege und volkspädagogisches Ethos. Im Grunde ging es ums Ganze: darum, die Möglichkeit von Erkenntnis und Welterklärung nicht wie Kant auf die analytische Rationalität zu beschränken, sondern zunächst im vorrationalen, intuitiven, gefühlsbedingten Zugriff zu finden, der dann im rationalen Denken seine Bestätigung sucht – ein Grundgestus, der auch für Hebels Denken charakteristisch ist.

Schrecken der Leere, Tröstungen des Glaubens

Das macht auch begreiflich, weshalb Hebel von den bekannten Autoren dieser Zeit Jean Paul am meisten schätzte. Die Idee eines leeren Universums, von den französischen Materialisten wie d'Holbach oder Helvetius vertreten, ist für die deutschen Denker keine Verheißung, sondern ein Schreckbild. Der junge Jean Paul, um das Gleichgewicht zwischen rationaler Welterkenntnis und mystischem Gottglauben ringend, bringt diese Haltung stellvertretend für die Mehrzahl der deutschen Denker, Dichter und Aufklärer seiner Zeit in einer wüsten Schreckensvision zum Ausdruck, die in einem ersten Entwurf von 1789 noch ungedruckt blieb,[37] dann aber in den 1796 erschienen Roman *Siebenkäs* eingeflochten ist. «Ebenso», lässt Jean Paul seinen Ich-Erzähler berichten, «erschrak ich über den giftigen Dampf, der dem Herzen dessen, der zum ersten Mal in das atheistische Lehrgebäude tritt, erstickend entgegenzieht». Das «ganze geistige Universum», heißt es weiter, «wird durch die Hand des Atheismus zersprengt und zerschlagen in zahlenlose quecksilberne Punkte von Ichs, welche blinken, rinnen, irren, zusammen- und auseinanderfliehen, ohne Einheit und Bestand. Niemand ist im All so sehr allein als ein Gottesleugner (…).» Dann lässt der Autor diese Reflexionen in eine apokalyptische Szenerie einmünden, in der sein Ich-Erzähler im Traum «auf dem Gottesacker» erwacht und nun, in einer tatsächlich «kühnsten, grauenhaftesten Version»[38] atheistischer Vorstellungen, Christus selbst den Toten verkünden läßt, dass kein Gott existiere: «Ich ging durch die Welten, ich stieg in die Sonnen und flog mit den Milchstraßen durch die Wüsten des Himmels; aber es ist kein Gott.» Bei diesen Worten «zerflatterten» die Leiber der Toten «wie weißer Dunst (...); und alles wurde leer.» Misstöne kreischen durchs Universum, Tempelmauern zerfallen, «und die ganze Erde und die Sonne sanken nach – und das ganze Weltgebäude sank mit seiner Unermeßlichkeit vor uns vorbei». Und in dieses finstere Nichts hallen noch einmal Christus' Worte: «Kalte, ewige Notwendigkeit! Wahnsinniger Zufall! (...) Wie ist jeder so allein in der weiten Leichengruft des All!» Doch als nun «ein unermesslich ausgedehnter Glockenhammer (...) die letzte Stunde der Zeit schlagen» lässt, da erwacht gottlob Jean Pauls Erzähler erlöst aus seinem Alptraum: «Meine Seele weinte vor Freude, daß sie wieder Gott anbeten konnte – und die Freude und das Weinen und der Glaube an ihn waren das Gebet. (...) und von der ganzen Natur um mich flossen friedliche Töne aus, wie von fernen Abendglocken.»[39]

Dass Hebel begeistert Jean Paul las und in jener Zeit, als er mit den *Alemannischen Gedichten* begann, sogar wagte, diesen Liebling lesender Frauen Gustave Fecht ans Herz zu legen («seine Schilderungen der Natur, des menschlichen Herzens, der menschlichen Freuden und Leiden übertreffen alles ähnliche, nur die Natur selber nicht»[40]) – dass Hebel in Jean Paul also einen begnadeten Schöpfer wahrhaftiger Abbildungen des Menschen verehrte, hat bei einem so religiösen wie gebildeten Menschen sicher nicht nur künstlerische Gründe. Vielmehr konnte Hebel, freilich jenseits genauer theologischer Begrifflichkeit, in Jean Pauls Romanen die Grundlinien seines eigenes Weltbildes finden. Überdies war auch der empathische, mitleidsvolle aber niemals mitleidige Blick, den Jean Paul auf den Menschen als duldende Kreatur warf, Hebels eigener: ein von der christlichen Ethik der Agape, dem einfühlenden Mitempfinden, gelenkter Blick.

Gleichwohl wird man den ideengeschichtlichen Gehalt der *Alemannischen Gedichte* nicht voll erfassen, betrachtet man sie losgelöst von ihrem Zusammenhang mit klassischen und romantischen Strömungen.

Schillers «Braut» und Hebels «Wegweiser»

Wie am Anfang dieses Buches erwähnt, hatte Theodeor Heuss in seiner Eigenschaft als Historiker und Literaturwissenschaftler Hebel als solitären Dichter beschrieben, der mit den geistigen Hauptströmungen seiner Zeit, mit Klassik und Romantik, wenig zu tun gehabt habe – in der Hebel-Rezeption wird diese Ansicht noch immer durchaus gerne gepflegt.[41] Dass Hebels Weltbild allerdings außerhalb der Philosophie und gerade auch der Literatur seiner Epoche überhaupt nicht zu denken ist, ist in der Interpretation seiner *Wiese* bereits erkennbar geworden. Diese ideengeschichtlichen Stränge, die von der Klassik, von Schiller, Goethe, Wieland zu Hebel führen, werden wir nun noch weiter freilegen. Da nun Theodor Heuss behauptet hat, Schillers 1803 erschienene *Braut von Messina* habe mit den im selben Jahr veröffentlichten *Alemannischen Gedichten* nichts zu tun,[42] drängt es sich geradezu auf, zunächst dieses Drama als exemplarisch für das Denken der Spätaufklärung und Klassik heranzuziehen und mit Hebels Dichtung zu vergleichen.

So offenbart sich denn auch rasch, dass gerade Schillers *Braut* sich beispielhaft in den denkgeschichtlichen Zusammenhang ihrer Epoche, der mittleren Goethezeit, einfügt.[43] Denn woran scheitern die Figuren in dieser Tragödie? Keineswegs an einem über sie verhängten Fatum, wie das im antiken Drama, dessen Form Schiller als Vorbild diente, der Fall gewesen wäre. Sie scheitern ganz in aufklärerischer Manier an ihrer Unaufgeklärtheit, das heißt: an nichts anderem als an ihrem Eigensinn, an ihrer Weigerung, über sich selbst und ihre Absichten nachzudenken und dann erst zu handeln. Die Katastrophe vollzieht sich, weil sich die verfeindeten Brüder Don Cäsar und Don Manuel jenem Erkenntnisakt verweigern, der es dem Menschen kraft seiner eingeborenen Vernunft überhaupt erst ermöglicht, sich zwischen Gut oder Böse zu entscheiden, statt, wie Schillers Protagonisten es tun, sich blind seinen Instinkten zu überlassen. Genau dieser Erkenntnisakt vor der Entscheidung bildet eine zentrale Forderung des aufklärerischen Menschenbildes – und eben diese Denkfigur ist es, die Hebel nicht nur in den *Alemannischen Gedichten,* sondern überhaupt in seinem ganzen Werk dem Leser als Grundvoraussetzung eines geglückten Lebens vermitteln will.

Schon rein formal fallen, freilich erst auf den zweiten Blick, Ähnlichkeiten auf. So bezieht sich auch Schiller ausdrücklich auf das antike Vorbild, wenn er im Februar 1803 auf brieflichem Wege Iffland mitteilt, sein Stück sei «nach der Strenge der alten Tragödie gemacht, eine einfache Handlung, wenig Personen, wenig Ortsveränderung, eine einfache Zeit von einem Tag und einer Nacht (...)».[44] Schon als er sich – etwa um die Zeit, als Hebel sich an die *Alemannischen Gedichte* machte – mit dem Gedanken an ein neues «Trauerspiel» trug, teilte er Christian Gottfried Körner, dem Vater Theodor Körners, mit: «Ich habe große Lust mich nunmehr in der einfachen Tragödie, nach der strengsten griechischen Form zu versuchen (...).»[45] Die bewussten Rückgriffe auf die klassische Form der Tragödie, die Fokussierung auf drei Hauptfiguren, den Boten und den Chor, die Einheit von Zeit und Ort, wirkten im zeitgenössischen Drama als Neuerung.

Auch Hebel signalisiert, indem er seinem Werk ein Vergil-Zitat[46] voranstellt, damit eindeutig eine Rückbesinnung auf die antike Form der Dichtung. Zudem stellt er in seiner Vorrede, Schiller ähnlich, die Absicht heraus, die er mit der Einführung eines neuen ästhetischen Mittels, nämlich dem literarischen Gebrauch des Dialekts, verfolge: «Der Dialekt, in welchem diese Gedichte verfaßt sind, mag ihre Benennung rechtfertigen. Er herrscht in dem Winkel des Rheins zwischen dem Fricktal und ehemaligen Sundgau, und weiterhin in mancherlei Abwandlungen bis an die Vogesen und Alpen und über den Schwarzwald bis zu einem großen Teil von Schwaben.» Den Freunden «ländlicher Natur und Sitten» legt er dann «diese Gedichte» ihres Inhalts und ihrer «Manier» wegen ans Herz und bekundet seine Absicht, mit den Mitteln seiner Kunst sowohl den gemeinen Mann wie den Gebildeten zu erreichen: «Wenn Leser von höherer Bildung sie nicht ganz unbefriedigt aus den Händen legen, und dem Volk das Wahre, Gute und Schöne mit den heimischen Tönen und vertrauten Bilder lebendiger und wirksamer in die Seele geht, so ist der Wunsch des Verfassers erreicht.»[47]

Beide also, Schiller und Hebel, unternehmen den Versuch, etwas Altes und anscheinend in den Zeiten Verschüttetes im innovativen Rückgriff auf entsprechend alte Kunstmittel für ihre Zeit wiederzubeleben. Das bedeutet zunächst, dass die jeweils erzählten Ereignisse über sich selbst hinausweisen sollen, dass sie allgemeine, weder an die geschilderte Zeit noch an die Zeit ihrer Entstehung gebundene, dass sie also überzeitliche Gültigkeit beanspruchen.

Allein schon der formalen Gemeinsamkeiten wegen darf man also annehmen, das Drama der Weimarer Klassik und Hebels Lyrik hätten etwas miteinander zu tun. Da aber die Form niemals einfach nur Form ist, sondern immer auch ein Element des Textes, das selbst Bedeutung vermittelt, so ist weiter zu vermuten, Schillers *Braut* und Hebels *Wiese* wie überhaupt die *Alemannischen Gedichte* hätten, wie gesagt, noch weit mehr gemeinsam als nur diese ideengeschichtlich motivierten Absichten.[48]

Hebel spricht nicht von ungefähr vom Wahren, Guten und Schönen, das er mit seiner Dichtung vermitteln will: In der Tat handeln seine Gedichte von Welt- und Lebenserkenntnis, vom harmonischen und daher als schön geltenden Bau der Natur, vom Menschen als einem einsichtsfähigen Vernunftwesen, das zwar von dunklen Mächten in seinem Innern immer wieder zu Verfehlungen getrieben wird, aber kraft seiner Vernunft auch in der Lage sei, sich zum Besseren zu bekehren und sich so zu verhalten, wie es dem Guten entspricht. Dem Menschen müsse nur gesagt und gezeigt werden, was das Gute sei. Und das zu zeigen und zu sagen, ist für Hebel Aufgabe seiner Gedichte, wie es später Aufgabe seiner Kalendergeschichten ist.

Zugleich aber handelt diese Literatur, wie das düstere, geradezu E. T. A-Hoffmann'sche Nachtstück *Der Karfunkel* oder die Schauermär vom *Mann im Mond* erkennen lassen, von verfehlter Einsicht, Verstrickung in Schuld und Untergang – dabei ist die Möglichkeit einer tragischen Verfasstheit der Welt nicht einmal ausgespart, die *Vergänglichkeit* schimmert dunkel durch das Schöne hindurch.

Darin aber liegt kein Widerspruch, so wenig wie der Tod im Widerspruch zum Leben steht, vielmehr notwendige Voraussetzung des Lebens ist – dies ist eine Denkfigur, die aus dem Christentum hervorgeht und von Paulus im 6. Kapitel des Römerbriefs formuliert wird: Der alte Mensch, der «alte Adam», müsse sterben, um als neuer, heilsfähiger Mensch geboren zu werden. Symbol dafür ist die Taufe: «Wir sind mit Christus begraben durch die Taufe in den Tod, / damit, wie Christus auferweckt ist von den Toten / durch die Herrlichkeit des Vaters, / auch wir in einem neuen Leben wandeln», schreibt Luther, Paulus wiedergebend, in seinem *Kleinen Katechismus.*[49]

Dass Hebel beide Formulierungen dieser Denkfigur, die paulinische und die lutherische, kannte, steht außer Frage. So verankert denn auch der Glaube an die Auferstehung aus dem Tod die *Alemannischen Gedichte* in einer heilsgeschichtlichen Perspektive, die mit der im Feldberg «geborenen» und von Gott durch Regen genährten und am Ende sich mit dem Rhein vermählenden Wiese sich öffnet und mit dem letzten Gedicht, dem am Ende auf die Vergänglichkeit alles Irdischen und dessen Auferstehung hinweisenden *Wegweiser,* abgerundet wird. So, im Gesamten betrachtet, beschreiben die *Alemannischen Gedichte* einen nach oben, zu Gott hin sich öffnenden Kreislauf fortwährenden Werdens und Vergehens.

Damit baut Hebels große Schau, die Arnold Stadler mit Recht als «Welt-Beschreibung, ja: Weltraum-Beschreibung» deutet,[50] ein Weltmodell auf, in dem das Leben Folge und wieder Bedingung des Todes ist, in dem die andere, dunkle Seite der unverzichtbare andere Teil des Ganzen ist. Somit aber kann das Vergängliche sogar Teil des Schönen sein, insofern es zum Gesamtbau gehört wie die Nacht zum Tage und so zur notwendigen Bedingung des Lebens wird. So bleibt in jedem Falle das Bild einer sinnvollen Einrichtung der Welt, bleibt das Schöne, das Wahre: Dies gerade, weil Hebel seinen *Wegweiser* am Ende aufstellt, nach *der Vergänglichkeit,* nach dem unheimlichen *Gewitter,* nach dem Blick auf diese schlüssige Gesamtordnung. Darin heißt es am Ende:

Und wenn de amme Chrützweg stohsch,
und nümme weisch, wo's ane goht,
halt still, und frog di Gwisse zerst,
's cha dütsch, gottlob, und folg sim Rot.

Und wenn du dann am Kreuzweg stehst,
und nicht mehr weißt, wohin der Weg
halt stil und frag' erst dein Gewissen,
es kann deutsch, gottlob – folg' seinem Rat.

Wo mag der Weg zum Chilchhof si?
Was frogsch no lang? Gang, wo der witt!
Zuem stille Grab im chüele Grund
führt jede Weg, und's fehlt si nit.

Wo mag der Weg zum Friedhof gehen?
Was fragst du lang – geh' hin, wohin du willst!
Zum stillen Grab im kühlen Grund
führt jeder Weg unvehlbar hin.

Doch wandle du in Gottesfurcht!
I rot der, was i rote cha.
Sel Plätzli het e gheimi Tür,
und's sin no Sachen ehne dra.[51]

So wandle du in Gottesfurcht!
Ich rat' dir, was ich raten kann.
Der Platz hat eine g'heime Tür,
und's sind noch Sachen jenseits dran.

Hebel zeigt den Weg zum Guten, also auch zum geglückten Leben im Diesseits, indem er dazu anhält, vor dem Handeln nachzudenken und die von Gott gestiftete Instanz zu befragen, die niemals irrt und daher der wahre Wegweiser ist: das Gewissen oder, anders gesagt, die innere Stimme. Dem Tun und Handeln soll also ein Akt des Nachdenkens und Erkennens vorausgehen – damit aber sind wir wieder bei jenem aufklärerischen Menschenbild angelangt, das auf die Vernunftfähigkeit und von Einsicht geleitete Lebensgestaltung setzt.

Dieser Gedanke, den die Weimarer Klassik ebenso wie der Deutsche Idealismus kennt, jedenfalls bis zu Goethes *Wahlverwandtschaften,* beherrscht auch Schillers an Kant geschultes Denken – bei Schiller gewiss mit einem Akzent auf der vernunftbedingten Selbstermächtigung des Menschen, den Hebel, der die Demut betont, in dieser Art vermeidet.

Gerade aber jenes von etlichen Zeitgenossen wie Jacobi kritisierte «fatalistische Schiksalsverständnis», das Schillers *Braut von Messina* bestimme, ist nur Mittel der kathartisch wirkenden Erkenntnis, vor dem Handeln den Verstand zu gebrauchen. So hat denn auch Schiller seine *Braut* bewusst nicht in einer archaischen Antike angesiedelt, sondern im christlichen Mittelalter, genauer: im Sizilien des 12. Jahrhunderts, der Zeit der staufischen Herrschaft. Und wenn Schiller auch den Schauplatz nutzt, um Reste griechischer Mythologie und arabischer Sagen in seine Szenerie einfließen zu lassen, so ruht das in der Tragödie errichtete Weltbild eben gerade auf dem Gedanken der «Einheit der religiösen Idee», die von zeitgenössischer Warte aus betrachtet wird.[52]

Wilhelm Meisters Schwester

So lassen die *Alemannischen Gedichte* wie danach die Kalendergeschichten auch Gemeinsamkeiten mit einer literarischen Gattung erkennen, die in der Goethezeit eine ganz neue Form gefunden und damit ein Genre begründet hat, das sich einer Beliebtheit erfreute, die weit ins 20. Jahrhundert hinein anhielt: mit dem Bildungs- und Entwicklungsroman.

Hebel gelingt es, mit der *Wiese* eine metaphorische Biographie zu schreiben, wie sie typischer für die Literatur ihrer Epoche, typischer für den «goethezeitlichen Initiationsroman»[53] kaum sein könnte: Er verfolgt die als musterhaft geltende Entwicklung eines Menschen, der, nachdem er seinen Heimatort hinter sich gelassen hat, eine Kette von Erfahrungen durchlaufen und durchleiden muss, der Erfolge er-

lebt, aber auch mit Misserfolgen zurande kommen muss, um schließlich reif und geläutert seinen Platz in der Gesellschaft zu finden.

Dieser exemplarische Weg mit all seinen für die Epoche maßgebenden Ansichten über die Beschaffenheit des Menschen, seine individuellen Entwicklungsmöglichkeiten und sein Verhältnis zur Gesellschaft, ist in Christoph Martin Wielands abenteuerlicher *Geschichte des
Agathon* (1766/67) als einem der ersten beispielhaften und richtungsweisenden Romane dieser Art festgeschrieben worden. Christian
Friedrich von Blankenburg, erster Theoretiker der noch lange um-
strittenen Gattung, sah im *Agathon* ein «kanonisch verbindliches»
Werk dessen, was er den «Individualroman» nannte.[54] Lessing fand in
seiner *Hamburgischen Dramaturgie*, Wielands gewaltiger Wurf sei «un-
streitig unter die vortrefflichsten unseres Jahrhunderts» zu zählen, sei
indessen «für das deutsche Publikum noch viel zu früh geschrieben».
Mit scharfem Weitblick sprach er dem Roman, kaum dass er erschienen war, überzeitlichen Rang zu: «Es ist der erste und einzige Roman
für den denkenden Kopf, von klassischem Geschmacke.»[55] Gut zwei
Jahrzehnte später, 1796, entfaltete der Bildungsroman in Goethes *Wilhelm Meister* dann seine tatsächlich klassische und lange Zeit verbindliche Form.[56]

Entscheidend für das im Bildungsroman entworfene Menschenbild ist das Zusammenspiel von natürlichen Anlagen und den Einflüssen, die die Umwelt, die also Natur und Gesellschaft auf den
Menschen ausüben: Es entwickeln sich in ihm von Natur aus angelegte Eigenschaften, die erst in der Auseinandersetzung mit anderen
Menschen, mit städtischen, berufsständischen und staatlichen Ge-
meinschaften ihre dem Charakter des Helden entsprechende Form
gewinnen und ihn seinen Lebensweg finden lassen. In jenen bewegten Jahren, in denen der Held nach sich selbst und der ihm angemes-
senen Stellung sucht, gewinnt er lebensentscheidende Erkenntnisse
über sich und die oft rau sich zeigende Wirklichkeit: Nach allem, was
bisher über Hebels Lebensweg bis zu seiner Berufung zu erfahren
war, spiegelt sich in seinen eigenen Erfahrungen geradezu idealty-
pisch das im Bildungsroman aufgezeichnete Entwicklungsmuster wider. Dass Hebel dieses Muster literarisch zu gestalten suchte, scheint

offenkundig, umso mehr, als die Wirklichkeit ja stets den Helden zwingt, sich von bestimmten Idealen und Wünschen zu verabschieden. Andererseits aber ermöglicht sie ihm auch, seine Talente in angemessener, realistischer Weise auszubilden.

Zweifellos hat das Handlungsmuster dieses stilprägenden Romantypus seinen ästhetischen Höhepunkt in Goethes *Wilhelm Meister* erreicht. Viel gelesen aber wurden Jahre vor dem Erscheinen dieses exemplarischen Romans die «didaktischen Erziehungsromane» heute zumeist nur noch dem Namen nach bekannter Autoren wie dem Gesellschaftstheoretiker Adolph Freiherr von Knigge, Theodor Gottlieb von Hippel oder dem ein Jahr nach Hebel gestorbenen Schweizer Reformpädagogen Johann Heinrich Pestalozzi, der seine Lehre nicht nur in theoretischen Schriften, sondern auch in Romanen zu verbreiten wusste. Das Bildungsziel all dieser zwischen etwa 1770 und 1820 erschienenen Werke mit bekenntnishaften Titeln wie *Roman meines Lebens* (Knigge) oder rührenden wie *Lienhard und Gertrud* (Pestalozzi) ist stets ein Charakter, der im Initiationsroman selbst als Erzieher in Erscheinung tritt. Am Ende, wenn der Initiations- und Erziehungsprozess gelingt – es gibt auch Beispiele seines Scheiterns, wie in Schillers das Schema gleichsam ins Negative wendender Erzählung *Verbrecher aus verlorener Ehre* (1787) –, ist der Held selbst eine solche Persönlichkeit und nähert sich damit dem Ideal der Erzieherfiguren und «pädagogischen Lenker» an.[57] Er, dem Vorbild nacheifernd, wird selbst Vorbild.

Es ist anzunehmen, dass auch Hebel, ohnehin ein Verehrer Pestalozzis, solche Bildungsromane kannte. Zweifellos entsprach das erzieherische Ideal, das er grundsätzlich verfolgte und das er nicht nur in Lyrik und Prosa, sondern auch in seiner schulischen Praxis zu vermitteln suchte, genau jenem, wie es die Initiationsgeschichten seiner Zeit bis hin zu *Wilhelm Meister* entwarfen – nur dass in den *Alemannischen Gedichten* die Figur des Erziehers außerhalb der dargestellten Welt steht und scheinbar als unsichtbare Erzähler-Fiktion entworfen ist, tatsächlich aber als Johann Peter Hebel selbst hörbar wird. Und später dann, in den *Kalendergeschichten*, existiert die Erzieher-Figur in Gestalt des «Rheinischen Hausfreundes», der dem Leser

wie ein außenstehender, objektiver Beobachter gegenübertritt und
mit seinen Kommentaren der Handlung die gewünschte Deutung
gibt. Dass diese manchmal verschlüsselt und – scheinbar – doppel-
bödig ist, betont nur Hebels Absicht, den Leser aufzufordern, selbst
nachzudenken. Auch der *Hausfreund* ist in Charakter und Wissen
seinem Autor zum Verwechseln ähnlich.

VIII.
Das garstige Lied der Politik

Der Storch mit den roten Strümpfen

Hebel wird heute fast ausschließlich als Dichter wahrgenommen, dem es in erster Linie darum ging, für die persönliche Lebensführung und Integrität zu wirken. Doch Hebel tritt gerade inmitten einer Zeit der politischen Umwälzungen, die mit der Französischen Revolution beginnen und mit dem Wiener Kongress im April 1815 ihr vorläufiges Ende finden, als Dichter in Erscheinung. So würde man Hebel auch Unrecht tun, betrachtete man ihn als Autor, der die Politik aus seinem Werk ausgeschlossen hätte. Er hat ihr nur eine, im wörtlichen Sinn, untergeordnete Rolle zugeschrieben – sie erscheint als Ereignis und Einbruch der Gewalt, der zwar die äußeren Verhältnisse, Staats- und Gesellschaftsformen umzuwälzen vermag und Leid und Vernichtung über unschuldige Menschen bringt, aber dennoch nur eine Teilerscheinung einer metaphysisch begründeten, unwandelbaren Weltordnung ist. Die Lebensverhältnisse ändern sich, die Völker kommen und gehen, die äußere Welt wandelt sich im organischen Zirkel von Aufgang und Vergehen bis zum jüngsten Tage, doch die metaphysische Ordnung bleibt ewig. Das Schicksal ist die Politik geworden, sagte Napoleon Bonaparte. In Hebels Verständnis bleibt das Schicksal Gott.

Hebel wird diese Haltung immer wieder in seinen Kalendergeschichten zum Ausdruck bringen. In den *Alemannischen Gedichten* ist diese Sicht auf das Politische beispielhaft in dem Gedicht *Der Storch*[1] gebündelt, das den bezeichnenden Untertitel «Nach dem Frieden» trägt. Da heißt es eingangs:

Willkum, Her Storch! Bisch au scho do,
und schmecksch im Weiher D' Frösche scho?
Und meinsch, der Winter heig si Sach,
und's besser Wetter chömm alsgmach?

Willkomm. Herr Storch! Bist auch schon da
und denkst, die Fröschezeit sei nah,
der Winter habe längst genug,
der Lenz käm' auch mit deinem Flug?

Gar so rasch aber vergeht der Winter des politischen Missvergnügens nicht. Zwar:

He jo, der Schnee gieng überal;
me meint, es wird scho grün im Tal.
Der Himmel isch so rein und blau,
und's weiht ein a so mild und lau.

Gewiß, der Schnee schmolz überall!
Man meint, nun werde grün das Tal.
Der Himmel leuchtet rein und blau
die Lüfte wehen mild und lau.

Der Friede aber ist trügerisch, dem Storch nicht recht zu trauen:

Nei loset, wiener welsche cha!
Verstoht men au ne Wörtli dra?
Drum chunnt er über Strom und Meer
us wite fremde Ländere her.

O höret seinen Welschen Ton!
Versteht man denn ein Wort davon?
Er kommt doch über Strom und Meer
aus weiten fremden Ländern her.

Aus diesen weiten fremden Ländern aber kommt nichts Gutes, der Westwind riecht nach Leichen:

Was bringsch denn Neu's us Afrika?
Sie hen gwis au so Umständ gha,

und d'Büchse gspannt, und d'Sebel gwetzt,
und Freiheitsbäum vor d'Chilche gsetzt?

Was bringt du Neu's aus Afrika?
Ich denke, daß dort viel geschah.
Hat man die Säbel frisch gewetzt,
die Freiheitsbäumne aufgesetzt?

De hesch so roti Strümpfli a.
Isch öbbe Blut vom Schlachtfeld dra?
Wo hesch die schwarze Fegge gno?
Bisch öbbe z'nooch an d'Flamme cho?

Du hast so rote Strümpfe an;
ist etwa Blut vom Schlachtfeld dran?
Wo kommt das Schwarz am Flügel her
Gerietst du in ein Flammenmeer?

Der Storch mag von Afrika kommen, er bringt doch Kunde von den Ereignissen in Frankreich. Dass Hebel von Afrika spricht und Frankreich meint, bekräftigt auch sein klares Urteil: Frankreich ist Afrika, dort herrschen blutige Sitten, Mord und Brandschatzung sind an der Tagesordnung. Und: Die westlichen Zivilisationsbarbaren bringen im Namen der Freiheit Brand und Mord auch über andere. Um keinen Zweifel zu lassen, fährt der Erzähler fort:

Um das hättsch über Land und Meer
nit reise dörfe hi und her
vom Rhinstrom bis in Afrika.
De hättsch's jo in der Nööchi gha.

Du hättest nicht durch Land und Meer
zu fliegen brauchen hin und her
vom Rheinstrom bis nach Afrika,
das hatten wir selbst alles da.

Mer wüsse leider au dervo,
und mengi Wunde bluetet no,
und's druckt no menge Chummer schwer,
und menge schöne Trog isch leer.

Auch hier man frech mit Pulver schoß,
und Blut aus vielen Wunden floß.
Uns drückt noch mancher Kummer schwer,
und mancher schöne Trog ist leer.

Und witer an die Alpe hi,
isch's, Gott erbarm's, no ärger gsi,
(...)
Auch an den Alpen hier entlang
der Krieg die Feuergeißel schwang
(...)

So lässt sich dieses Gedicht – wie beispielsweise auch *Der Schmelz-Ofen, Das Hexlein, Das Habermues* – auch als bürgerliches Manifest lesen: als ein ruhiger Hymnus auf das Glück redlicher Arbeit, geordneter Häuslichkeit, heimatlicher Verbundenheit und maßvollen Fortschritts. Aufgabe des Staates ist es, den Rahmen zu ziehen, innerhalb dessen sich die bürgerlichen Tugenden entfalten können. Dafür zu sorgen, dass der Rahmen erhalten bleibt, liegt in der Verantwortung des Fürsten wie jedes einzelnen Bürgers. Doch vom Pathos der Heiligung der Nation, die im Zuge der Französischen Revolution den modernen Nationalismus ausprägte, war Hebel so weit entfernt wie von der Idee des gewalttätigen Umsturzes. Die gottgewollte Hierarchie war auch im Irdischen nicht anzutasten. Hebel selbst hat das Seine zu tun versucht, dem eigenen Weltbild gerecht zu werden, als Literat und Lehrer und später auch als einer der ersten bürgerlichen Parlamentarier der deutschen Geschichte.

Und nur, wenn man sich dieses Ethos vor Augen hält, leuchtet ein, weshalb Hebel im *Rheinländischen Hausfreund* das «größte Genie des Handelns», Napoleon, der «die ganze rückständige, verfaulte, verkalkte Welt der Feudalitäten und Diplomaten, der Salonschwätzer und Papierstrategen in die Luft» gesprengt habe, zum gütigen Heilsbringer verklären wird.[2] «Napoleon stellt», erklärt der Erzähler darin, «in seinem unglücklich gewordenen Vaterlande die Ruhe und Ordnung wieder her.» Doch auch Napoleon, «der große Held», hochtalentiert und schicksalsbegünstigt, handelt letzten Endes nur als Gottes

Handlanger: Gott habe ihn, erläutert der Erzähler weiter, «in so kurzer Zeit, und durch so viele Gefahren unversehrt bis auf den neuen Kaiserthron geführt.»[3]

Hebel hat sein geschichtsphilosophisches Rührstück *Kaiser Napoleon und die Obstfrau in Brienne* im Jahr 1809 geschrieben.[4] Da hatte Napoleon sich selbst zum Kaiser der Franzosen ernannt. Der Russlandfeldzug stand ihm noch bevor.

Identitätsstiftung

In diesem Zusammenhang ist denn auch die politische Wirkung zu sehen, die die *Alemannischen Gedichte* – durchaus auch zum Erstaunen ihres Autors – entfaltet haben. Sie stiften zunächst Identität für all jene, die zur Markgrafschaft Baden gehören, wobei das identitätsstiftende Moment nach 1805 umso wichtiger wird, als sich die Markgrafschaft um die Gebiete der Kurpfalz und Teile des vormaligen österreichischen Herrschaftsgebiets erweitert und zum Großherzogtum Baden anwächst. Doch über diesen Rahmen wirken die Gedichte bald hinaus.

Indessen ist klar, dass zu der Zeit, als Hebel die *Alemannischen Gedichte* veröffentlichte, sie in erster Linie regionalen Charakter hatten, also einen gleichsam badischen Patriotismus erwecken konnten, der dann auch bruchlos in den Rheinbund Napoleons zu fügen war. Auch unterschied sich der damalige, von Herder geprägte und in Hebels Gedichten und Geschichten gemeinte Nationalbegriff noch wesentlich von jenem nationalen Denken, das in der zweiten Hälfte des 19. Jahrhunderts die Debatten wie die Politik beherrschte. Der Heimatbegriff, wie er den *Alemannischen Gedichten* innewohnt, ist noch rein kulturell begründet und vor allem regional gemeint. Dies lässt sich auch daran ablesen, dass der Autor, einer Gepflogenheit des 18. Jahrhunderts folgend, seine Sammlung ausdrücklich in die Tradition der antiken Bukolik, der Natur- und Hirtendichtung rückt und auf dem Titelblatt der Erstausgabe als Motto einen Vers aus

Vergils *Bucolica* verwendet: «Sylvestrem tenui musam meditabor avena.»[5]

Diese Verankerung gilt generell für den Nationalbegriff dieser frühnationalen Epoche, sie gilt für Herder ebenso wie für Klopstock und selbst die Romantiker um Achim von Arnim und Clemens Brentano, die mit ihrer revolutionären Liedersammlung *Des Knaben Wunderhorn*, in drei Bänden zwischen 1806 und 1808 erschienen, bewusst im Sinne eines erwachenden überregionalen, landschaftsübergreifenden Nationalbewusstseins wirken wollten: Sie alle begründeten die Vorstellung von Nation über kulturelle Faktoren, über Sprache, Geschichte, Brauchtum, Volkskunst, Literatur.

Der anhaltende und sogar wachsende Erfolg der *Alemannischen Gedichte* ist signifikant für ihren Einfluss auf diese frühe Phase des nationalen Einheitsbewusstseins in Deutschland. Genau das charakterisiert später auch die Kalendergeschichten wie überhaupt das Publikationsorgan, in dem sie veröffentlicht sind: den *Rheinländischen Hausfreund*, die jährlich erscheinende regionale Zeitschrift für Kultur, Politik, Wirtschaft und Vermischtes aus aller Welt.[6] So werden denn auch die *Gedichte* nicht von ungefähr als «deutsche» Gedichte, bezeichnet, und das hieß: als Teil einer neuen nationenbildenden Literatur. Die im Lauf des 19. Jahrhunderts unternommenen Versuche, die *Alemannischen Gedichte* nicht nur ins Hochdeutsche, sondern auch in andere deutsche Dialekte zu übersetzen, ist ebenfalls in diesem Zusammenhang zu sehen: Auch in jedem anderen regionalen oder nationalen Zusammenhang schienen sie ihre identitätsstiftende Wirkung zu entfalten.

Gerade der Dialekt, so begann man seit Herder zu glauben, sei Ausdruck ursprünglichen Volkscharakters, verweise unmittelbar auf Geist, Wesen, Sitte eines Volkes, eines «Stammes». Bekanntlich hat Herder die Möglichkeit zunächst regionaler und dann nationaler Identitätsstiftung mit nachhaltigem Einfluss für den nationalen Bildungsprozess nutzbar gemacht.[7] Wer Volkslieder singt, Sagen erzählt und aufschreibt, wer in der angestammten Sprache dichtet, heißt das im Klartext, bekennt sich zur Heimat, zum Vaterland und dann, ab Mitte des 19. Jahrhunderts, zur Nation – dass vier der Gedichte

Hebels, darunter das beschwingte *Freude in Ehren*, vertont wurden und den ersten Auflagen sogar die Notenblätter beigeheftet waren, gehört in diesen Zusammenhang.

IX.
Berufsschriftsteller und Redakteur

Bescheidenheit und unverhoffter Ruhm

Zu Beginn des Jahres 1803 also konnte Hebel endlich die mit allerlei Vorschusslorbeeren bedachte Botschaft seiner *Alemannischen Gedichte* in die Welt senden. Dem Brief, den er sogleich an seinen Freund Hitzig abschickt, ist die Erleichterung darüber abzulesen: «Die allemanischen Sommervögelein», schreibt er beschwingt, «hast du nun, o Zenoides, ohne Zweifel erhalten und bereits ausfliegen lassen. Ich wünsche, daß alles complett und richtig sich erfunden habe und die armen Thierlein mit ihren blöden Fittigen eine gute Aufnahme finden mögen.»[1] Es geschieht, was ein Autor nur wünschen kann: Alsbald erhoben sich allenthalben die Meinungen.

Für Dichter wie Johann Georg Jacobi war Hebel der Vertreter einer neuen Generation, der Jacobi gleichwohl aufgeschlossen gegenüber stand – was Hebel dem gläubig Aufgeklärten, antirevolutionär Gesinnten auch nicht allzu schwer machte. Man kann sich dennoch vorstellen, mit welcher Spannung ein Mann wie Jacobi die Veröffentlichung der *Alemannischen Gedichte* erwartet haben muss. Und die Erwartung war vielleicht umso größer, als Jacobi bereits vor Erscheinen des Buches von Hebel Abschriften der Gedichte erhalten hatte.

In einem Brief hatte dann Jacobi Zustimmung durchblicken lassen,[2] eine lobende Kritik folgte bereits im Februar. Und nach Jacobi äußerte sich der verehrte Jean Paul, und nach Jean Paul äußerte sich ein anonymer Rezensent in der renommierten Halleschen *Allgemeinen Literatur-Zeitung*, eine Kritik, die Hebel, wie er jedenfalls in einem Brief an Hitzig mitteilt, «unter allen am meisten» erfreut haben soll. Der Verfasser, «wahrscheinlich ein Süddeutscher oder Schweizer», habe «am völligsten» erfasst, «was ich geben wollte, und er hat mir ja doch mein liebes Spinnlein gelobt (...)»,[3] eines jener entzückenden Gedichte, in denen Hebel das «Spinnlein» in ein Sinnbild der von Gott in Natur und Mensch gelegten unermüdlichen Arbeitsamkeit und Tüchtigkeit verwandelt («Es seit: ‹Me baut sie halber z'tod, / doch freut's ein au, wenn's Hüsli stoht.›» *Es sagt: ‹Man schafft von früh bis spät / und freut sich auch, wenn's Häuslein steht›.*[4])

Und schließlich, nach dem Anonymus, als 1805 die zweite Auflage erscheint, äußerte sich Goethe. Kein Wunder, dass Goethe von Hebels *Alemannischen Gedichten* begeistert war und in seiner am 16. Januar 1805 in der *Jenaischen Allgemeinen Literatur-Zeitung* erschienenen Rezension jenen oft zitierten Satz schrieb, Hebel habe «Naturgegenstände» wie etwa «Felsen, Quelle, Bäume» in «Landleuten» personifiziert und so auf die «naivste, anmutigste Weise, durchaus das Universum verbauert»[5] – eine Wortwahl, die heute missverständlich wirken kann, indem sie zu suggerieren scheint, Hebel habe die feinsinnigen geschichtsphilosophischen Spekulationen des Idealismus vergröbert, versimpelt, sozusagen in einen sackleinernen Bauernkittel gesteckt. Gemeint war das Gegenteil: Hebel sei es – als erstem – geglückt, seine mit aufklärerischer Vernunftreligion durchtränkte Ansicht vom sinnvollen Bau des Universums im bäuerlichen und kleinbürgerlichen Milieu zu spiegeln.

«Das Lokal», schreibt Goethe weiter, also die Landschaft, sei «dem Dichter äußerst günstig. (...) Heiterkeit des Himmels, Fruchtbarkeit der Erde, Mannigfaltigkeit der Gegend, Lebendigkeit des Wassers, Behaglichkeit der Menschen, Geschwätzigkeit und Darstellungsgabe, zudringliche Gesprächsformen, neckische Sprachweise» – diese ganze Palette an Motiven und Ausdrucksformen stehe Hebel «zu Gebot», um darzustellen, «was ihm sein Talent eingibt». Wende man daher auch das «Auge an den Himmel», so finde man «die großen leuchtenden Körper auch als gute, wohlmeinende, ehrliche Landleute». Ganz im Sinne aufklärerischer Lehrhaftigkeit vergisst Goethe auch nicht, auf Hebels Absicht hinzuweisen, zur «Sittlichkeit» anzuhalten: «Fleiß, Tätigkeit, Ordnung, Mäßigkeit, Zufriedenheit» sei allenthalben «das wünschenswerte, was die ganze Natur ausspricht».[6]

Goethes Enthusiasmus hatte freilich auch einen handfesten Grund: Er sah in Hebels mundartlichem Werk ein wirksames Gegenmittel gegen die gesellschaftlichen und ästhetischen Künstlichkeiten seiner Zeit.[7] Hebel erschien ihm gleichsam als geistiger Impfstoff gegen das faule Gift romantischer Mittelalter-Mystik und wohl auch gegen die Zuckerbäckerblüten eines Nach- und Spät-Rokoko, jener Epoche eben, die Schiller in seinem Kolportage-Thriller *Kabale und Liebe* in der Figur des Hofmarschalls Kalb lächerlich zu machen suchte und auf die das 19. Jahrhundert verächtlich als «Zopfzeit» und «Affenjahrhundert» herabblickte.

Einer nur äußerte sich nicht, dessen Urteil Hebel wohl am meisten am Herzen gelegen hätte: Johann Heinrich Voß, der Philologe, der als erster Homers *Illias* ins Deutsche übertragen hatte und damit den heroischen Geist des Epos den deutschsprachigen Ländern erschloss. Der aus dem mecklenburgischen Sommerstorf bei Waren gebürtige Voß hatte selbst Verse in seiner niederdeutschen Mundart verfasst. Voß war zudem die Koryphäe für antikes Vermaß, er hätte vielleicht am besten Hebels Geschick, das Alemannische in Hexametern zu binden, zu schätzen gewusst. Hebel selbst scheint Goethe in dieser Hinsicht für weniger kompetent zu halten. Als er von dessen Rezension erfuhr, schrieb er an den Freund Hitzig: «Mad. Voß läßt mir sagen, daß eine Recension der allem. Gedichte von Goethe nächstens in der Jenaer A. L. Z. [Allgemeinen Literatur-Zeitung] erscheinen werde. So hoch mir Goethes Name tönt, so hätt' ich sie doch lieber von Voß selber gesehn.»[8]

Den anbrandenden Ruhm aus der gelehrten Welt konnte Vossens Schweigen gleichwohl nicht bremsen, und im Jahre 1804 hatte Hebel sogar die Genugtuung gehabt, den Philologen persönlich kennenzulernen. Voß, «dieser gesang- und kampfrüstige Heros»,[9] wie Hebel ihn nennt, erschien für eine Woche in Karlsruhe, weil dort sein Sohn bei Friedrich Weinbrenner studierte.[10] Wie Hebel danach in einem Brief an Hitzig berichtet, habe er beinahe jeden Tag in Voß' Gesellschaft verbracht und eines Nachmittags ihm und seiner Frau aus den *Gedichten* vorgelesen, unter anderem *Die Mutter am Christabend* und den *Wächterruf.* Voß nun, offensichtlich gestützt auf die Autorität seiner Gelehrsamkeit, habe ihm daraufhin geraten, «mehr Sorgfalt auf den Hexameter zu wenden und da, wo ich selber, erzählend oder belehrend spreche nicht beym gemeinen Dialekt zu bleiben, sondern ihn durch das Studium und die Vergleichung der alten alem.[annischen] Schriftsteller zu veredeln, und zu seiner Ursprünglichkeit zurückzuführen».[11]

Vielleicht wollte Voß, den Hebel im selben Brief gar als «Fixstern» und «Sonne» bezeichnet, sich durchaus selbst bestätigen, jedenfalls: Schon diese knappen Äußerungen lassen erkennen, dass Voß ein anderes, tatsächlich akademischeres Konzept von Literatur verfolgt, das maßgeblich auf die Geschichtsschreibung und das historische Erzählen des 19. Jahrhunderts einwirkt und das Seinige dazu beiträgt, den Weg für die quellenkundlich gestützte Forschung zu ebnen. Wie es dem Denken der Zeit um 1800 nicht fremd war, zieht Voß nun den Schluss: Wer den Stil der alten Dichter, alten Chronisten, alten Epiker nachahmt, der wird so echt, so ursprünglich, so unmittelbar wirken wie eben jene Alten. Dass dem keineswegs so ist, scheint Hebel gespürt zu haben. Auf Vossens Vorschlag jedenfalls reagiert er skeptisch: «Soll ich ihm folgen?»[12]

Hätte irgendeine Laune der Geschichte Hebel ein paar Jahre zuvor mit Voß zusammentreffen lassen, und wäre Hebel ihm dann gefolgt, so würden Hebels Gedichte vermutlich weniger frisch, weniger echt, kurz: weniger realistisch und keinesfalls kunstvoller wirken. Es war wohl doch gut, dass Goethe, nicht Voß, sie rezensierte.

Bei all seinem auch in dieser Kritik gepflegten Überlegenheitston hat Goethe nämlich scharfsichtig erkannt, dass es gerade die von Hebel gewählte sprachliche Form ist, die die Gedichte so eingängig und verständlich macht. Tatsächlich musste sich Hebel in seiner eigenen Vorstellung von Literatur bestätigt glauben – und zunächst vielleicht mehr, als ihm lieb war: Im ersten Moment lösten seine Gedichte bei den Lesern daheim im Wiesental nicht nur Begeisterung aus. «Personen, die ich nicht kenne, glaubten da und dort, sich, ihre Schicksale und persönlichen Eigenheiten angedeutet zu sehen, und fanden sich dadurch betrübt oder beleidigt», teilt er in der Vorrede zur vierten Auflage 1808 mit.[13] Das Problem sollte bekanntlich hundert Jahre

*Hebel. Pastell von
Philipp Jakob Becker
(um 1810).*

später auch Thomas Mann mit seinen *Buddenbrooks* haben – nur, dass Thomas Mann Ähnlichkeiten mit lebenden Personen nicht nur billigend in Kauf genommen, sondern beabsichtigt hatte. Solche auktorialen Racheakte lagen dem friedfertigen Hebel fern, dennoch hätte auch er sich keine bessere Anerkennung seiner anschaulichen Darstellungskunst wünschen können.

Hat also Hebels Karlsruher Verleger, hocherfreut über den unverhofften Erfolg, rasch eine lediglich orthographisch überarbeitete zweite Auflage folgen lassen, so muss sich der Leser in der 1806 erscheinenden dritten Auflage statt etwa mit der anschaulichen Wendung «'s Vreneli gscheit wiene Pfarrer, schön wie der Morge» *(und die Vroni, klug wie ein Pfarrer und schön wie der Morgen)* mit dem matten «'s Vreneli voll Verstand und wie der Morge so lieblig» *(und die Vroni, sehr intelligent und nett wie der Morgen)* zufriedengeben. Der Autor selbst macht sich über die schwächere Wirkung einzelner Verse nichts vor: «Die dritte Ausgabe der allem. Gedichte ist vor der Thüre, oder vielmehr vor dem Setzerkasten und der Presse und soll in allen mit Grund getaldelten und angefochtenen Stellen, wo nicht besser, doch anderst, ja schlechter werden.»[14]

Immerhin aber zieren diese dritte Auflage drei Kupferstiche des Straßburger Meisters Benjamin Zix. Hebel selbst scheint an dieser Illustration viel gelegen zu sein, eine der Druckplatten bezahlt er aus eigener Tasche. Offenbar aber war er mit Zixens Stil dann doch nicht vollkommen glücklich. Seinem Urteil zufolge, vertraute er dem Straßburger Freund Gottfried Haufe an, seien Zix' Frauengestalten «viel zu edel, die Figur zu groß, das Gewand zu flottant». Man glaube, «eher eine Gottheit, die sich in der fremden Kleidung nicht ganz verbergen kann, als ein Bauernmädchen zu erblicken».[15] Tatsächlich erinnern diese spinnenden Mägde und kinderwiegenden Mütter in ihren sanft fließenden, faltenreichen Gewändern und repräsentativen Haltungen an die klassizistischen Frauenfiguren Jacques-Louis Davids, des pathosbeflügelten Ikonographen der Französischen Revolution. Auch der Hintergrund mit seinen prächtigen Betten, mächtigen Kachelöfen und hohen Balkendecken erinnert eher an städtische Bürgerpalais als an Bauernstuben. So gesehen, bürsten die Ansichten des Straßburger Künstlers Hebels Realismus gegen den Strich – und das erkennt Hebel klar, kann es aber in seinem künstlerischen Wert auch würdigen: Im selben Brief bemerkt er, wenn auch «(u)nsere Landleute (…) in den Figuren ihr Original nicht ganz erkennen» werden, so würden sie doch entschädigt durch die «Erhöhung der Copie ins Geschmackvollere und Edlere, mit der sie der Künstler zu verschönern wußte.»[16] Gerade deswegen vermitteln diese Stiche einen Reiz verklärten, wirklichkeitsfernen Landlebens, der manchen Städter hingerissen haben mag, das Buch zu kaufen. Somit war der Zweck der Illustration erfüllt.

Hebel kann gewiss zufrieden sein in diesen Karlsruher Jahren. Manchmal sogar, in Augenblicken aufgeräumter Stimmung, triumphiert ein Gefühl rauschhaften Überschwangs über die gewohnte Zurückhaltung. «Ich kann in gewissen Momenten inwendig in mir unbändig stolz werden, und mich bis zur Trunkenheit glücklich fühlen, daß es mir gelungen ist, unsere sonst so verachtete und lächerlich gemachte Sprache classisch zu machen, und ihr eine solche Celebrität zu ersingen», gesteht er seinem Freund Hitzig.[17] «Wo hätte ich träumen können», hat er sich zuvor gegenüber seinem Freund und ehemaligen Schüler, dem Lörracher Präzeptor und nachmaligen Mannheimer Altphilologen Friedrich August Nüsslin vernehmen lassen, «daß die anspruchslosen alemannischen Gedichte, die nun bald die dritte Auflage erleben, solche Aufmerksamkeit der Gebildeten und selbst den Beifall von Männern wie Jacobi, Jean Paul und Voß erhalten würden.»[18]

Dass er aber auf seine eigenen Verse auch vor ihrer Veröffentlichung stolz war, offenbart sich darin, dass er sich nach Kräften um deren Veröffentlichung bemüht hatte. Schwungvoll wie immer, wenn er sich an die alten Vertrauten im Wiesental wendet, gab er bereits im April 1802 seinem Freund Hitzig detaillierte Anweisungen, wie dieser die Basler Verleger davon überzeugen solle, das Manuskript der *Gedichte* zu veröffentlichen, wie er es also anstellen solle, diesen Basler Herren «einen Strick um den Hals zu werfen» – da spricht der Zundelfrieder aus ihm, nicht umsonst hat er die halbe Kindheit auf dem Dorf verbracht. Dafür gibt er nun verkaufspsychologisch fein abgestimmte Handreichungen: «Das heißt, du übergibst ihm denselben Bogen und beobachtest ihn, während er liest, besonders die Bewegung der Muskeln um Mund und Nase.»[19]

In der Tat, er kann zufrieden sein. Und da nun seine Gedichte überall ankommen, bei Gelehrten und Ungelehrten, bei den Wiesentalern, denen sie gewidmet sind, und bei denen, die nicht im alemannischen Sprachraum zu Hause sind, kann sich Hebel plötzlich von einer imaginären Hörergemeinde umschart sehen – eine Vorstellung, die ihm die Wunsch gebliebene Oberländer Pfarrgemeinde ersetzen musste. Die geheime Hoffnung, mit einem Buch eine solche Hörergemeinde zu versammeln, auch sie mag ihn zu seinem Werk bewegt haben.

Der flügellahme Pegasus

Wäre es nach Hebel gegangen, so hätte es nach diesem öffentlichen Wirbel mit der Schriftstellerei auch getrost sein Ende haben können. Immerhin steht der Beruf an erster Stelle. Das Schreiben, die Schriftstellerei ist bei aller Verehrung, aller Autorität, die die großen Autoren und Denker genossen, noch immer mit einem leisen Ruch der Unseriosität behaftet. Das war der Grund, weshalb viele Autoren, die noch nicht durch eine anerkannte Schrift etabliert waren, aber in geachteten Berufen standen, ihre Werke anonym oder unter Pseudonym erscheinen ließen.

Auch Hebel machte sich die Gepflogenheit vieler seiner literarischen Kollegen wie etwa Winckelmann zunutze. In der ersten Ausgabe ließ er lediglich seine Initialen abdrucken, und auch diese erst auf dem Widmungsblatt: «(...) meinen guten Verwandten, Freunden und Landleuten in Hausen im Wiesenthal zum Andenken gewidmet von J. P. H.» Wie die bereits erwähnten beleidigten Reaktionen aus den Reihen des Wiesentaler Publikums nahelegen, war die Identität des Verfassers dort leicht zu erraten. Außerhalb des Wiesentals jedoch dürfte das weniger eindeutig gewesen sein. Jedenfalls verbergen sich hinter dieser halbanonymen Veröffentlichung sicherlich nicht nur Hebels Scheu und Bescheidenheit.[20] Dahinter steckte wohl auch ein gewisses karrieretechnisches Kalkül: Kam die Sache an, so ließ sich in den folgenden Ausgaben noch immer der volle Name auf den Titel setzen. Auch war dann die gesellschaftliche Anerkennung gewiss, der in harten Jahren erarbeitete Ruf, und mit ihm die berufliche Laufbahn, nicht gefährdet.

So kam es dann auch. Schon aus der zweiten Ausgabe von 1804 konnte jeder Leser erfahren, wer für den Inhalt verantwortlich zeichnet: «J. P. Hebel, Professor in Carlsruhe.» In dieser Titulierung schwingt durchaus leiser Stolz auf die erreichte Position mit. Und legt ihm diese nicht genug Verpflichtungen auf? Hat er nicht schon genug an seinen Aufgaben als Professor und Lehrer zu tragen? Schließlich ist er ja auch noch Ehrenmitglied der Mineralogischen Gesellschaft in Jena und jetzt, 1805, zudem Kirchenrat.

Da im Leben das Wichtigste meist zur gleichen Zeit kommt, im Unglück wie im Glück, stand er nun mit einem Mal auch im Zentrum der öffentlichen Aufmerksamkeit. Er war die literarische Zelebrität der aufstrebenden Residenzstadt. Er bewegte sich dort, «wo die Hofluft weht», wie er seinen Aufstieg in die Gesellschaft mit geschickt selbstironischer Kokettheit nennt.[21] Und bald, nachdem die *Alemannischen Gedichte* erschienen sind, lädt Karl Friedrich, der Markgraf, den Dichter auf sein Schloss, wo er die Ehre hat, vorlesen zu dürfen. Jetzt endlich auch hat der um Entwicklung und Ruf seines Landes besorgte Markgraf einen bekannten Literaten in seiner Residenz, nachdem er sich vergebens bemüht hat, den berühmten Klopstock dauerhaft an seinen Hof zu ziehen. Den Abschied dieses Dichters, der beinahe im Ruf eines Propheten stand, muss Karl Friedrich als Verlust empfunden haben. Für die europäischen Fürsten war es allein schon eine Frage des Prestiges, Künstler, Dichter, Dirigenten und Komponisten an ihre Höfe zu ziehen, mochte dieser Hof auch noch so klein sein. Hinzu kam, dass im Zuge des aufklärerischen Bildungsprogramms die Pflege der Künste mehr und mehr nicht nur der Repräsentation diente, sondern Teil eines Gesellschaftsverständnisses war, das den mündigen, selbstdenkenden Bürger wie das verantwortungsvolle Staatsoberhaupt im Dienste des Gemeinwohls sah. Gerade einem den Zeitströmungen aufgeschlossenen Fürsten wie Karl Friedrich war daran gelegen, nicht nur Ökonomen, Juristen, Wissenschaftler, Verwaltungsbeamte an seinem Hof zu haben, sondern eben auch die intellektuelle und musische Bildung zu fördern.[22] Und dieser plötzlich bekannt gewordene Literat war, das zeichnete ihn vor Klopstock aus, ein Landeskind, ein Professor in seinen Diensten.

Zwar ist Hebel inzwischen von der Verpflichtung befreit, regelmäßig zu predigen, aber er predigt trotzdem noch. «Bis Ostermontag», teilt er Gustave mit, «habe ich eine Predigt. Ietzt iährlich nur noch drei.» Er denkt auch an eine Veröffentlichung dieser Predigten: «Wenn ich genug Muße bekomme, so möchte ich fast ein par Dutzend Predigten für den Druck zurecht machen, weil mich die Leute glauben machen, sie seyen nicht so schlecht, als sie seyn könnten, und weil [ich] mir durch die alem. Gedichte einigen Credit erworben habe.»[23]

Wie so oft in der Unterhaltung gerade mit Gustave Fecht gewinnt wieder die Haltung der Bescheidenheit die Oberhand. Auch braucht er immer wieder, Erfolg hin oder her, die Bestätigung der Freunde, der Zuhörer, des Publikums, um sich zur literarischen oder in diesem Falle auch publizistischen Arbeit berufen zu fühlen. Dennoch: Die Aussicht, über den engen Kreis der Schüler, Freunde und Kirchen mitglieder hinaus zu wirken, übt ihren Reiz auf ihn aus. «Es ist eine eigene Sache mit dem Büchlein machen», fährt er beinahe kokett fort, «besonders bey mir.» Das hat allerdings auch einen handfesten materiellen Grund: «Denn», fügt er erklärend an, trotz der Gehaltserhöhung sei «mit der Besoldung (…) einmal ohne Schulden nimmer auszukommen, wenn man nicht etwas neben her praktiziert, und vor Schulden bewahre mich der Himmel.»[24]

Im Überfluss lebte Hebel sicher nicht, auch deshalb nicht, weil er als Autor nicht an den Einnahmen seiner Bücher beteiligt war: Wenn überhaupt, so zahlte ein Verleger ein einmaliges Honorar und erwarb damit unwiderruflich sämtliche Rechte am Manuskript. Zur Zeit der *Alemannischen Gedichte* war es zwar durchaus schon üblich, den Autor an den Einnahmen seines geistigen Eigentums zu beteiligen, doch beruhte das auf persönlichen Abmachungen mit dem Verleger, der wie zu dieser Zeit üblich auch Buchhändler in einer Person war. Nur die arrivierten Schriftsteller wie Goethe, in ihren späteren Jahren auch etwa Herder oder Wieland, konnten Sondervergütungen aushandeln. Die gegen Ende des 18. Jahrhunderts sich langsam durchsetzende Tendenz, auch bei weiteren Auflagen Honorare zu zahlen, kam dann auch Hebel zugute: Offenbar war sein Karlsruher Verleger Carl Friedrich Macklot von dem raschen Absatz derart eingenommen, dass er seinem Autor für die zweite Auflage von 750 Exemplaren ein Honorar zukommen ließ.

Hebel allerdings hatte sich noch mit ganz anderen Dingen herumzuschlagen. Wie von Beginn ihres Briefwechsels an ließ er besonders Gustave Fecht, so gut es seine Zeit erlaubte, an seinen alltäglichen Angelegenheiten teilhaben – wenn er schon außerstande war, mit ihr zu leben, so sollte sie ihm immerhin als Geist und Vorstellung so nahe wie möglich sein. So klagt er im Frühjahr 1804 mit beinahe Thomas Mann'scher Akribie über seinen Gesundheitszustand: «Ich hatte Catthar, der ward zum Schnuppen, detaschirte sich zur Abwechslung bisweilen in die Ohren, so daß ich in Gesellschaft, wo mehrere redeten, oft nur ein allgemeines Sausen vernahm, dann kehrte es zum Catarh zurück und endigte, wenns anders vorbei ist, mit Halsweh.»[25]

Und überhaupt: Es schien, als habe sich nun, da er sich die *Alemannischen Gedichte* in zwei fruchtbaren Jahren von der Seele geschrieben hatte, die Muse wieder von ihm verabschiedet. «Ich habe», teilt er Gustave Fecht im März 1804 mit, als die zweite Ausgabe bevorsteht, «ich habe nach und nach ein 2tes Bändchen von A. G. zusammenstoppeln wollen. Aber dieser heilige Geist, der mich damals umschwebte, will nimmer über mich kommen (...).»[26] Und Nüsslin vertraute er einige Monate später an: «Ach, lieber Freund, dieser Beyfall hat mich zur Fortsetzung nicht aufgemuntert, sondern verzagt gemacht. Ich mag ihn nicht selber wieder wegsingen. Der Geist, der damals so stille über mir schwebte, ist beschrieen, und, ich fürchte, verschwunden.»[27]

Hebel erklärt sich den Mangel an Inspiration, diese produktive Unlust, mit der Fügung des Geistes. Auch hatte er sicher das Problem, das mancher Künstler hat, dessen Erstling ein überwältigender Erfolg wird: Er stand gleichsam im Schatten seiner selbst.

Es scheint aber auch, als hätte er sich, indem er die Heimat «von Utzenfeld bis Lörrach» mit ihren Dörfern und «Stauden und Hecken»[28] beschrieb, diese Heimat geistig erst ganz gewonnen, so dass er sie nun seelisch mit allem, was ihn geprägt hatte, verabschieden konnte. So gesehen, darf man wohl behaupten, dass die literarischen Werke, die Hebel im Anschluss noch schrieb, ohne die Gedichte nicht zustande gekommen wären. Und das, was noch kam, gilt heute, außerhalb des eingeschworenen Hebel-Kreises, als die eigentliche literarische Leistung des Lehrers und Theologen – wobei gerade die Gedichte in ihrer literaturgeschichtlichen wie auch biographischen Bedeutung kaum hoch genug einzuschätzen sind.

Hebel entsagt der Pfarre und bleibt in Karlsruhe

Dann aber, mitten hinein in die angespannte Tätigkeit, in die
er sich stürzt, um die dritte Auflage der *Alemannischen Gedichte* vorzubereiten – seinem Verleger Macklott wirft er mangelnden «Muth
und Unternehmungsgeist» vor[29] – platzt die Nachricht: In Freiburg
wird eine Pfarrstelle frei! Und Hebel könne sie, wenn er wolle, übernehmen. Das heißt also nichts anderes, als dass er jetzt, wo er endlich
in Karlsruhe arriviert und sogar weit über Karlsruhe hinaus bekannt
ist, kurz vor der Erfüllung seines Lebenstraums steht. Doch um genau
zu sein: Er stünde kurz vor der Erfüllung. Denn es ist fraglich, ob er
sich angesichts seiner erfolgreichen Karriere in der Residenzstadt
noch immer wirklich nach einem Pfarramt sehnt. Wäre nicht schlüs-
siger anzunehmen, er wolle eigentlich lieber in Karlsruhe und seiner
«Hofluft» bleiben, kann sich das aber selbst nicht eingestehen? Tatsache jedenfalls ist, dass er sich nicht entscheidet, sondern die Entscheidung, indem er zögert, in die Hände des Markgrafen legt. «Ich
bleibe», schreibt er am 11. Januar 1807 an Gottfried Haufe, «in Carlsruhe, wie es scheint. Unter anderm wills der Großherzog haben, was
mir sehr lieb ist, damit ich nicht selber wählen darf. Von Straßburg ist
Freyburg so weit, wie CRuhe, was ich in große Betrachtung zog.»[30]

Damit ich nicht selber wählen darf: Indem er diese in der Tat
höchst prekäre Entscheidung dem Landesherrn überlässt, vermeidet
er es, gegen den Wunsch der toten Mutter zu verstoßen, er solle
Pfarrer werden. Damit legt er die Entscheidung, in Karlsruhe zu bleiben, in die Hand einer Instanz, deren Autorität unbestreitbar ist. Er
braucht nun kein schlechtes Gewissen zu haben, dem Wunsch der
Mutter nicht nachgekommen und seinem eigenen, sich selbst vermutlich uneingestandenen Wunsch gefolgt zu sein. Und umso weniger, als eine Gehaltszulage und die Einladung zur Tafel des inzwischen von Napoleon zum Großherzog erhobenen Karl Friedrich
den Aufenthalt in Karlsruhe noch einmal attraktiver machen und
abermals als offizielle Bestätigungen seiner Verdienste sein Verhalten
in dieser Sache legitimieren. Daher auch kann die Reise nach Frei-

burg, die er um Weihnachten 1806 unternimmt, nichts an dieser Entscheidung ändern. So schreibt er kurz zuvor, am 3. Dezember 1806, an Gustave Fecht: «Denn wer nur Ja sagen darf, um Stadtpfarrer und Universitätsprediger in Freyburg zu seyn, das bin ich. – Ist mir so etwas an der Wiege gesungen worden? Steht so etwas im Bohnenlied? Die Stelle ist mir angeboten. Sie können denken, wie viel ich in beide Wagschalen zu legen habe, wie es an mir zieht, und zurückhält. Ich wollte mich augenblicklich auf die Post setzen, und hinaufreisen um mich droben zu entscheiden, aber das Wetter ist gar zu stürmisch. Unterdessen schwanke ich unentschlossen hin und her wie ein Uhrenperpendikel.»[31] Nachdem er versichert hat, «wie wert ich meinen hiesigen Freunden bin», rechtfertigt er sich vor Gustave für sein anhaltendes Zögern: «Ich habe Sie nie getäuscht, wenn ich sagte, dass ich nicht in CR. bleiben wolle. Auch habe ich diesen Vorsatz nie geändert, nur von einem Jahr auf das andere verschoben.»[32]

Aus dem «Badischen Landkalender» wird der «Rheinländische Hausfreund»

Nun, da durch Anordnung des Landesherrn entschieden ist, dass er in Karlsruhe bleiben wird, kommt auch prompt eine neue berufliche Aufgabe auf ihn zu: Wieder ist es sein Förderer Friedrich Nikolaus Brauer, der ihn wissen lässt, er solle in die Redaktion des *Badischen Landkalenders* eintreten, für den Hebel bereits seit 1802 als Autor tätig ist. Brauer scheint sehr genau zu wissen, warum er gerade Hebel in die redaktionelle Verantwortung einbinden will. Bekanntlich war der seit Mitte des 18. Jahrhunderts vom Karlsruher Gymnasium herausgegebene Landkalender mit dem schon damals gewunden klingenden Titel «Kurfürstlich badischer gnädigst privilegierter Landkalender für die badische Markgrafschaft lutherischen Anteils» in eine «akute Absatzkrise»[33] geraten. Längst war dieses noch dem Geist einer didaktisch autoritären Aufklärung von oben verpflichtete Periodikum unzeitgemäß geworden. Schlechter Druck und schlechtes Papier waren ebenfalls nicht die rechten Mittel, den Absatz zu steigern. Auch der Versuch, jedem lutherischen Haushalt qua polizeilicher Verfügung ein Exemplar aufzudrängen, scheiterte am Widerstand der nunmehr sich renitent zeigenden Untertanen. Dass Hebel tatsächlich Brauers Mann war, zeigte sich bereits an seiner Polemik gegen Titel und Inhalt des alten Kalenders, die nichts anderes enthielten als «die treuherzige Warnung: Kaufe mich nicht, dich gehe ich nichts an.»[34]

In dieser Lage beruft Brauer, inzwischen zum Staatsrat aufgestiegen, eine Kommission ein, zu deren Mitgliedern auch Hebel gehört. Der scheint sich zwar zunächst gegen die neue Arbeitsbelastung zu sträuben, kann dann aber doch nicht anders, als die Herausforderung mit ganzem Einsatz anzunehmen. Er ergreift sogar selbst die Initiative und verfasst ein «unabgefordertes Gutachten über eine vorteilhaftere Einrichtung des Kalenders»,[35] in dem er scharfsichtig die offenkundigen Mängel des bestehenden Kalenders benennt. In vergleichsweise vertraulichem Ton schreibt er an Brauers Adresse, man könne sich, «(u)nter uns», gestehen, der Kalender gehöre «in Ansehung des Drucks, Papiers, Umfanges und jeder äußeren Ausstattung zu den schlechtesten (…), die auf einen deutschen Jahrmarkt kommen.» Dabei, geht er gleich in die Offensive, «müßte ohne Zweifel in dem Ausland eine große und für unseren Kalender im ersten Jahre lukrative Sensation erregt werden, wenn es allgemein bekannt würde, dass die Leseartikel desselben unter der Aufsicht des Landeskonsistorii von einem Oberhofprediger, einem Obermedizinalrat, einem Superintendenten und zwei Professoren bearbeitet werden.»

Hebel also will, kurz gesagt, das Marketing dadurch verbessern, dass durch die Nennung der Autoren die personelle Kompetenz des Kalenders hervorgehoben und so die Leser-Blatt-Bindung gefördert wird. Dann beruft er sich auf ähnliche Kalender wie etwa den *Basler Hinkenden Boten* oder den von dem Erzähler, Publizisten und Volksaufklärer Heinrich Zschokke zuerst in Luzern und seit 1804 in Aarau herausgegebenen *Schweizerboten*, an deren leserfreundlicher Aufmachung und günstigem Preis (so koste der *Schweizerbote* «mit neun Bogen, viel Rot, zwölf Vignetten und vier Platten in Basel nur

8 Kreuzer») sich der *Badische Landkalender* orientieren könne. Dann schlägt er qualitative Änderungen vor: Zunächst bedürfe es eines griffigen Titels, wie etwa *Luginsland* oder auch *Jährlicher Hausfreund*, eines «Aushängeschildes» jedenfalls, das statt eines «allgemeinen Titelnamens» einen konkreten Sachverhalt benenne, wie etwa *Iris* statt *Freiburger Damenkalender*. Zudem bedürfte es einer graphischen Auffrischung mit Vignetten und Holzstichen, außerdem eines übersichtlichen Layouts («Gleichförmigkeit im Arrangement») sowie einer Erweiterung des redaktionellen Teils: «Womöglich ein paar Bogen Textes mehr.» Schließlich seien eine bessere Papierqualität und eine ansprechende typographische Ausstattung vonnöten: «Sorgfalt für weißliches Papier, etwas größere Lettern und reinen Abdruck. Denn dem gemeinen Mann macht ohnehin das Lesen oft Mühe und Anstoß und am meisten den Kindern und Alten, die Langeweile und Neugierde am ersten zu dem Kalender führt.»[36]

Hebel versucht also, den Kalender ganz auf das auszurichten, was man heute Leserfreundlichkeit nennt – wobei es nicht in erster Linie um wirtschaftliche Erwägungen geht, sondern darum, ein Periodikum auf den Markt zu bringen, das ganz in den Dienst der Volksaufklärung gestellt werden kann. Und tatsächlich: Hebel hat auch nach heutigen journalistischen Gesichtspunkten mit seinem Gutachten ganze Arbeit geleistet, und es scheint, als sei er damit auch zufrieden. So kann er, durchaus nicht ohne Stolz, Ende Februar 1806 dem Freund Hitzig vermelden: «Ich habe bey der dißjärigen Calender Sitzung einen 3 Bogen starken Vorschlag zur gänzlichen Reform unsres Calenders gegeben, um ihn den beliebten ausländischen gleich und vor zu setzen.»[37]

Ob er will oder nicht: Die publizistische Arbeit zieht ihn in den Bann. Und kein Wunder auch, dass er mit seinem scharfen, aber treffenden Urteil über den bestehenden Kalender den Zorn seiner Redaktionskollegen herausfordert, die sich durch ihn bloßgestellt fühlen müssen. So reagiert der Finanzrat Jägerschmidt erbost mit einem Gegengutachten, in dem er Hebel des Übereifers bezichtigt und bemüht ist, den Stellenwert des Kalenders beim Leser auf dessen Materialwert zu reduzieren: «Der Kalender taugt dem Bauer nur ein Jahr, während welchem er herumgeschmiert und an der Wand von den Mücken verdorben wird.»[38] Damit freilich stellt sich Jägerschmidt ungewollt selbst bloß und bestätigt Hebels Urteil, der Kalender sei kaum das Papier wert, auf dem er gedruckt ist. So lässt denn auch die nunmehr offizielle Aufforderung, Hebel solle ein zweites Gutachten liefern, nicht lange auf sich warten: Im Juni 1806 verfasst er eine weitere Denkschrift unter dem Titel: «Meine weiteren Gedanken über eine vorteilhaftere Einrichtung des Kalenders», in der er, im Übrigen ganz nach den ihm wohlbekannten Regeln der Rhetorik, noch einmal die Orientierung am Leserinteresse hervorhebt: «Meine Wünsche und Vorschläge in dem Gutachten gingen zwar einzig dahin, daß unser Kalender zuerst und vorzüglich dem Publikum, für welches er bestimmt ist, angenehmer und interessanter gemacht und dadurch eine willigere, folglich reichere und für den Fond ersprießlichere Abnahme erzielt werden möchte (…).» Zudem solle sich das Verbreitungsgebiet des Kalenders erweitern: «zweitens und nebenbei, daß derselbe auch außer seinem Zwangbezirk in und außer dem Kurstaat Beifall finden und mit den dort eingeführten Kalendern ebenso in Konkurrenz kommen möchte wie jene ausländischen innerhalb seines Zwangsbezirkes mit ihm (…).»[39] Die Argumente seines Gegners Punkt für Punkt widerlegend, wiederholt und präzisiert er seine im ersten Gutachten vorgebrachten Überlegungen. Seine Vorschläge, gibt er allerdings zu bedenken, würden nur umzusetzen sein, wenn Redaktion und Produktion des Kalenders in eine Hand gelegt würden: «Übertragung des ganzen Geschäfts», hieß es bereits im ersten Gutachten, «nicht an viele, sondern an *einen* Bearbeiter, nicht in der Stadt, sondern an einen, der beobachtend mit und unter dem Volk lebt, an einen Landgeistlichen, der Talent, guten Willen und Muße dazu haben kann, und honette Vergütung dafür auf irgendeine Art. Denn umsonst ist der Tod.»[40]

Die Frage ist in der Tat, ob Hebel mit diesem Vorschlag seinen Freund Hitzig gemeint haben könnte, «ausdrücklich bemüht, von seiner Person abzulenken»,[41] oder ob er nicht doch mit seinem Gutachten insgeheim ein Empfehlungsschreiben für sich selbst ausgestellt hat. Jedenfalls braucht er sich nicht zu wundern, wenn der ent-

scheidungsbefugte Kirchenrat in Hebel den richtigen Mann für diese
Aufgabe sieht und ihn am 14. Januar 1807 mit der Leitung des Kalenders betraut: Er, Hebel, besitze «insbesondere die seltenere Gabe, das
Volk auf eine angenehme und faßliche Art zu belehren, in einem
vorzüglichen Grade».[42] Dies ist die Geburtsstunde des *Rheinländischen Hausfreundes.*

Theaterliebe oder Henriette Hendel deklamiert

Damit ist es endgültig unmöglich geworden, Karlsruhe jemals
wieder zu verlassen – und eigentlich war das schon seit der Berufung
zum Professor klar, Hebel schien es damals nur noch nicht ganz
wahrhaben zu wollen. Nicht nur bindet ihn die neue Aufgabe als
Autor und Herausgeber enger an die Residenz. Die gesellschaftliche
Stellung, die er sich inzwischen erworben hat, manifestiert sich auch
in den äußeren Lebensumständen und in seinen privaten Gepflogenheiten. Seit er zum Direktor des Lyceums ernannt ist, lebt er in einer
Rektoratswohnung mitten in der Stadt, hinter der Stadtkirche und
direkt am weiträumigen, ebenfalls von Weinbrenner gestalteten
Marktplatz. Sein bislang bescheidener Haushalt bekommt jetzt einen
gewissen repräsentativen Charakter, in den sechs Zimmern, darunter
einem großen, empfängt und bewirtet er nun Gäste. «Wir haben bis
nach 10 Uhr Studentenlieder gesungen», meldet er zwischendurch
an Gustave Fecht.[43] Er verkehrt im Prominenten-Café «Drechsler»,
dessen Gäste er mit Pfeifenqualm einzuräuchern und mit Rätseln zu
unterhalten pflegt. Besonders aber zieht ihn das Theater an, das er
keineswegs nur aus Konvention besucht.

Dass er zum Theater ein inniges Verhältnis hatte, ihm in gewisser
Weise verfallen war, das machen seine Äußerungen offenkundig. Allein
aus den launigen Versen, die er Ende November 1802 in einem Schreiben an den Müllheimer Rechnungsrat Karl August Gysser zitiert, seinem kurzzeitigen Briefpartner in Sachen Dialektkunde, spricht eine
Neigung, die die Grenze des Nützlichen weit hinter sich gelassen hat:

Die Welt gleicht einer Opera,
wo ieder, der sich füehlt
nach seiner lieben Leidenschaft,
Freund! eine Rolle spielt.
Der eine steigt die Bühn' hinauf
mit einem Schäferstab,
der andre mit dem Marschallstab
sinkt ohne Kopf herab.

Wir armer gueter Pöbel stehn
verachtet, doch in Rueih
vor dieser Bühni, gähnen oft,
und sehen dem Spiele zue.
Die Chösten freilich tragen wir
vom ganzen Opernhaus,
doch lachen wir, mislingt das Spiel,
zuletzt die Spieler aus.[44]

Seinen Reiz gewinnt dieses Gelegenheitsgedicht aus der Feder des beliebten empfindsamen, bisweilen auch erotischen Naturdichters und Pfarrers Johann Nicolaus Götz natürlich durch den Kunstgriff, die Oper zur Bühne des Weltgeschehens zu erklären. Das entspricht, wenn auch auf ironische, flapsige Weise, im Kern der hehren Auffassung des Weimarer Theaters, wonach das Theater kein ästhetischer Selbstzweck sei, nicht nur der Unterhaltung diene, sondern das Leben abbilden und zugleich zum Guten erziehen solle. Ein leiser Ton der Nützlichkeit klingt eben doch aus diesen scheinbar nur gassenhauerhaften Versen – die Zeit stellt hohe Ansprüche an die Bühne, an die Kunst.

Aber Pfarrer Götz sagt auch «Opera», nicht Theater, und damit schwingt ein Hauch barocker Schaulust, ein Hauch alter höfischer Pracht in seinem beschwingten Loblied mit, die Hebel wohl gefielen. Das meint mehr, als die in Humor, Witz und Gemütlichkeit verpackten nützlichen Lehren, die Hebels Verhältnis zu seinen eigenen Texten, den Prosatexten in jedem Falle, bestimmen. Das signalisiert echte Begeisterung.

Sie wird indessen noch einmal beträchtlich angeheizt. Denn um diese Zeit erscheint Henriette Hendel, die berühmte Schauspielerin, auf der Karlsruher Theaterbühne. Mit einem Mal bekommt das Leben einen neuen Glanz. «Mad. Hendel», teilt Hebel nicht ohne Aufregung der Freundin Sophie Haufe mit, «kommt vom Berliner Theater, geht nach Italien um an den Antiken Mimik und Tanz, d. h. die Stellung zu studiren und blieb 8. Tage hier. Sie ist eine der vorzüglichsten deutschen Künstlerinnen und in der Figuration und Darstellung vielleicht einzig.»[45] Ja, er gesteht sogar: «Im Grunde ist es mein Glück, dass sie am Sonntag wieder fortgeht, und dass ich sie morgen zum lezten mal sehe, eh'ich mich in sie vernarre (...).»[46] Er wird sich jedoch in sie vernarren, Mad. Hendel kommt wieder. Und sie trägt auf der prächtigen Weinbrenner'schen Bühne in der Residenz nichts anderes vor als die *Alemannischen Gedichte* ihres Bewunderers Johann Peter Hebel. An Hitzig schreibt er:

> «Eine Schauspielerinn auf dem Theater, und ein Kirchenrath im Parquett!!! Hätte nicht das Publikum, wenn es auch nur einige Achtung für meine Person und mein Amt hat, iede andere mit dem Zeichen der Indignation auf der Stelle bestrafen müssen. Nichts! Das Klatschen dauerte so lang und laut daß sie den Schluß Vers nicht mehr anbringen konnte, und statt für den Beyfall stumm zu danken, that sie es laut, und sagte, daß sie dieses Glück (ich will aus Bescheidenheit nicht alles nachschreiben, aber das schönste) ihrem Freund Hebel zu verdanken habe, durch dessen Gegenwart sie begeistert sey.»[47]

Um dann noch eins draufzusetzen: «In solchen Abentheuern treibt man sich herum. Nach dem Akt holte ich sie in den Culissen zu einer großen Abendgesellschaft ab. Denn obgleich ieden Augenblick der Kayser erwartet wurde, wollten doch alle Eingeladenen lieber bey der gepriesenen Künstlerinn seyn, als die Ankunft des Helden sehen.»

Hebel muss derart berauscht gewesen sein, von der Stimmung und vielleicht auch vom Wein, dass er in einem Moment der Verzückung die Übersicht verlor und ums Haar sich zu Tode gestürzt hätte. Jedenfalls kulminiert die weitere Rolle, die er an diesem Abend spielt, in einer in der Tat slapstickreifen Szene:

«In diesem Saal hielt ich eine Balkonsthüre (ohne Balkon) für ein Fenster, weil sie zum Behufe der Illumination eine leicht eingeschobene Blendung hatte, lehnte mich, wiewohl schon einmal gewarnt, um die Pfeife auszublasen an die trügliche Brustwehr. In einem Nu lag Brustwehr Lampen und Licht zerschmettert unten auf der Gasse, und ich, ich weiß nicht durch welch Wunder noch mit der schwereren Hälfte des Körpers im Zimmer obgleich der Kopf, der weit in der Luft und Nacht draußen schwebte, um 12 Uhr auch nicht mehr leicht war.»

Zweifellos: Es sind die Sternstunden seines Lebens, als Henriette Hendel in Karlsruhe weilt und Hebel «deklamiert». Selten, nur in einigen besonders aufgeräumten Briefen an Hitzig, hat er sich derart beschwingt und gelöst geäußert. «Ich begreife sehr gut», beginnt er seinen Bericht an die hochgeschätzte Sophie Haufe, «daß ich seit 4. Wochen, so lang M. Hendel hier war vor lauter blauen Wundern und ästhetischem Schlaraffenleben nicht habe schreiben können.»[48] Das hat er noch nicht erlebt. Und dass Frau Hendel und ihre Kunst ihn so hinreißen können, ihn so ungewohnt aus sich herausgehen lassen, das zeigt abermals und deutlich wie nie, dass doch ein Bedürfnis nach dem gesteigerten Erlebnis in ihm liegt, die Sehnsucht nach Rausch und Entzücken.

Hendels Vortrag, der Beifall, die Rufe, das Kompliment des Markgrafen, der am Schluss im Kerzenschimmer strahlende Theatersaal, dieser ganze Abend versetzt ihn, den Bescheidenen, in Hochstimmung. Bald auch taucht der Wein alles, die Frauen, die Kleider, die Goldtressen der Röcke, in leuchtendere Farben und lässt die Konturen in sanftem Pastell verschwimmen. Der Tabak verschafft ein Gefühl, als ob man schwebte. Vor allem aber ist es der Schwung der Verse, die die Hendel so unübertrefflich frisch, so vollklingend, so starkfarbig wiederzugeben versteht. Es scheint, als habe sich Hebel in der Rolle des Hans in seinem Gedicht *Hans und Verene* wiedererkannt: «Es gfallt mer nummen eini, und selli gfallt mer gwis! O wenni doch das Meidli hätt, es isch so flink und dundersnett, so dundersnett (...).» *Es g'fällt mir nur noch eine und die gefällt mir sehr. Oh, wenn ich doch das Mädchen hätt', es ist so flink und wundernett, so wundernett (...).*[49] Und sie ist natürlich das Vreneli. Doch so wie im Gedicht kommt es dann in der Wirklichkeit leider nicht: «Do bini jo, do hesch mi, und wenn de mi denn witt! I ha's scho siederm Spötlig gmerkt; am Zistig hesch mi völlig bstärkt, jo völlig bstärkt.» *Da bin ich, und du hast mich! Nimm, wenn du willst, mich mit! Ich hab es schon im Herbst gemerkt, am Dienstag hast du mich bestärkt, du mich bestärkt.*

Gewiss aber sind es die beschwingtesten, ausgelassensten Stimmungen, die ihm die Schauspielerin bereitet. Später, 1814, wird ihn auch noch Jakob Grimm besuchen, nachdem ihm bereits Uhland und Tieck die Ehre erwiesen hatten. Niemand aber scheint jemals ein solches Hochgefühl in ihm geweckt zu haben wie Henriette Hendel. Sie bringt den Hauch von großer Welt, vom Theater im berühmten Weimar, von den Salons der Stadt Berlin ins biedere Karlsruhe.

Aber die Zeit kommt, da Henriette Hendel weiterzieht. Der Abschied lässt Hebel in gedrückter Stimmung zurück. Betrübt nimmt er später davon Kenntnis, dass sie sich wieder verheiratet hat, zum vierten Mal. Die Korrespondenz mit ihr hält er, wie die mit Gustave Fecht und Sophie Haufe, bis an sein Lebensende aufrecht. Darin allerdings klingt kein belehrender Ton wie oftmals bei Gustave Fecht durch, wohl aber die kollegiale und respektvolle, freundlich aufgelockerte Sachlichkeit eines Mannes, der mit einer hochgeschätzten Künstlerin kenntnisreich ästhetische Fragen erörtert. Zugleich schimmert in seinem Tonfall immer wieder eine gewisse Sehnsucht durch, die im ersten Brief, den er der Davongeeilten hinterherschickt, besonders schmerzlich zum Ausdruck kommt: «Lange hätt ich es ohnehin nimmer ausgehalten, ohne an Sie zu schreiben. Seit Sie uns verlassen haben, ist mir halb Carlsruhe ausgestorben. Unwillkürlich richteten sich anfänglich alle meine Gänge nach der Post. (…) Wenn ich klug wäre, müsste ich die Post meiden, wenn Sie wieder kommen, aber ich will lieber thöricht seyn, kommen Sie nur bald wieder.»[50]

Dem Rausch folgt die Ernüchterung, und es ist gewiss ein Glück, dass ihn die beruflichen Aufgaben mehr denn je vereinnahmen.

X.
Kalendergeschichten

Volksbildung im «Dritten Deutschland»

Zwischen 1807 und 1814 gibt Hebel allein den vormals *Badischer Landkalender* genannten Jahreskalender heraus, für ihn schreibt er die Kurzgeschichten, für die er außerhalb seiner badischen Heimat bis heute noch bekannter ist als mit den *Alemannischen Gedichten*. Damit stellt sich Hebel nun auch publizistisch ganz in den Dienst der Volksbildung, der er sich in seinem gesamten Tun als Lehrer, Pfarrer und Autor verpflichtet fühlt. Die Stoffe dazu gewinnt er aus seinen eigenen Erfahrungen im Umgang mit Gebildeten wie mit dem Volk. Er entnimmt sie seinem weitgespannten historischen, zoologischen, botanischen und astronomischen Wissen, aber auch aus Berichten, die er in anderen Publikationen findet, insbesondere in der von dem Schriftsteller Friedrich Nicolai herausgegebenen Anekdoten- und Geschichtensammlung *Vade mecum für lustige Leute* oder eben jenem in Basel erscheinenden *Schweizerboten*.

Dass Hebel seinen Landkalender unter dem Namen *Rheinländischer Hausfreund* herausbringt, hat nicht nur mit dem Vertrauen erweckenden und damit verkaufsfördernden Klang zu tun, sondern hängt auch mit Napoleons Neuordnung des süd- und südwestdeutschen Raumes zusammen, die in dem im Juli 1806 geschlossenen Rheinbund gipfelt. Der *Rheinländische Hausfreund* suggeriert somit auch die patriotische Absicht, über das Großherzogtum Baden hinaus an der geistigen Konsolidierung dieses neuen «Dritten Deutschland» mitzuwirken – betont unter Ausschluss Preußens und des vor kurzem noch vertrauten Österreich.[1] Gleichwohl hat Hebels überregionales Einheitsempfinden begreiflicherweise seine Grenzen.

Hebels Erklärung, «er könne keinen Kalender für das benachbarte
Württemberg herausgeben, da er das Land ‹nicht als das seinige und
so gut als das seinige› kenne und ihm dessen Historie, Verfassung,
Volk und Geographie ‹fremde› seien», unterstreiche «die Bedeutung
dieses Mediums für eine kollektive Identität und eine als gemeinsam
begriffene Territorialgeschichte», bemerkt der Münchner Germanist
York-Gothart Mix.[2] Wie also schon im ideengeschichtlichen Zusammenhang der *Alemannischen Gedichte* bemerkt, erschöpft sich die
Absicht des *Hausfreunds* nicht darin, aufklären zu wollen, gegen den
Aberglauben im Volk zu kämpfen, okkulte Erklärungen historischer
wie geologischer und meteorologischer Ereignisse durch naturwis-
senschaftliche zu ersetzen und endlich auch das bekannte richtige
Verhalten zu vermitteln. Eine ebenso wichtige Funktion des Kalenders ist es, den Leser auf das Land, die Regierung, die Verwaltung und
nicht zuletzt auf das Brauchtum und die Sprache jener Landschaft
einzuschwören und das Gefühl der Zugehörigkeit zu stärken, kurz:
die Identifizierung mit jener Landschaft, jenem Staat zu fördern, die
in dem Namen «Großherzogtum Baden» repräsentiert sind und deren politische, rechtliche und moralische Gewalt sich in der Person
des Großherzogs Karl Friedrich bündelt – der «Hausfreund» ist nicht
nur Lebensberater, Moralist und gutmütig strenger Theologe, Bio-
loge, Physiker; er ist, den Tendenzen der Zeit politisch Rechnung
tragend, auch Patriot. Er liebt, wie sein Autor Johann Peter Hebel,
das Land und die Leute, die Berge, die Wiesen, die Dörfer, er liebt
ihre Trachten, ihr Hafermus und ihren Wein, er liebt sogar die Stadt
Karlsruhe mit ihrem schönen klassizistischen, von Weinbrenner gestalteten Marktplatz, der geselligen Runde im Café «Drechsler», seinem Theater, seiner Residenz, seinem herzoglichen Paar und seiner
geometrischen Anlage, die ihm anfangs Heimweh nach dem Wiesental verursacht hatte.

Die große Beliebtheit der Kalendergeschichten beruht folglich
nicht allein darauf, dass sie flüssig geschrieben sind und den Leser
persönlich anzusprechen scheinen; ihr ungekünsteltes Bekenntnis zur
Heimat lässt sich auch für einen erweiterten politischen wie kulturellen Raum vereinnahmen: In dem Augenblick, in dem «die Nation»

zur Heimat erklärt wird, die mehrere Gebiete in einem übergreifenden staatspolitischen Gebilde vereint, in diesem Augenblick werden auch regional orientierte Geschichten wie die Hebels andernorts wirksam und stellen «repetitive Muster» bereit, «die für das kollektive Leben bestimmend sind».[3] Und das umso leichter, als der aufklärerische Wert von Hebels Kalendergeschichten sich gerade auch darin entfaltet, dass diese Geschichten welthistorische Ereignisse, universale Gesetze wie den Umlauf der Gestirne oder gültige Lebensregeln oftmals auf das Gebiet der Heimat beziehen. Das bis heute bekannteste Beispiel dafür ist der Einstieg in das zur Selbstgenügsamkeit anhaltende, die Vernunft der gottgewollten gesellschaftlichen Ordnung erläuternde Lehrstück *Kannitverstan*: «Der Mensch hat wohl täglich Gelegenheit, in Emmendingen und Gundelfingen, so gut als in Amsterdam Betrachtungen über den Unbestand aller irdischen Dinge anzustellen, wenn er will, und zufrieden zu werden mit seinem Schicksal (…).»[4]

Wenn also Hebel, trotz seiner landschaftlichen Gebundenheit, überregional im Sinne eines von Frankreich protegierten «Dritten Deutschland» wirkt, so ist er dadurch auch gegen den gesamtdeutschen Nationalismus gefeit, der sich seit dem Erscheinen der *Alemannischen Gedichte* gesteigert hat, vor allem in Preußen. So zeigt sich an diesem badischen Dichter geradezu mustergültig, dass Heimatliebe und «vaterländische Gesinnung» mitnichten dasselbe sein müssen. Nirgendwo drückt er das so unmissverständlich aus wie in seiner im Kalender des Jahres 1811 erschienenen Erzählung über Andreas Hofer, dessen kompromisslosen Kampf gegen Napoleon der Erzähler als Verblendung eines egozentrischen Charakters zu demaskieren sucht, die nichts bewirkt als die Verelendung des Volkes: «In Innsbruck», heißt es da ironisch, «ließ er sich gut auftragen. Selber essen macht fett. Er sagte: ‹Ich bin lang genug Wirt gewesen. Jetzt will ich auch einmal Gast sein.›» Zwar sei er «kein ganz roher Mann» gewesen, instruiert der Hausfreund, «viel Unglück hat er verhütet, wo er wehren konnte. (…) Aber größer war das Unglück, das er durch seine Hartnäckigkeit gegen alle Einladungen zum Frieden und durch seine Treulosigkeit verursachte.»[5]

Es scheint im Rückblick, als hätte Hebel die Katastrophen vorausge-
ahnt, die ein immer aggressiver werdender Nationalismus über die Welt
bringen werde – die Figur des Andreas Hofer, in der Wahrnehmung
des 19. Jahrhunderts der Inbegriff des heroischen Patrioten, scheint sich
in ein Menetekel kommender Katastrophen zu verwandeln.

Unverhofftes Wiedersehen I: Die Schauermär des Christian Ernst Graf von Bentzel-Sternau

Unverhofftes Wiedersehen gilt, mit Recht, neben dem ebenso bekannten *Kannitverstan* als Hebels beste Erzählung aus den Kalendergeschichten. Allein schon der Weg, auf dem Hebel an diese Geschichte
gekommen ist, trägt geradezu abenteuerliche Züge.

Den Stoff zum *Unverhofften Wiedersehen* fand Hebel in einer damals in gebildeten Kreisen bekannten Zeitschrift mit dem bezeichnenden, da auf die Mythologie der Antike und damit auf die Feindschaft zur Mittelalterbegeisterung eines Tieck oder Wackenroder
anspielenden Namen *Jason*. *Jason* wurde zwischen 1808 und 1811 in
Gotha von Christian Ernst Graf von Bentzel-Sternau herausgegeben.
Graf Bentzel-Sternau, studierter Rechtswissenschaftler, trat 1806 in
den Dienst Karl Friedrichs, wo er zwei Jahre später zum Ministerial-
direktor aufstieg. Als Staatsbeamter und Autor von anfangs sentimentalen Erzählungen (*Novellen für das Herz*, 1797), dann eines gegen
falsch verstandenen romantischen Gefühlsüberschwang gerichteten
Romans in vier Bänden (*Das goldne Kalb. Eine Biographie*, 1802–04)
war seine gesellschaftliche Stellung trotz seines Adels durchaus mit
der Hebels zu vergleichen – ein Kollege in jeder Hinsicht.

In der ersten Nummer von 1809 nun wies Bentzel-Sternau auf
einen Text hin, den wiederum ein gewisser Gotthilf Heinrich von
Schubert, 1780 im Erzgebirge geboren, in seinen vielbeachteten *Ansichten von der Nachtseite der Naturwissenschaften* abgedruckt hatte.

Um sich halbwegs die Faszination vorstellen zu können, die diese
1808 veröffentlichte Sammlung spekulativer Aufsätze zur Frage von

Zweck, Ziel und Erklärbarkeit anscheinend abweichender und seltsamer Naturphänomene auf die gebildeten Zeitgenossen ausübte, muss man wissen, dass Schubert als Arzt, Theologe und Philosoph versuchte, die christliche Weltdeutung mit naturwissenschaftlichen Erkenntnissen im Sinne einer ganzheitlichen Weltsicht zu verbinden. Das war, wie in den Überlegungen zum Bildungsroman angedeutet, charakteristisch für die Zeit der Spätaufklärung. Nach 1800 kamen aber, nicht zuletzt beeinflusst von den frühen Romantikern wie Novalis, den Gebrüdern Schlegel und von Schelling, in stärkerem Maße naturmythologische und pantheistische Anschauungen hinzu. Gerade Schubert befasste sich, wie der Titel *Ansichten von der Nachtseite der Naturwissenschaften* bereits suggeriert, mit unerklärlich scheinenden, heute als okkult bezeichneten Phänomenen wie dem damals beliebten Magnetismus und der Hypnose – Kräften, die auf offenbar rätselhafte Weise das Verhalten des Menschen beeinflussten und die E. T. A. Hoffmann in den folgenden Jahren in noch heute unheimlich wirkenden Geschichten wie *Der Magnetiseur* zum Thema machte.

Nach Schuberts Lehre treibt eine magische, letztlich aber von Gott abgeleitete «Lebenskraft» die Natur an, für deren Wirksamkeit bei den Lebewesen das Verhältnis von Seele und Körper entscheidend sei. So wurde Schubert, der in Leipzig Theologie und in Jena Medizin studiert hatte und Herder und Jean Paul zu seinen Bekannten zählte, zu einem vielbeachteten Vertreter romantischer Naturmedizin. Was mit dem Aufkommen der positivistisch orientierten Wissenschaften in der zweiten Hälfte des 19. Jahrhunderts als Spekulation in Verruf geriet, wurde zu der Zeit, als Hebel den *Rheinländischen Hausfreund* redigierte, als naturphilosophische Erklärung für die Bewegungen in der Natur und die körperlichen wie seelischen Reaktionen des Menschen diskutiert. «Dahinter», schreibt der Historiker Thomas Nipperdey, «stand ein holistischer Zugriff auf die Natur», das heißt, sie wurde «als Ganzes, als Einheit, als System nach Art des Organismus aufgefaßt, alles war darum mit allem verbunden.»[6]

Und alles war auf Gott bezogen, also letztlich von einem vernünftigen Geist gelenkt und sinnvoll geordnet, auch die anorganische Natur. Damit erhielt, ganz im Sinne christlicher Überlieferung, das

Phänomen des Todes auch naturwissenschaftlich eine sinnvolle Deutung: Der Tod war Bedingung des Lebens und Anfang der Auferstehung. Kein Wunder, dass Hebel von Schuberts kuriosem Bericht
über eine konservierte Bergmannsleiche, auf den der Herausgeber
des *Jason* hinwies, fasziniert war.

Demnach soll ein schwedischer Bergmann, der sich eines Mor-
gens von seiner Braut verabschiedet hatte und in den Schacht gefahren war, ein halbes Jahrhundert später als frisch erhaltener Leichnam,
konserviert in schaurig täuschender Lebendigkeit, geborgen worden
sein. Eine staunende Menge habe den zur Statue durchgehärteten,
längst vergessenen Verschollenen bewundert, als auf ihrem Krück-
stock eine Greisin naht. Sie beschleunigt ihren zittrigen Schritt, ahnt
den Zusammenhang, hofft und fürchtet zugleich, bahnt sich erregt
einen Weg durch die Schaulustigen und sinkt seufzend auf die Knie
– die jugendliche Mumie ist ihr Verlobter. Noch «voll warmer
Liebe», berichtet Schubert, soll trotz ihres Alters die einstmalige
Braut gewesen sein, «die Stunde segnend, da ihr noch an den Pforten
des Grabes ein solches Wiedersehen gegönnt war».[7]

Diese phantastisch scheinende Begebenheit soll sich knapp andert-
halb Jahrhunderte zuvor, im Jahre 1670, in einem Kupferbergwerk im
schwedischen Falun ereignet haben. Davon berichtete jedenfalls bereits 1722 ein gewisser Adam Leyel, Assessor für Bergwesen, in den
Acta literaria Suveciae: Demnach hätten drei Jahre zuvor, 1719, Bergleute in einem Schacht «von 82 Klaftern» Tiefe in einem «vom Wasser
gefüllten Einsturzraum» den konservierten Leichnam eines Bergmanns gefunden, der als junger Mann allein unter Tage gefahren und
lebend niemals wieder hochgekommen sei. Die Unterschenkel, der
rechte Arm und der Hinterkopf seien von herabfallenden Steintrüm-
mern zerschmettert gewesen. Der übrige Körper einschließlich des
Gesichts sei aber «völlig unversehrt geblieben». Fleisch und Haut seien
auf den ersten Blick steinhart erschienen. Als man aber mit einer
Klinge prüfte, habe die Haut sich schneiden lassen und als «hornartig»
erwiesen. Ein alter Bergmann in Korsgarden, Magnus Johannssen,
habe den Leichnam erkannt: Mathias Israelsson aus dem zum Pfarr-
sprengel Swerdsjö gehörenden Dorf Boda, genannt «der große Ma-

thias». Das hätten der Faluner Bürgermeister Erik Michelsen und ein Seiler namens Erik Petersen bestätigt. Noch etliche «andere Leute» hätten den Mann erkannt, darunter «ein altes Weiblein», das mit dem Toten verlobt gewesen sein soll. Mit «dem Rechte der alten und jetzt neu auflebenden Liebe» habe sie verlangt, den Leichnam ihr zu überlassen oder ihn wenigstens zu bestatten.[8] Mit dem Leichnam war dann aber alles andere als pietätvoll verfahren worden: Die medizinische Fakultät Uppsala soll ihn für wissenschaftliche Zwecke eingefordert haben. Als die ehemalige Verlobte davon erfuhr, habe sie ihr Recht auf den Toten geltend gemacht, um ihn meistbietend zu verkaufen. 500 Taler soll sie dafür bekommen haben.[9]

Schubert beschreibt nun in seiner Zeitschrift *Jason* ausführlich das Schicksal des Bergmanns von Falun.[10] In seiner Version der Geschichte aber soll «in der schwedischen Eisengrube zu Falun» ein in Eisenvitriol eingelegter Leichnam gefunden worden sein, der, anfangs weich, «hart wie Stein» wurde, als er an die Luft befördert worden war. 50 Jahre habe er «in einer Tiefe von 300 Ellen» gelegen. Niemand habe ihn mehr gekannt. Als aber der Tote von einer Menge Schaulustiger umringt worden sei, «da kommt an Krücken und mit grauen Haar ein Mütterchen, mit Thränen über den geliebten Toten, der ihr verlobter Bräutigam gewesen, hinsinkend, die Stunde segnend, da ihr noch an den Pforten des Grabes ein solches Wiedersehen gegönnt war.» Mit Verwunderung habe die Menge «die Wiedervereinigung dieses seltenen Paares» betrachtet, «davon das Eine, im Tode und inn tiefer Gruft das jugendliche Aussehen, das Andere, bey dem Verwelken und Veralte des Leibes die jugendliche Liebe treu und unverändert erhalten hatte; und wie bey der funfzigjährigen Silberhochzeit der noch jugendliche Bräutigam starr und kalt, die alte und graue Braut voll warmer Liebe gefunden wurde».

In Schuberts Fassung ist die Geschichte von allen hässlichen Zügen gereinigt. Nachdem die *Acta literaria* bereits das schnöde Geschäft mit der Leiche gnädig übersehen hatten, strich der Gelehrte noch die Männer, die den toten Kumpel erkannten, überging kosmetisch den zerschmetterten Hinterkopf und den Schnitt in die Haut. Schubert dichtete im *Jason* noch eine Liebesgeschichte hinzu. Der Fall war

zum Rührstück geworden, die Realität – jedenfalls das, was die Ur-
quelle als solche ausgibt – hatte sich idealisiert.

Nun stellte aber der Herausgeber des *Jason* seinen Lesern die Aufgabe, diese Legende eines wunderbaren Wiedersehens in Dichtung
umzuformen. Hebel nahm die Herausforderung an. *Unverhofftes Wiedersehen*, abgedruckt im *Rheinländischen Hausfreund* von 1811, wurde
eine seiner geschliffensten und zugleich schillerndsten Erzählungen.
Bis heute gilt sie als Klassiker der frühen Kurzgeschichte.

Unverhofftes Wiedersehen II: Die verhinderte Liebe

Wenn es ein Zeichen erzählerischer Kunstfertigkeit ist, in den
ersten Worten einer Geschichte ihr Ende mitschwingen zu lassen, in
die Heiterkeit des Anfangs die Ahnung kommenden Unheils zu
mischen – so zeigt sich Hebel gerade mit dem Beginn seiner Erzählung[11] als Virtuose:

> In Falun in Schweden küßte vor guten fünfzig Jahren und mehr ein
> junger Bergmann seine junge hübsche Braut und sagte zu ihr: ‹Auf
> Sankt. Luciä wird unsere Liebe von des Priesters Hand gesegnet.
> Dann sind wir Mann und Weib und bauen uns ein eigenes Nestlein.›
> – ‹Und Friede und Liebe soll darin wohnen›, sagte die schöne Braut
> mit holdem Lächeln, ‹denn du bist mein einziges und alles, und ohne
> dich möchte ich lieber im Grab sein, als an einem andern Ort.›

Es schwebt eine beunruhigende Unbeschwertheit in dieser
Idylle, die Verheißung der Zukunft scheint allzu strahlend und schön,
gerade weil ihr ein furchtbares Versprechen eingeschrieben ist: Die
Braut behauptet, ohne ihren Bräutigam nicht leben zu wollen. Man
weiß um den Neid des Schicksals. In jedem Falle erwartet man nach
einer so festlichen wie geradezu unheimlichen Exposition nichts
Gutes. Und Hebel enttäuscht in dieser Hinsicht seinen Leser nicht:

> Als sie aber vor St. Luciä der Pfarrer zum zweitenmal in der Kirche
> ausgerufen hatte: «So nun jemand Hindernis wüßte anzuzeigen,

warum diese Personen nicht möchten ehelich zusammenkommen», – da meldete sich der *Tod.*

Nachdem der Tod seines Amtes gewaltet hat, und fünfzig Jahre ins Land gegangen sind, gibt es noch immer eine Frau und einen Mann. Der Mann ist tot, doch scheint er jung. Der Erzähler:

> Als aber die Bergleute in Falun im Jahr 1809 etwas vor oder nach Johannis zwischen zwei Schachten eine Öffnung durchgraben wollten, gute dreihundert Ellen tief unter dem Boden, gruben sie aus dem Schutt und Vitriolwasser den Leichnam eines Jünglings heraus, der ganz mit Eisenvitriol durchdrungen, sonst aber unverwest und unverändert war, also daß man seine Gesichtszüge und sein Alter noch völlig erkennen konnte, als wenn er erst vor einer Stunde gestorben, oder ein wenig eingeschlafen wäre an der Arbeit.

Die Frau ist auch noch immer Braut des Bergmanns: zwar grau und alt, doch lebendig. Daran, dass sie sich in Geist und Gemüt jung erhalten hat, lässt die Art, in der der Erzähler sie auf die Szene schickt, keinen Zweifel:

> Grau und zusammengeschrumpft kam sie an einer Krücke an den Platz und erkannte ihren Bräutigam; und mehr mit freudigem Entzücken als mit Schmerz sank sie auf die geliebte Leiche nieder, und erst als sie sich von einer langen heftigen Bewegung des Gemüts erholt hatte: ‹Es ist mein Verlobter›, sagte sie endlich, ‹um den ich fünfzig Jahre lang getrauert hatte, und den mich Gott noch einmal sehen läßt vor meinem Ende.›

Obwohl die Umstehenden die Braut, fügt der Erzähler hinzu, «jetzt in der Gestalt des hingewelkten kraftlosen Alters» erblickten, bemerkten sie doch auch, «wie in ihrer Brust nach 50 Jahren die Flamme der jugendlichen Liebe noch einmal erwachte». Und auch daran ist wenig Zweifel: Dass es dem Leser ergeht wie den Zeugen dieser Szene, die alle «von Wehmut und Tränen ergriffen» werden. So berührend ist das, so eindringlich schildert der Erzähler die schönen Gefühle im Augenblick des späten Wiedersehens, dass man so misstrauisch werden könnte wie bei den Sätzen des Anfangs.

*Der Tod als Bedingung
unverbrüchlicher Liebe:
Holzschnitt zu*
Unverhofftes Wie-
dersehen, *Illustration
im «Rheinländischen
Hausfreund auf das
Jahr 1811».*

Hebel selbst, oder genauer: sein Text, legt soches Misstrauen
durchaus nahe. Sagte nicht am Anfang die schöne junge Braut: «(…)
und ohne dich möchte ich lieber im Grab sein, als an einem andern
Ort.»? Tatsächlich aber ist sie sehr wohl an einem anderen Ort: nämlich auf, nicht unter der Erde. Der Wille zum Leben ist zweifellos
stärker als die Trauer um den Toten.

Was, wenn der Bergmann nicht im Schacht geblieben wäre? Hätte
die Liebe die Last des Alltags zu tragen vermocht? Ist die Liebe der
Braut nicht genau deswegen so stark, so lebendig geblieben, weil der
Bräutigam rechtzeitig gestorben ist?[12] Ist also der Tod des Bräutigams
nicht die unverzichtbare Bedingung für die lebhafte Liebe der Braut?
Hebel denkt die Vergänglichkeit stets mit. Im Übrigen hat ihn seine
Erfahrung gelehrt, dass die Distanz die Liebe beflügelt, die Trennung
sie wach halten kann.

Der Schnitt mit dem Rasiermesser:
Oskar Maria Graf huldigt Hebel

Ein späterer Autor, der Hebel seine Reverenz dadurch erwies,
dass er eine Sammlung von 50 Erzählungen über die Bauernwelt
Oberbayerns und die einfachen Leute der Stadt «Kalender-Ge-

schichten» nannte, hat diese Frage, die Hebel nur zwischen den Zeilen stellt, offen ausgesprochen. Seine Erzählung *Das alltägliche Wunder*[13] eröffnet Oskar Maria Graf mit dem Satz: «Wissen möchte ich, wie die zwei Kammererleute von Aining zusammen leben und hausen würden, wenn der Kammerer *nicht* stumm wäre. Jaja, stumm.» Dass Sepp Kammerer, einer aus dem reichen Fundus von Grafs bayerischen Bauernfiguren, «seit seinem sechsundzwanzigsten Jahr kein Wort mehr herausbringen kann», ist auf ein böses Missgeschick zurückzuführen: Seine junge Frau, die tüchtige «Gütlerstochter» Kreszenz Gmeinwieser, «flink, blitzsauber und grundgut», schneidet dem jungen Bauern mit dem Rasiermesser die Kehle durch. Das heißt: Das «scharfe Messer» dringt nur «tief in den Kehlkopf», ohne ihn zu durchtrennen; zwar springt «ein dicker Blutstrahl (...) in großem Bogen aus dem Hals des Bauern», doch der zähe Sepp Kammerer überlebt, nachdem er lange an der Schwelle zum Tode gelegen hat.

Die schwere Verletzung war natürlich ein Unfall: Die junge Kreszenz Gmeinwieser, in den Bauern so verliebt wie er in sie, hatte sich zur Gewohnheit gemacht, «jeden Samstag nach der Arbeit (...) ihren Sepp selber» zu rasieren. Zweifellos entspricht eine solche Gewohnheit, die im ländlichen Bayern auch heute noch nahezu frivol, zum mindesten aber albern erschiene, nicht ganz dem Herkommen der sonst eher verschlossenen Bauern, die ihre Ehefrauen weniger nach sentimentalen Kriterien als eher nach der Mitgift und der Größe des elterlichen Hofs auswählen. «Die Kreszenz aber», berichtet der Erzähler, «brachte bloß eine magere Kuh und eine arg notige Aussteuer mit.» Was dem Bauern sonst der Besitz, das ist dem Kammerer die Liebe; selbst Kreszenz heiratet ihn nicht allein seines stattlichen Hofes wegen: «Kreuzfidel fing dieser Zusammenstand an, denn die zwei jungen Leute waren direkt höllisch vernarrt ineinander und so was kommt bei Bauern nur ganz, ganz selten vor. Man kann schon eher sagen, gar nie.»

Wie bei Hebel beschleicht den Leser angesichts derart überschießenden Glücks leises Unbehagen. Es wird lauter in dem Maße, in dem sich die Beschwingtheit zum Übermut, die Gelöstheit zum Leichtsinn, das heitere Verliebtsein zum Überschwang glühender

Gefühle steigert – zumal alles dies gegen das Herkommen, gegen die Norm verstößt. Am Abend des Unglücks «saß der Bauer mit eingeseiftem, zurückgelehntem Kopf und lachte gurgelnd». Es ist ja nicht eigentlich üblich für einen Bauern, außer im Wirtshaus und im Bierzelt, gurgelnd zu lachen, schon gar nicht in der eigenen Stube und erst recht nicht mit eingeseiftem Gesicht.

Während also Sepp Kammerer gurgelnd lacht, wetzt die junge Bäuerin «wie der geübteste Bader das blitzende Rasiermesser auf dem straffgezogenen Riemen», und sie lacht unbeschwert «und zuletzt lachten alle miteinander.» Weil aber «der lustige Bauer nicht immer still hielt, gab es mitunter leichte Schnitte». Indessen steigern diese kleinen Ausrutscher nur die Heiterkeit, und als auf dem Gipfel einer solchen Heiterkeitswoge die junge Bäuerin, das Rasiermesser in der Hand wiegend, scherzhaft droht: «Herrgott Million! Mannsbild narrisch's! … Glei schneid' i dir d' Gurgel o, wennst jetzt net glei stad hoit'st», erwartet man geradezu fiebernd und nicht ohne voyeuristisches Grausen die Katastrophe, so wie man sie bei Hebel erwartet, wenn auch nicht ganz so angespannt, wenn man liest: «In Falun in Schweden küßte vor guten fünfzig Jahren und mehr ein junger Bergmann seine junge hübsche Braut und sagte zu ihr: ‹Auf Sankt. Luciä wird unsere Liebe von des Priesters Hand gesegnet.›» Das Unglück, Graf versteht sich auf effektvolle Dramaturgie, kommt dann auch im nächsten Satz: «Sie wollte gerade noch die eine Halshälfte von unten herauf glatt rasieren, hatte das Messer schon angesetzt (…).» Der Rest ist Zufall oder – der Neid der Götter, soll heißen: ein unerbittliches Schicksal, das überkochende Gefühle, ungetrübtes Glück, Übermut, das überhaupt Normabweichungen ahndet. Oder aber: Ist, was im ersten Moment als Katastrophe, als bösartige Vernichtung des Lebensglücks aussieht, am Ende nicht eher ein Glück? Liegt in dem scheinbar Sinnlosen nicht der Sinn gerade darin, dass das Unglück, dass also die massive Einschränkung des Lebens, dass der Verlust Werte bringt, Gewinne, die den Verlust aufwiegen, ja, ihn übersteigen insofern, als sie das weitere Leben nicht nur mit einer gewissen märtyrerhaften Weihe umfloren, sondern den Grundwert christlich-abendländischer Weltauffassung, den tragenden Pfeiler individuellen und gesellschaftlichen Daseins, die Liebe nämlich, erst ganz entfalten und festigen? Dass, mit einem Wort, das Unglück Bedingung einer idealen Form der Liebe, allgemeiner gesagt: die Beschränkung des Lebens Bedingung seiner Steigerung ist?

Graf führt das deutlicher vor Augen als Hebel, wenn er seinen Erzähler am Ende der Geschichte mitteilen läßt: «Schau du einmal hinein zum Kammerer, schau dir jetzt die zwei alten Leute an! Und die vier festen Bengel, die jetzt schon groß sind! Wundergemütlich lebt die Familie zusammen.» Dass es anders sein könnte – und gerade Graf wusste das aus eigener Erfahrung – legt ja der erste Satz nahe: Wissen wolle er, wie das Zusammenleben der «Kammererleute» aussähe, wäre «der Kammerer» nicht stumm.

Bei Hebel verwandelt sich der verschollene Geliebte für die Frau in einen nie versiegenden Quell der Sehnsucht, der traurigen und süßen Phantasien, in das Ziel schöner und bitterer und immer großer Gefühle – und welche Liebe, welche Sehnsucht könnte tiefer, reiner, stärker sein als die unerfüllte?

Die Analogien zwischen Grafs *Wunder* und Hebels *Wiedersehen*, das ja auch eine Art Wunder ist, treten an diesem Punkt besonders deutlich hervor. So raubt der Schnitt in den Hals dem Sepp Kammerer zeitlebens die Stimme. Der Verlust der Stimme verkürzt also schmerzlich die gesellschaftliche Dimension der Existenz. Er verurteilt zu reduziertem Leben.

Dieser gleichsam gesellschaftliche, metaphorische Tod bringt aber mehr hervor als nur Trauer: Er bringt, das jedenfalls legt der Erzähler nahe, die stille und dauerhafte Zuneigung zwischen dem Bauern und seiner Frau, er verbürgt damit geradezu die langsam wachsende Prosperität des Hofes, die der Erzähler am Ende anzuführen nicht vergisst; und selbst die Kinder, die im selben Atemzug erwähnten «vier festen Bengel, die jetzt schon groß sind», sind in diesen Zusammenhang gerückt: Wer weiß, insinuiert der Erzähler auf diese Weise, wie das alles geworden wäre, hätte das Rasiermesser nicht so empfindlich ins Leben von Sepp und Kreszenzia Kammerer geschnitten? Jedenfalls gibt es einigen Grund, einen ursächlichen Zusammenhang zwischen Trauma und treuer Liebe, Trauma und Kindersegen, Trauma und Wachstum als wahrscheinlich anzunehmen. Wenn dieser Zusammenhang aber besteht, so gilt, dass die Verletzung, der partielle Verlust, die Reduktion Voraussetzung ist für den Gewinn, die Steigerung.

So trifft man also wieder, verborgen hinter dem wahrnehmbaren Geschehen, auf eine Denkfigur, die auch dem inmitten katholischer Pfarrer, Lehrer und gottesfürchtiger Bauern aufgewachsenen Oskar Maria Graf bekannt sein musste und der wir im Zusammenhang der *Alemannischen Gedichte* auch bei Hebel begegnet sind. Zerstörung, Untergang, Katastrophen erscheinen in einem ganz anderen Licht als nur in dem düsteren des Verlusts, der Schuld, des hilflosen Entsetzens: Sie werden entschieden aufgewertet, sie gewinnen Sinn im gesamten großen Kreislauf von Vergehen und Entstehen.

Zweifel und Heilsgewissheit

Bemerkenswert an der Geschichte *Unverhofftes Wiedersehen* ist darüber hinaus, dass sie auf ideengeschichtliche Strömungen vorausweist, die sich im Lauf des 19. Jahrhunderts erst in ihrer ganzen Deutlichkeit herausbilden.

Denn *Unverhofftes Wiedersehen* konfrontiert den Leser – und damit auch den Autor – implizit und dennoch auf eine fast schroffe Art mit der Frage nach der Substanz des Auferstehungsglaubens: Ihr Dreh- und Angelpunkt nämlich ist eine gerade nicht wunderbare, sondern ganz im Gegenteil eine rein innerweltliche, physikalisch bedingte «Auferstehung». Allein schon die Entscheidung für diesen Stoff darf man als Hinweis darauf lesen, dass die scheinbar wunderbare, tatsächlich aber durch chemische Reaktionen bedingte Mumifizierung auf Hebel eine starke Faszination ausgeübt haben muss. So gibt er gerade hier den wissenschaftlichen und historischen Fakten besonders breiten Raum. Freilich: Das Wunder, das die Naturgesetze außer Kraft setzt, kommt bei ihm auch sonst wenig vor, und so ist klar, dass auch das *Unverhoffte Wiedersehen* im Zusammenhang seines Bemühens steht, die Welt als Gottes Schöpfung und als naturwissenschaftlich beschreibbaren Kosmos in einer Einheit zu begreifen.

Dennoch ist der Blick hier bemerkenswert intensiv auf physikalische, aber auch historische Vorgänge gerichtet – nicht nur auf die berühmte Abfolge historischer Ereignisse wie das Erdbeben von Lissabon, den Siebenjährigen Krieg oder die Unabhängigkeit Amerikas, mit der Hebel kunstvoll das halbe Jahrhundert bis zur Bergung des Arbeiters überbrückt, sondern vor allem auch auf das Geschehen im unterirdischen Raum, im Bergwerksschacht. Damit aber verbindet diese reichlich doppelbödige Geschichte den Wechsel von Tod und Leben mit dem buchstäblichen Inneren der Welt: Die Bergleute sind es, die aus der unergründlichen Tiefe den Rohstoff fördern, mit Hilfe der Urelemente Feuer und Wasser in Produkte verwandeln, die für die menschliche Kultur essentiell sind.

Ein Subtext der Geschichte – wenn auch nicht unbedingt Ausdruck des Hebel'schen Weltbildes – weist Gott somit in den Hintergrund und verbindet sich mit einer deistischen Gottesauffassung, die die Welt als zwar von Gott geschaffene, doch von ihm nicht mehr beachtete, nur naturwissenschaftlich zu verstehende begreift. Diese in einer säkularisierten Deutung angelegte Immanenzmetaphysik, in der der Geist Gottes gleichsam physikalisiert und in Energie umgewandelt wird, wird später zu einer einflussreichen geistigen Strömung werden, wie etwa in dem seinerzeit vielbeachteten Werk des Physiologen Ludwig Büchner, *Kraft und Stoff*, das, 1855 erschienen, ein «Erfolgsbuch» der Gründerzeit wird und 1902 die 20. Auflage erlebt. Diese in der zweiten Hälfte des 19. Jahrhunderts immer wirksamer werdende weltanschauliche Strömung ließe sich über Schopenhauers «Willensmetaphysik», die nicht von ungefähr ab 1850 in das Weltbild einzudringen beginnt, bis zum immanenten «Monismus» des Zoologen Ernst Haeckel verfolgen, der sie noch mit Darwins Evolutionslehre unterfüttert.[14] Mit diesen Entwicklungen hat Hebel, dessen Weltsicht in die Offenbarung Gottes eingebunden bleibt, freilich nichts mehr zu tun. Bemerkenswert scheint allerdings, dass sich aus Hebels Werk, insbesondere dem *Unverhofften Wiedersehen*, aber bereits auch aus der *Wiese* mit ihrer Betonung der «wilden»

Kraft in der Natur, solche Strömungen ableiten lassen, sofern man eben – doch da hatte das 19. Jahrhundert wenig Skrupel – die für sein Denken letztlich entscheidende Ausrichtung am schöpferischen Gott des Christentums übersieht.

Hebel wandert noch einmal, Goethe kommt

Hebels Arbeit am Kalender ist, wie alles, was er bisher unternommen hat, von Erfolg gekrönt. Im Laufe der Jahre steigt die Auflage trotz der unmittelbaren Konkurrenz verschiedener *Hinkender Boten*, so aus Basel und Lahr, auf rund 40 000 Exemplare und damit auf über das Doppelte der ursprünglichen. Hebel knüpft mit seinen populären, landauf, landab beliebten Kalendergeschichten an den Ruhm der *Alemannischen Gedichte* an. Nicht nur das: Seine Kurzgeschichten festigen seinen Ruf als beispielhafter Volksschriftsteller der Goethezeit. Niemand versteht es besser als er, komplexe wissenschaftliche Sachverhalte mit der Lebenswelt von Bauern, Handwerkern, Tagelöhnern zu verknüpfen und auf unterhaltsame, witzige und sogar schlitzohrige Art zu vermitteln. Was außerhalb seiner Heimat bis heute von Hebel geblieben ist, sind diese Erzählungen, Betrachtungen und Geschichten, von denen er 1811 bei Cotta in Stuttgart eine Auswahl in seinem bis heute berühmten *Schatzkästlein des Rheinischen Hausfreunds* herausbringt. Er ist Autor, Redakteur, Herausgeber in einer Person – eine Arbeit, die ihn Kraft kostet, ihn erfüllt, ihn manchmal aber auch «in einer gar dämischen Laune» am Schreibtisch sitzen lässt. Er ermuntert sich mit Bädern und Besuchen in Baden («Baden ist sehr stark und dort ist große Welt»[15]), geht auch in Karlsruhe «iezt alle Abende spaziren, eine Stunde und länger und befinde mich recht wohl dabey», wie er Gustave mitteilt.[16] Doch kommen noch seine Aufgaben als Lehrer und Schulleiter hinzu. Bald wird ihm das alles zu viel: Als er 1814 sein Amt als Gymnasialdirektor abgibt, bringt dies etwas Entlastung – Lehrer freilich bleibt er noch länger, da er weiterhin am Gymnasium unterrichtet.

Aber noch immer scheinen ihn seine verschiedenen Tätigkeiten
zu überlasten. Dann bekommt er, 1814, wegen seiner Erzählung *Der
fromme Rat* auch noch Ärger mit der katholischen Kirche, worüber er
sich nicht unbedingt zu wundern braucht: Lässt er doch augenzwinkernd einen jungen Katholiken nicht vor den das Kreuz tragenden
Priestern niederknien, sondern vor dem Himmel, das heißt also vor
Gott selbst – er deutet also im Grunde eine Bekehrung zur protestantischen Glaubensauffassung an und schließt mit dem pfiffigen
Kommentar: «Das weiß der Hausfreund zu loben und hochzuachten,
obwohl er noch nie einen Rosenkranz gebetet hat, sonst schrieb' er
den lutherischen Kalender nicht.»[17] Die Geschichte erscheint in
Cottas *Morgenblatt für gebildete Stände* als Vorabruck, die katholische
Kirche legt im Innenministerium Beschwerde ein, der Kalender für
das Jahr 1815, in dem *Der fromme Rat* erscheinen soll, wird zurückgezogen und erscheint ohne diese Erzählung. Hebel verschickt noch
einige Exemplare des verbotenen Kalenders an Freunde, legt dann
aber die Redaktion nieder und liefert zwischen 1816 und 1819 nur
noch vereinzelte Beiträge für den *Rheinländischen Hausfreund*, der
doch sein Werk gewesen ist.

Dennoch muss die Arbeitsbelastung in diesen Jahren erheblich gewesen sein. Immerhin findet Hebel, der Wanderer aus Passion, 1812
noch einmal Zeit, das Oberland zu besuchen. Es sollte seine letzte
Reise in die Heimat sein, auf der er auch Gustave zum letzten Mal
sieht. Vielleicht aber hat er sich von den Orten seiner Herkunft bereits so weit emanzipiert, dass es ihm keine innere Notwendigkeit
mehr war, sie zu besuchen, und es seiner Art entsprach, sie sich geistig aus der Distanz zu bewahren. Tatsache ist jedenfalls: Er hält sich
fortan lieber «in der näheren Umgebung auf: Straßburg, Baden,
Griesbach und Peterstal».[18] In Baden lockt ihn, den Korrekten, der
sich stets seine kleinen Fluchten offenzuhalten wusste, offenbar vor
allem die Spielbank.[19]

Auch Karlsruhe indessen hält, neben dem Theater und den regelmäßigen Besuchen im Café Drechsler, einiges zur Entspannung
bereit. Seit seiner Gymnasialzeit hat Hebel engen Kontakt zur Lateinischen Gesellschaft gehalten, der er so viel verdankt und die

wesentlich zur Ausbildung seiner intellektuellen Identität beigetragen hat. Der damals noch exklusive Gelehrtenzirkel hat sich inzwischen, dem neuen bildungsbürgerlichen Selbstverständnis Rechnung tragend, der Karlsruher Gesellschaft geöffnet und pflegt eine Art der gehobenen Geselligkeit, wie sie sich in den bürgerlichen Salons der Metropolen etabliert. Dieser Entwicklung trägt auch der neue Name Rechnung: Aus der einstmaligen «Societas latina» ist die «Museumsgesellschaft» geworden. «Die Lesegesellschaft obgeschehenen Einflechtens», schreibt Hebel an Hitzig nicht ohne Ironie, «hat sich revolutionirt, und wie Frankreich zu einem Kayserthum sich zu einem Museum, oder was noch für ein Name wird erfunden werden, erhoben. Ich wüste es wohl Proteum zu nennen, wenn du dabey wärst, so aber ist es nur ein Milonium.»[20] Also ein Tummelplatz für klassizistische Büsten und Skulpturen – damit also bildete das «Milonium», das Museum Weinbrenners, die geradezu ideale Bühne für den Auftritt jenes berühmten Mannes, der sein Haus im fernen Weimar gleichfalls mit antikisierenden Standbildern ausgeschmückt hatte, darunter ein großer Jupiter-Kopf: den Auftritt Goethes, der Karlsruhe vom 3. bis 5. Oktober 1815 abermals mit einem Besuch ehrte.

Goethe lässt sich dann auch die Gelegenheit nicht entgehen, sich bei einer Abendgesellschaft vom geschätzten Kollegen persönlich aus den *Alemannischen Gedichten* rezitieren zu lassen. Überliefert ist auch eine Anekdote, die sich während des Goethe-Besuchs zugetragen haben soll und in der sich Hebels Neigung offenbart, sich, wie der Hausfreund, sein Teil zu denken. Der Botaniker Gmelin, Goethe, Hebel, Weinbrenner und weitere Herren besuchten das Naturalienkabinett: «Sie standen vor der Gruppe der Muscheln. Lachend hielt Gmelin eine davon hoch empor, nannte Goeth'n ihren Namen lateinisch und stellte darüber erbauliche Betrachtungen an. Goethe hörte ihn behaglich an, lächelte wie Jupiter, wenn Frau Venus ihn streichelt, deutete auf eine andere Muschel und pries deren Ähnlichkeiten ebenfalls lateinisch mit heiterer Emphase, wobei er freilich hin und wieder den rechten Ausdruck erst suchen musste. Hebel schmunzelte und zwinkerte mit den Augen, ob auch über jene Ähnlichkeiten

oder darüber, dass diese beiden bejahrten und hochwürdigen Männer in solche Ekstase geraten konnten, weiß ich nicht. Aber auf
Weinbrenners unmutige Bemerkung: ‹Was fällt denn den zwei Hans-
narren ein, dass sie plötzlich lateinisch und nicht deutsch reden?› ant-
wortete er lakonisch: ‹Deutsch würde sich's nicht gut ausnehmen.›»[21]

Von seinem Besuch in Karlsruhe berichtet Goethe zwei Wochen
später von Weimar aus dem seit langem mit ihm befreundeten, in
Jena lebenden Lyriker und Major a. D. Carl Ludwig von Knebel
knapp, doch anerkennend: «Den 6. dieses Monats befand ich mich
noch in Carlsruh an einem unglaublich schönen Tage. Hebel ist ein
ganz trefflicher Mann.»[22]

Der Spalt in der Hintertür: Die «Zundelfrieder»-Geschichten

Es mag gerade auch der Arbeitslast dieser Jahre zwischen den
Auftritten Henriette Hendels und dem Besuch des Meisters aus Weimar geschuldet sein, Jahren zwischen Hochstimmung und Melancholie, dass in ihnen jene Erzählungen entstanden sind, die neben
den Klassikern *Kannitverstan* und *Unverhofftes Wiedersehen* zu Hebels
beliebtesten zählen werden: den Geschichten um die staubigen Brüder Zundel, den Zundelfrieder und den Zundelheiner und ihren
gelegentlichen Kumpan, den roten Dieter. In ihrer Mischung aus
gespielt harmloser Durchtriebenheit, biederer Hinterhältigkeit und
listiger Morallehre bilden sie eine Art Summe Hebel'scher Erzählkunst. Sicherlich finden sich in dieser Zeit abgründigere, unheim-
lichere und groteskere Geschichten, von Tieck, E. T. A. Hoffmann,
Kleist, doch keine, die Gesetzlosigkeit und Ordnungsgeist, Schlitzoh-
rigkeit und Bürgersinn, Volksnähe und Kunstfertigkeit so eigenwillig
verbunden hätten wie diese acht im *Rheinländischen Hausfreund* abge-
druckten Gauner-Schnurren, von denen die Hälfte Eingang ins
Schatzkästlein gefunden hat. Für Hebel waren diese Erzählungen
sicherlich auch Möglichkeiten, zumindest in der Phantasie aus dem

gewöhnlichen Geschäftsgang auszubrechen und Vagabund zu spielen – und diese Möglichkeit stellen sie auch dem Leser bereit. So haben sie auch Anlass zu der Vermutung gegeben, in diesen Erzählungen trete der verborgene Revolutionär in Hebel an den Tag. Ob das der Fall ist, sei dahingestellt. Zweifellos aber greift Hebel mit diesen Erzählungen eine literarische Tradition auf, die seit der Antike Autoren und Lesern immer wieder besonderen Anlass bot, mit Außenseitern und Gesetzlosen insgeheim zu paktieren.

Seit dem römischen Dichter Petron, einem Zeitgenossen des kunstsinnigen Tyrannen Nero, hat sich der sogenannte Schelmenroman als Erzähltypus in der europäischen Literatur etabliert. Mit der Figur des Askyltos in seiner Gesellschaftssatire *Satyrikon* – von Fellini im Übrigen opulent und opernhaft verfilmt – hatte Petron einen Helden geschaffen, der im Sinne des alten, homerischen Epos kein Held mehr war, sondern bereits Züge eines Anti-Helden trug: eine gesellschaftlich entwurzelte, charakterlich durchaus zweifelhafte Gestalt, die sich schlecht und recht durchs Leben stiehlt und daher zwangsläufig mit dem Gesetz auf Kriegsfuß steht. Gerade deswegen besitzt er die Sympathie des Autors und Erzählers: Als Außenseiter und Benachteiligter ist er darauf angewiesen, sich mit Geschick und Schlauheit «seinen Braten»[23] vom Tisch der Arrivierten zu holen. Dabei gerät er in gefährliche Situationen, in denen er seinen Einfallsreichtum beweisen kann, und tatsächlich zieht er immer wieder kaltblütig den Kopf aus der Schlinge. Da der Erzähler die Welt durch die Brille seines fragwürdigen Helden betrachtet, des *Picaro*, des Schelms, wie die Figur der Frühen Neuzeit genannt wird, erhält er Gelegenheit, Missstände zu kritisieren und etwa die Trägheit und Dummheit von Beamten oder die Geschmacklosigkeit von Neureichen zu entlarven und dabei mit halblegalen und illegalen Strategien des Überlebens zu brillieren – es ist kein Zufall, dass der Typus des Schelmenromans in Zeiten der Unterdrückung entstanden ist und seine nach-antiken Prototypen aus dem jüdischen Milieu des katholischen Spanien hervorgegangen sind.[24]

Es liegt auf der Hand, dass Hebel in seinen Zundelfrieder-Geschichten an diese Erzähltradition anknüpft. Zum einen folgt Hebels

Erzähler der Perspektive seiner Schelmen, er bekundet augenzwinkerndes Einverständnis mit ihrem vagabundischen Dasein und den freilich vergleichsweise harmlosen Diebereien, die diese Art der Lebensführung mit sich bringt. Damit ist dann auch eine Art heimlichen Pakts mit dem Leser geschlossen, der sich einige Augenblicke lang mit den Gaunern identifizieren und damit in der Phantasie nacherleben darf, was ihm seine bürgerliche Existenz verbietet: die Grenzüberschreitung, den Gesetzesbruch. So erklärt sich die außerordentliche Beliebtheit, die gerade diese Zundelfrieder-Erzählungen hatten: Wie bei einem Witz, der gegen die guten Sitten verstößt, verschafft das phantasiebedingte Nacherleben des Verbrechens eine gewisse seelische Befriedigung, ohne dass Gefahr besteht, für die Tat geradestehen zu müssen.

Hebel, als Erzähler nicht minder gewitzt als seine Figuren, erleichtert seinem Leser dieses Nacherleben, indem er durch die Art, in der er die Diebereien seiner Helden schildert, das Tun der Bösewichter zunächst scheinbar verharmlost. Da heißt es zum Beispiel in der Erzählung *Die drei Diebe* über den Zundelheiner und den Zundelfrieder, sie «visitierten nur so bei Nacht in den Hühnerställen, und wenn's Gelegenheit gab, in den Küchen, Kellern und Speichern, allenfalls auch in den Geldtrögen, und auf den Märkten kauften sie immer am wohlfeilsten ein.»[25] Will heißen: Sie zahlten mit Gotteslohn. Und als der Zundelfrieder einmal auf der Flucht durch ein «Städtlein» kam, «hielt er sich nicht länger auf, als nötig war, einer Gans, die sich auf der Gasse verspätet hatte, ein paar gute Lehren zu geben». Das erinnert fast schon an das «Rotwelsch», den Gaunerjargon, und bedeutet übersetzt natürlich: Der Frieder dreht der Gans den Hals um.

In dieser Erzählung mit dem Titel *Wie der Zundelheiner eines Tages aus dem Zuchthaus entwich und glücklich über die Grenzen kam* kann dann auch der Leser mit händereibendem Vergnügen dem Zundelheiner dabei zu sehen, wie der sich traut, die Schildwache des Städtchens als Vertreter der Obrigkeit an der Nase herumzuführen. «Als ihn hier die Schildwache anhalten wollte», heißt es da, «wer er sei, und wie er hieße, und was er im Schilde führte», dreht der Frieder kurzerhand den Spieß um, indem er die Gegenfrage stellt: «Könnt ihr Polnisch?» In dem Augenblick, in dem die Wache darauf eingeht («Ausländisch kann ich ein wenig, ja! Aber Polnisches bin ich noch nicht darunter gewahr worden»), ist sie in die Falle getappt: Plötzlich hat sich das Autoritätsverhältnis zwischen dem Dieb und dem Vertreter des Gesetzes umgedreht. Da der Frieder keck die Rolle dessen, der hier die Fragen stellt, durchhält und auf die gleiche Art die Wache am anderen Ende der Stadt übertölpelt, gelingt der Coup: «Also kam der Frieder glücklich wieder zum Städtlein hinaus, und über die Grenzen.»[26]

Die Wertschätzung, die Hebel damit seinem Protagonisten stellvertretend für die anderen Gaunerfiguren bekundet, steigert sich noch dadurch, dass er sie mit ausgesprochen moralischen Eigenschaften versieht: Sie wenden niemals Gewalt an. Schon in der Erzählung *Die drei Diebe* wird eigens auf diesen humanen Zug hingewiesen: «Doch mordeten sie nicht und griffen keine Menschen an.»[27] Nicht nur diese Eigenschaft rückt sie, die Außergesetzlichen, wieder sehr nahe an den gesetzestreuen Bürger heran. Indem Hebel ihnen ausdrücklich Fertigkeiten an die Hand gibt, die auf jeder Seite des Gesetzes brauchbar und erstrebenswert sind, macht er die Zundelbrüder und ihren Kumpan, den roten Dieter, geradezu zu bürgerlichen Identifikationsfiguren: Denn mit eben nichts anderem als mit Intelligenz, Schlagfertigkeit und handwerklichem Können ergaunern sich diese Landstreicher ihren Lebensunterhalt und haben auch noch Spaß dabei.

So bringt etwa in der Geschichte *Der Heiner und der Brassenheimer Müller* Hebels schlitzohriger Held das Pferd jenes Müllers mit einer besonders raffiniert ausgetüftelten List in seinen Besitz: Er mimt einen Lahmen, hängt eine Krücke über sich an einen Ast und wartet auf sein «Opfer». Folgendes geschieht: «Drüber kommt auf stattlichem Schimmel der Müller dahertrottiert, und macht ein Gesicht, als wenn er sagen wollte: Bin ich nicht der reiche Müller, und bin ich nicht der schöne Müller, und bin ich nicht der witzige Müller? Als aber der witzige Müller zu dem Heiner kam, sagt der Heiner mit kläglicher Stimme: ‹Wollet Ihr nicht ein Werk der Barmherzig tun an einem armen lahmen Mann. Zwei betrunkene Soldaten (...) haben mir all mein Almosengeld abgenommen, und haben mir aus Bosheit, daß es so wenig war, die Krücke auf jenen Baum geschleudert (...).» Der Reiz der Geschichte liegt nun darin, dass genau das Vorhersehbare eintritt: «Weil aber der Müller auf einem schmalen Steg über einen Graben zu dem Baum mußte, so stieg er von dem Roß ab, um die Krücke herabzuzwicken.» Zweifellos hat der Heiner den Ort für sein Bubenstückchen klug gewählt, er braucht jetzt nur noch aufs Pferd zu springen und mit einem spöttischen «Laßt Euch das Gehen nicht verdrießen» davonzureiten.[28]

Doch trotz dieses unverhohlenen Einverständnisses mit dem Schelm, trotz der offenkundigen Schadenfreude über den so beschränkten wie eitlen Betrogenen behält der Erzähler doch immer mit einem Auge auch die gesellschaftliche Ordnungswelt, ihre Gesetze und ihre Moral im Auge. Damit aber gerät der rechtliche und moralische Verstoß, den das Handeln der Diebe bedeutet, niemals aus dem Blick. Und dies umso weniger, als das edle Tun der Zundels geradezu vorbildhaft wirkt – so zögert der Heiner, nachdem er seinen Triumph hatte, keinen Moment, das listig, doch gesetzeswidrig erworbene Pferd zurückzuerstatten. Die Geschichte schließt mit dem Satz: «Als er aber eine Viertelstunde nach Betzeit nach Brassenheim und an die Mühle kam, und die Räder klapperten, daß ihn niemand hörte, stieg er vor der Mühle ab, band dem Müller den Schimmel wieder an der Haustüre an, und setzte seinen Weg zu Fuß fort.»[29] Damit ist der sogenannte Dieb abermals nahe an die moralischen Regeln der bürgerlichen Welt gerückt, sodass es tatsächlich nur noch eines Schrittes bedarf, über die Grenze wieder in diese Welt zurückzukehren.

Das geschieht denn auch. Als der Kumpan der Zundel-Brüder, der rote Dieter, erkennt, dass er an Geschicklichkeit mit den beiden nicht mithalten kann, steigt er aus: «Also ging er fort, wurde wieder ehrlich, und lebte mit seiner Frau arbeitsam und häuslich.» Unübersehbar rückt Hebel auch das Scheitern der Gaunerkarriere in den Blick, wenn er lässig erwähnt, der Vater der Zundel-Brüder habe am Galgen geendet, wenn er die Brüder im «Turm» unterbringt und die erkennt-

nisfördernde Wirkung der Zuchthausstrafe an den Schluss seiner Erzählung *Wie der Zundelfrieder und sein Bruder dem roten Dieter abermal*
einen Streich spielten stellt: «Aber auf dem Heimweg sagte der Frieder
zum Heiner: Aber jetzt, Bruder, wollen wir's bleibenlassen. Denn im
Zuchthaus ist doch auch alles schlecht, was man bekommt, ausgenommen die Prügel (...). Also wurde auch der Frieder wieder ehrlich.»[30]

Tatsächlich hieße es, Hebels Gauner-Geschichten über ihre eigenen Grenzen hinaus zu führen, wollte man in ihnen Plädoyers für
eine gleichsam anarchistische Lebensführung sehen. Die Frage, ob
denn «dieser Hebel ein hinter der Maske des ‹Hausfreunds› verborge-
ner Anarchist oder gar ein Revolutionär» gewesen sei, kann man in
der Tat nur mit einem herzhaften «wohl kaum» beantworten – seine
ganze Laufbahn spricht entscheiden gegen die Anarchisten-These.
Eher schon hat er sich selbst mit der Erschaffung seiner Zundel-Ge-
stalten den fiktionalen Ausbruch gegönnt, den er im richtigen Leben
doch nie so recht wagte, auch wenn Hebels innere Uneindeutigkeit
ihn doch immer wieder veranlasste, mit dem Ausbruch zu kokettieren und beispielsweise die Spielbank in Baden zu besuchen.

Auch dürfte Hebel mit seinen Geschichten durchaus ernsthaft für
ein gewisses Verständnis mit Vagabunden und Landstreichern gewor-
ben haben. Das mag mit der Verschärfung der Badischen Strafge-
richtsordnung im Jahre 1811 zusammenhängen, der zufolge «die sich
seit 1800 verstärkt ausbreitenden Diebs- und Räuberbanden» be-
kämpft werden sollten.[31] Gewiss hatte Hebel, der leidenschaftliche
Wanderer, auch ein persönliches Motiv, sich für die *Outcasts* seiner
Zeit, jedenfalls deren harmlosere Sorte, einzusetzen: Denn wenn
auch sein Vater kein Landstreicher oder gar Dieb war, so kam Jakob
Hebel doch als fahrender Geselle in den Dienst einer Basler Patri-
zierfamilie und als Soldat bis nach Korsika. Der Sohn fühlte sich zeitlebens dem Vagabunden innerlich nahe. So begleitet er die Resozialisierung seiner *Picaro*-Figuren am Ende doch wieder mit einem
Augenzwinkern, als kreuzte er hinter dem Rücken die Finger. Denn
nachdem auch der Zundelfrieder sich von seinem angestammten Gewerbe zurückgezogen hat, teilt der Erzähler mit: «Aber der Heiner

sagte: ‹Ich geb's noch nicht auf.›»[32] Das war nicht zuletzt auch von Autorenseite sehr praktisch gedacht, denn so konnte Hebel weitere Schelmen-Geschichten schreiben.

Doch scheint es, als bliebe auch hier, wie so oft im Leben und Schreiben Hebels, eine leise Uneindeutigkeit, ein offener Spalt in der Hintertür, durch den er sich immer wieder kurz davonmachen konnte, der «HebelFrieder».[33]

XI.
Aufstieg und Ende

Prälat, Kirchenpolitiker, Abgeordneter

«Was würde meine Mutter sagen» – fraglos spricht ein gewisser Stolz aus dieser Bemerkung,[1] die Hebel geäußert haben soll, als ihn im Frühjahr 1819 Großherzog Ludwig, Neffe des verstorbenen Großherzogs Karl, zum Prälaten der lutherischen Landeskirche ernennt. Dass Hebel sehr wohl stolz ist, nunmehr zum höchsten kirchlichen Würdenträger seines Landes aufgerückt zu sein, wäre durchaus begreiflich – weniger des Amtes selbst und des mit ihm verknüpften Prestiges wegen, dessen Gepräge er mit gewohnter Bescheidenheit mitnichten zum Habitus dessen stilisiert, der den Zenit seiner Karriere erreicht hat. Eher sogar empfindet er das Amt als neue Bürde, das ihm weitere Verantwortung aufladen wird.

Dass er zugleich aber die Ernennung auch mit Erleichterung, vielleicht sogar mit einer leisen Genugtuung erlebt, scheint tiefere Ursachen zu haben. Denn besser hätte er das einst der Mutter gegebene Versprechen nicht einlösen können als damit, nun doch ein kirchliches Amt zu bekleiden: Mag er auch kein Landpfarrer sein, als Prälat steht er der Mutter gegenüber keineswegs schlechter da.

Mit dem Prälatenamt ist indessen eine weitere Aufgabe verbunden, die Hebel erhebliche Belastungen auferlegt, für die er seinem ganzen Wesen nach eigentlich nicht gemacht ist: Er rückt als Prälat notwendig in die erste Kammer des Badischen Landtags auf. Er ist also Mitglied des Oberhauses, des gesetzgebenden Gremiums der jüngst verabschiedeten badischen Verfassung.

Dieses Gesetzeswerk, bekanntlich nicht das erste dieser Art in Deutschland, wohl aber das fortschrittlichste, sollte die im Zuge der

napoleonischen Flurbereinigung notwendige Neugliederung des
zum Großherzogtum angewachsenen Landes zugleich vorantreiben
und vervollkommnen – sie bildete gleichsam das politische Dach
über dem Geflecht einer neugeschaffenen Administration. Vorbild
dieser Neugliederung waren die Departements des revolutionären
Frankreich, deren Organisationsstruktur Hebels Förderer Nikolaus
Friedrich Brauer auf die örtlichen Verhältnisse angewandt hatte.

Die im August 1818 verabschiedete Verfassung bringt ein moder-
nes demokratisches Element in den politischen Aufbau Badens, indem sie eine zweite Kammer als reine Volksvertretung installiert und
zudem einen Grundrechtskatalog einführt. Der vom jungen Finanzrat Karl Friedrich Nebenius in wenigen Wochen formulierte Verfas-
sungstext gilt bis heute «als genialer Wurf», der unter anderem
Rechtsgleichheit, Pressefreiheit und die Repräsentation des Volkes
durch eben diese zweite Kammer vorsieht. Damit wird aus dem
Großherzogtum die erste konstitutionelle Monarchie auf deutschem
Boden.[2]

Hebel ist eng mit dem Geist dieser Verfassung verbunden – was
exemplarisch aus der Tatsache hervorgeht, dass ihm die Ehre zu-
kommt, zur Grundsteinlegung des von Friedrich Weinbrenner ent-
worfenen Ständehauses, der parlamentarischen Vertretung, am
16. Oktober 1820 die Festrede zu halten. «Von Eurer Königlichen
Hoheit Höchstselbst gewählt», richtet er das Wort an den wohl eher
mit gemischten Gefühlen zuhörenden Großherzog Ludwig, «wird es
ein bleibender Zeuge jener huldreichen Gesinnungen sein, womit
der allverehrte und geliebte Fürst und Vater seines Volkes Interessen
desselben zu umfassen und zu seinen eigenen zu erheben gewohnt
ist, selbst glücklich, indem er beglückt.»[3]

Mag sein, dass Hebel in dieser durchaus diplomatischen Rede
noch die angenehmste unter seinen parlamentarischen Aufgaben gesehen hat. Zum Politiker ist er in der Tat nicht gemacht – schnelle
Entscheidungen zu treffen, auf Konfliktkurs zu gehen und Interessen
durchzusetzen, all das widerspricht im Grunde seinem versöhnlichen
und zum Zögern neigenden Charakter. So liegt es denn auch nahe,
dass er sich vordringlich mit sozialen und kirchlichen Belangen be-

fasst. Beispielsweise unterstützt er einen Antrag des von ihm ohnehin sehr geschätzten Konstanzer Bistumsverwesers Ignaz Heinrich Carl Freiherr von Wessenberg zur Gründung eines Taubstummeninstituts und Blindenheims. Und dass er sich gegen ein Wanderverbot für Handwerksburschen stellt, liegt bei einem, der «Zundelfrieder»-Geschichten verfasst hat, auf der Hand – umso mehr, als ja Hebels Vater selbst als wandernder Handwerksbursche in die Dienste der Baseler Familie Iselin-Ryhiner gelangt ist. Vor allem aber setzt sich Hebel für einen Antrag des katholischen von Wessenberg ein, in dem vorgeschlagen wird, den katholischen Geistlichen des Großherzogtums eine bessere Ausbildung zukommen zu lassen.

Mit solchen, der überkonfessionellen Annäherung dienenden Aktionen beschreitet er den Weg, der seiner Neigung zu vermitteln entgegenkommt. Es scheint daher im Hinblick auf Hebels innere Entwicklung nur konsequent, wenn dieser Weg in seiner größten kirchenpolitischen Leistung gipfelt: der tragenden Rolle, die er bei der Vereinigung der lutherischen und reformierten Landeskirche spielt. Diese 1821 von der Generalsynode beschlossene, von Brauer initiierte «Konsensunion»[4] markiert den formellen Abschluss einer langjährigen Entwicklung, die umso drängender geworden war, als mit der Erweiterung des Landes nicht nur die ehemals vorderösterreichischen Gebiete zu Baden hinzugekommen waren, sondern auch die mehrheitlich reformierte Bevölkerung der Kurpfalz.[5] Diese Entwicklung hatte lange vor der politischen Integration begonnen – dass Hebels Eltern bereits um die Mitte des 18. Jahrhunderts interkonfessionell heiraten konnten, ist ein deutliches Zeichen dafür und wirkt im Rückblick wie das symbolische Vorspiel zur integrativen kirchenpolitischen Rolle des Sohnes. Indem Hebel auf eine gemeinsame Liturgie der einst gegnerischen Glaubensbekenntnisse hinarbeitet und im Juli 1821 als erster von insgesamt 44 Synodalen die Unionsurkunde unterzeichnet, vollendet er gewissermaßen den Auftrag der toten Eltern.

Moses war ein Zeitgenosse: «Biblische Geschichten»

Für den Autor wie für den kirchlichen Repräsentanten zeitigt seine Funktion als einer der Architekten der Kirchenunion alsbald Folgen, die ihm einerseits weitere Anerkennung bringen, ihm aber zugleich auch weitere Arbeit eintragen. Zum einen nämlich verleiht ihm die Theologische Fakultät der reformierten Heidelberger Universität den Titel eines Ehrendoktors für seine Verdienste bei der Kirchenunion; zum anderen aber wird er noch einmal in seiner Eigenschaft als Autor gefordert: Ähnlich wie im Fall des *Badischen Landkalenders* verfasst er bereits 1815 ein Gutachten, in dem er die Einführung eines gemeinsamen Lehrbuchs für lutherische und reformierte Schulen empfiehlt – ein Schritt, mit dem er zweifellos den kirchlichen Integrationsprozess auf pädagogischer Ebene fortzuführen trachtet.

Die konfessionelle wie auch kirchenpolitische Lage im neuen Großherzogtum ließ es sinnvoll erscheinen, auch ein neues Lehrbuch für den Religionsunterricht zu verfassen – so hatte es die oberste Kirchenbehörde bereits vor Hebels Gutachten beschlossen und zunächst einen anderen Kirchenfunktionär mit dieser Aufgabe betraut, den Kirchenrat Johann Ludwig Ewald. Dieser begann allerdings kein neues Buch zu schreiben, sondern bearbeitete, im Einverständnis mit seinen Auftraggebern, die 1802 erschienen und seither «bewährten Bibelnacherzählungen»[6] des damals bekannten katholischen Geistlichen, Volks- und Jugendschriftstellers Christoph von Schmid. Dessen *Biblischen Geschichte für Kinder* (Schreibung richtig!) war das religiöse Schullehrbuch in Bayern, war jedoch «auch in Österreich, in der Schweiz und in Württemberg» verbreitet.[7] Keine Frage also, dass Hebel dieses Schulbuch seines katholischen Kollegen geläufig war. So war er denn auch wenig von der Idee angetan, Schmids Werk solle für den protestantischen Gebrauch eingerichtet werden, – weniger, weil diese biblischen Erzählungen aus der Feder eines Katholiken stammten, sondern weil ihm ihr Stil und ihre Tonlage ungeeignet erschienen. Wie schon im Fall

des *Badischen Landkalenders* ergriff er nun selbst die Inititive und zog
in dem Gutachten von 1815 gegen den beliebten Schmid zu Felde:
Dieser scheine nichts von «jener *ächten* und *edlen* Popularität zu
wissen, die zwischen gebildeten und ungebildeten Lesern keinen
Unterschied» kenne. Schmids Darstellung lasse «Anschauung» und
«Einfachheit» vermissen, sie wolle «durch conventionelle Schön-
heiten im Ausdruck gefallen» und sei auf «Effecte berechnet».[8] Mit
anderen Worten: Schmid erweise seine pädagogische Unfähigkeit
darin, dass er sich eitel in seinem verkünstelten und gedrehten Stil
selbst spiegle.

Das Gutachten zeigt Wirkung. Hebel war schließlich selbst Mitglied der Kirchenratskommision, überdies ein berühmter Autor, der
bewiesen hatte, dass er weiß, was «ächte Popularität» bedeutet. So erhält er auch diesmal – im Mai 1818 – den Auftrag, und abermals
scheint es, als habe er das insgeheim bezweckt, wenn er auch in seinem Gutachten nicht offen davon gesprochen hat.[9]

Jedenfalls hat er nun die verantwortungsvolle Aufgabe, «die Bibel
für die Jugend nachzuerzählen»,[10] ein Vorhaben, das für Hebel einen
besonderen, vielleicht auch prekären Reiz haben dürfte, sollte doch
seine Nacherzählung der Bibel auch eben jenes Haus-, Lese- und
Schulbuch ersetzen, das die Lieblingslektüre seiner Mutter gewesen
war und mit dem er selbst seine ersten religiösen Lektionen erhalten
hatte: jene *Biblischen Historien* des Johann Hübner.

Dieser Gedanke mag ihn beflügelt haben. Dass er sich sogleich mit
Eifer an die Arbeit macht, entspricht freilich auch ganz seinem Ar-
beits- und Pflichtethos – die Bibel hat er ohnehin im Kopf, und lehr-
hafte Geschichten leicht fasslich, klar und unterhaltsam zu erzählen,
das beherrscht in dieser Zeit niemand so gut wie der Verfasser der
Alemannischen Gedichte, der sein Schreiben niemals anders als im
Dienst der Volksaufklärung sah. So hat er sich bereits im Dezember
1818 in einem Brief an die Straßburger Freunde mit der Arbeit an
den *Biblischen Geschichten* dafür entschuldigt, einer Einladung nicht
folgen zu können. «O ihr Lieben und Guten!», schreibt er «[f]ast
müßt ich auf den bösen Gedanken kommen, wenn ich mich selber
nicht besser kennte, daß ich auf den feindseligen Gedanken gekom-

men sey, nie mehr nach Klein Straßburg zu wallfahrten.» Allein, «ich schreibe wirklich eine heilige Geschichte für die Kinder, für unsere Kinder in Kl. Straßb. Und lebe am Berg Tabor, unter den Palmen von Jericho, am Brunnen Jakobs am heiligen Grab, und wie gesagt bei euch.» Die Arbeit, fährt er fort, «muß wills Gott bis Ostern fertig seyn. Es ist mir iede Stunde der freien Zeit und frommen Geistesstimmung dazu theuer, absonderlich die heilige Zeit, wann die Festglocken läuten und nachklingen, und die Spätzlein ans Fenster kommen.»[11]

So vereinigen sich in dieser letzten großen Arbeit der Kirchenpolitiker, der Theologe, der Pädagoge und der Schriftsteller. Vielleicht deswegen geht sie ihm doch nicht so leicht von der Hand, wie er zunächst dachte. Auch belasten ihn seine neuen Ämter als Prälat und Mitglied der Ersten Kammer in der Ständeversammlung. So kommt die Arbeit seit dem Frühjahr 1819 nur stockend voran, und «was auf ein paar Monate geplant war, nahm schließlich Jahre in Anspruch».[12] Zwar scheint das Werk dann doch schon «gegen Ende 1820 fertiggestellt» zu sein,[13] und im Juni 1821 schreibt er an Henriette Hendel und ihren Mann Friedrich Karl Schütz, er wolle nun bald «die herzigen, meine biblischen Geschichten» senden.[14] Doch verzögert sich die Überarbeitung noch einmal zwei Jahre. Im Februar 1823 schickt er dann endlich das Manuskript zum ersten Band mit den Geschichten aus dem Alten Testament seinem Tübinger Verleger Cotta, mit dem er im Herbst davor in Baden zusammengetroffen war. Und im Mai 1823 folgt der zweite Teil mit Erzählungen des Neuen Testaments. Hebel erhält dafür ein Honorar von immerhin 3000 Gulden.[15] Beide Bände erscheinen im Dezember desselben Jahres, vordatiert auf 1824. Und im Frühjahr dieses Jahres 1824 kommt im Verlag des Karlsruher Gymnasiums, jetzt Lyzeum genannt, noch eine wohlfeile Ausgabe heraus, «in sparsamem Satz und Druck»[16] – diese schlichtere Ausgabe ist für den Schulunterricht bestimmt.

Das Werk kommt an, zumindest zunächst. So flüssig, unterhaltsam, fast witzig war die Bibel auch noch niemals zu lesen gewesen. So heißt es gleich im ersten Kapitel *Die Erschaffung der Erde*: «Im Anfang schuf Gott Himmel und Erde. Aber die Erde war nicht alsbald so schön, wie sie jetzt ist, eingerichtet zur Wohnstätte der Menschen. Das Licht, die Luft, Gestein und Grund, die Keime aller Gewächse und aller lebendigen Wesen, lagen noch ohne Ordnung, eingehüllt in Wasser und wässerichte Dünste, und es gärte und bewegte sich alles durcheinander. Da scheidete sich zuerst allmählig das Licht oder die Helle von der bewegten Masse. (…) Nach dem scheidete sich das Wasser und floß zusammen in das Meer, daß das Erdreich trocken wurde, und es thaten sich lebendige frische Wasserquellen in der Erde auf, die ergießen sich in die Bäche und Ströme (…).»[17]

Man hört sogleich den typischen Hebelton heraus, obwohl Hebel seinen Stil hier nicht ganz so ausreizt wie in den Kalendergeschichten. Doch kann man sich gut vorstellen, dass die Schüler diese Geschichten gerne lasen – noch heute, oder gerade heute wieder, sind die *Biblischen Geschichten* insbesondere für Erwachsene eine vergnügliche und lehrreiche Lektüre, die Hebels erzählerisches Geschick und pädagogische Empathie spürbar werden lassen. Auch sind sie, literarisch ohnehin reizvoll, ein aufschlussreiches Dokument seiner aufklärerischen Theologie, die bereits in den ersten Sätzen der Hebel'schen Schöpfungsgeschichte durchscheint: Beinahe schreibt Hebel ihr schon eine Evolutionslehre ein, zumindest erinnert seine Darstellung der Welterschaffung an die naturwissenschaftlich orientierte Kosmogonie Kants – umso mehr, als Hebel darauf verzichtet, bei jedem Schöpfungsakt Gott als Schöpfer zu erwähnen und mit Formulierungen wie: «Es scheidete sich die Luft und erhob sich (…). Also wölbte sich über der Erde der schöne hohe Himmelsbogen (…)» andeutet, es habe sich die Welt aus sich selbst, beinahe in einer Art Selbstzeugung entwickelt. Erst am Schluss der gesamten Schöpfung lässt Hebel Gott auftreten: «Dieß alles ist so geworden durch Gottes allmächtigen Willen, durch sein lebendiges Wort. Gott sprach: ‹Es werde› – und es ward.»[18] So ist am Ende natürlich unzweifelhaft klar: Die Welt ist Gottes Schöpfung und er ist in ihr präsent.

Entsprechend seinem theologischen Denken zweifelt Hebel auch in den *Biblischen Geschichten* die Offenbarung selbst niemals an. Gleichwohl verschwindet innerhalb der Welt das Wunder und wird durch Wissenschaft ersetzt. Hebel nähert sich hier tatsächlich dem

Deismus, dem Versuch, die in der Bibel beschriebenen wunderbaren Begebenheiten naturgesetzlich zu erklären und Gott selbst in den Hintergrund treten zu lassen. Auch scheut er sich nicht, ähnlich wie in den Kalendergeschichten allgemeine Lebensansichten einzustreuen, wenn er beispielsweise in der Erzählung von Abrahams und Lots Wanderung ins Land Kanaan den Gemeinplatz anbringt: «Fromme ehrenwerte Leute finden überall eine gute Aufnahme.» Oder wenn er Loths Beschluss, sich in Sodom anzusiedeln, mit der Bemerkung kommentiert: «Oft wählt der kurzsichtige Mensch sein Unglück, wenn er auch noch so klug und vorsichtig zu handeln glaubt. Aber wenn er nur redlich dabei zu Werk gegangen ist, so weiß Gott schon wieder Mittel und Wege zur Rettung der Seinigen.»[19] Und manchmal wird er regelrecht leutselig und verschmitzt, wenn er etwa Loths Flucht aus der sündigen und brennenden Stadt Sodom, auf der dessen Weib zur berühmten Salzsäule erstarrt, vielsagend lakonisch mit den Worten schildert: «Loth hatte glücklich das Städtlein Zoar erreicht, welches verschont blieb. Seine Frau verunglückte unterwegs.»[20]

So bleibt Hebel sich zweifellos treu, auch in seinen stilistischen Anlehnungen an Luther. Zugleich aber bewegt er sich mit den *Biblischen Geschichten* auf der Höhe der Zeit, auch wenn er keineswegs den Weg mancher protestantischer Theologen beschreitet, die die Religion vor allem aus der Gewissheit der menschlichen Moralfähigkeit ableiten. So zeittypisch die in den *Biblischen Geschichten* gegebene Interpretation der Überlieferung also ist – die Mysterien der Schöpfung und Auferstehung bleiben erhalten. Allerdings: Schon als Hebel seine *Biblischen Geschichten* veröffentlicht, macht er sich lustig über «finstere Gesichter», die sie bei manchen Orthodoxen provozieren.

Dennoch bleiben die *Biblischen Geschichten* zehn Jahre lang das amtliche Schulbuch in Baden. Und nicht nur das: Hebels letztes Werk als Autor findet, ganz im Sinne seiner konfessionellen Offenheit, Anklang selbst auf katholischer Seite, die ihm ein paar Jahre zuvor wegen seiner Erzählung *Der fromme Rat* noch solche Schwierigkeiten gemacht hatte. Nun aber hat der Klerus in Freiburg sogar vor, das Werk im Unterricht einzuführen, wenn Hebel ein paar Änderungen anbringe und etwa den Hinweis tilge, die Bibel sei «verdeutscht durch

D. Martin Luther».[21] Hebel, immer versöhnlich handelnd, erkennt die Berechtigung solcher Forderungen an und stimmt zu. Bevor es allerdings zur katholischen Schulbuchversion seiner *Biblischen Geschichten* kommt, erscheint im Herder-Verlag in Rottweil eine unauthorisierte, anonyme katholische Bearbeitung.

Gerade das, was die *Biblischen Geschichten* heute über ihre erzählerische Qualität hinaus reizvoll erscheinen lässt, erregt acht Jahre nach Hebels Tod auf orthodoxer protestantischer Seite Anstoß – sie seien zu weit vom Geist der Bibel entfernt. 1834, nachdem vier Jahre zuvor bereits eine dritte Auflage erschienen war, wurde auf Betreiben der Evangelischen Generalsynode Hebels Werk revidiert, blieb indessen in seiner theologischen Grundhaltung noch unangetastet und wurde weiterhin im Unterricht verwendet. Dann aber, 1855, beschloss die Generalsynode, wegen «einer allzu deutlich hervortretenden Subjektivität des Verfassers»[22] die erfolgreichen *Biblischen Geschichten* aus der Schule zu entfernen – ein Zeichen dafür, dass die religiöse Debatte sich im Zuge der zunehmenden wissenschaftlichen Religionskritik verschärft hatte.

Im Sonnenschein späten Glücks

Mit den *Biblischen Geschichten* hat sich Hebels Produktionskraft offenbar erschöpft. Er fühlt sich zudem mit seinen politischen Ämtern überlastet. Schon lange bittet der Stuttgarter Verleger Cotta Hebel um einen zweiten *Schatzkästlein*-Band. Hebel sagt ein ums andere Mal zu, kann sein Versprechen aber nicht halten. Wahrscheinlich hat er auch keine Lust mehr zum Schreiben. Man merkt es den Briefen an: Er schreibt weniger und kürzer, der launige Ton wird nüchterner, die einst überbordenden Schilderungen verknappen sich oft zu Mitteilungen über Amtsangelegenheiten. Auch «folgen Klagen über Mißlaune und Überlastung immer dichter».[23] 1824 sieht er sich dann außerstande, seiner einst liebsten Tätigkeit weiter nachzugehen: Er gibt den Unterricht am Gymnasium ab. Die Arbeit hält ihn ohnehin schon seit Jahren davon ab, ins Oberland zu wandern. Als dann aber 1826 Oswald, der jüngste Sohn von Gottfried und Sophie Haufe, die Ferien bei ihm verbringt, hat er noch einmal Gelegenheit, sich in der Rolle des väterlichen Lehrers und Betreuers zu offenbaren. «Oswald ist gesund und lustig diesen Abend eingetroffen, und schläft bereits in guter Ruhe», meldet er am 6. August 1826 an Sophie Haufe nach Straßburg. Bald lobt er den Haufes gegenüber sein Patenkind für dessen Fleiß und Aufmerksamkeit und erteilt briefliche Ratschläge zu seiner Erziehung. «Oswald ist brav und lieb, und könnte das letztere auch ohne das andere seyn, wenn er's wüßte. Aber zum Glück weiß er's nicht. – Ich möchte ihn gern so spartanisch erziehen, als sein Alter und die Liebe gestattet. Aber die Gouvernantinn legt mir tausend Schwierigkeiten in den Weg. Sie behandelt uns überhaupt sehr ungleich, und wenn ich ihr zehnmal sage, ich sey ia doch der ältere, so sagt sie mir eilfmal, Oswald sey der iüngere.»[24] Und zwei Wochen später mahnt er: «Oswalds Briefe gefallen mir nicht ganz. Aber ich hüte mich, ihm etwas zu soufliren, weil ich es für Verfälschung hielte. Eine Mutter muß durch diesen Spiegel rein in die Seele des Kindes schauen.»[25]

Er genießt eine Art späten Familienglücks, trotz eines gewissen Überdrusses, einer Melancholie, die in manchen seiner Briefe zum Ausdruck kommt. An die verehrte Henriette Hendel-Schütz hatte er bereits im Sommer 1821 geschrieben: «Ich bin seit zwei Jahren nimmer recht gesund, nie heiter, fast immer trübsinnig, verdroßen zu allem, was ich thun soll, selbst was ich sonst mit Liebe und Freude that.» Dann fügte er wie mit einem kleinen Seufzer hinzu: «O, wie war das Jahr 1809 so schön»,[26] eben jenes Jahr, da die Schauspielerin in Karlsruhe weilte. Gleichwohl erfüllt er weiter seine Amtspflichten, wenn ihm auch die Arbeit zusehends schwerer von der Hand geht. Nicht einmal das Wandern scheint ihn so zu freuen wie einst. So klagt er gegenüber Gustave Fecht und ihrer Schwester Karoline Günttert: «Es ist kein Trost dabei, lange zu leben. Man wandelt zulezt gleichsam auf einem Gottesacker. Von meinem Kleeblatt», fährt er auf den Proteus-Bund anspielend fort, «ist nur noch Hitzig übrig.»[27]

Der Prälat: Hebel,
Zeichnung von Feodor
Iwanow, undatiert.

Als der langjährige Freund Tobias Günttert in Weil stirbt, notiert Hebel, er habe selbst nur noch «4 Jährlein, bis ich bei ihm bin», und fügt an: «das heißt in den Jahren». Er meint also: Bis er so alt ist wie Günttert. Allerdings setzt er noch einen weiteren Satz hinzu: «(…) vielleicht aber auch in einem anderen Sinn. Wie Gott will! Ich werde in diesem Leben nimmer viel Rosen zu pflücken haben.»[28] Immerhin: Er ist 65 Jahre alt. Es muss nicht unbedingt nur «Resignation» sein,[29] die aus solchen Betrachtungen spricht – es war vielleicht nur der realistische Blick eines Menschen, der, bei aller Lust am Fabulieren und Träumen, stets die Tatsachen im Blick behielt. Außerdem: Der beste Freund lebt immerhin noch.

So ganz hat er die Lebensfreude also doch noch nicht verloren, den Humor ebenso wenig. «Es ist noch alles, wie es war», teilt er Henriette Hendel-Schütz mit, «wenigstens das, was man gerne anderst hätte».[30]

Als 1824 das Karlsruher Bankhaus Meerwein Bankrott macht, verliert Hebel ein beträchtliches Vermögen: 5200 Gulden. Auch das nimmt er gelassen und bedauert nur, wenn man der Überlieferung glauben darf, den Bankier Friedrich Meerwein, mit dem er befreundet ist – jedenfalls sähe ihm das ähnlich.[31]

Sonntags pflegt er Freunde und Schüler zum Mittagstisch einzuladen, noch immer ist er gesellig, «unerschöpflich an neuen Erzählungen», wie ein Schüler berichtet.[32] Seine Abende verbringt er meist zu Hause, liest Jean Paul, arbeitet an Protokollen. Trotz der Überlastung gibt er nichts ab und lässt sich «auf keiner Inspektionsreise vertreten».[33] Die Pflicht steht immer über allem. Manchmal aber nimmt er die Kutsche und besucht, zur Entspannung, den Geologen und Universitätsprofessor Carl Cäsar von Leonhard. Henriette Hendel teilt er mit, er befinde sich «in seiner eigenen Haushaltung (...) recht wohl, wenigstens im Schatten des häuslichen Glücks, da mir der Sonnenschein nicht hat werden wollen».[34] Der Sonnenschein: Das wäre am Ende wohl doch Gustave gewesen, ein Haushalt, Kinder.

Nur spürt er seit längerer Zeit Schmerzen in der Magengegend, die immer heftiger werden. An Gustave Fecht hat er schon im April 1824 geschrieben: «Da ich gottlob ebenfalls nicht krank bin, so benutze ich als kluger Mann die Zeit, und brauche Arzneien für die Zukunft, nemlich für allerlei kleine Presten, die doch mit der Zeit schlimmer werden könnten. Wir sammeln wirklich artige Erfahrungen, mein Arzt und ich. Wir wissen bereits, daß die, und die, und die Arznei nichts hilft, damit wir die rechte gewiß nicht verfehlen, wenn es einmal ernst gilt.»[35]

XII.
Tod und Verklärung

Die letzte Reise

Anfang September des Jahres 1826 macht sich Hebel, trotz des häuslichen Glücks, abermals auf die Reise. Nicht allerdings ins Oberland, sondern ein paar Meilen in Richtung Norden: auf Dienstreise nach Mannheim und Heidelberg. Er hat Prüfungen abzunehmen. Daher ist es sein Plan, bei seinem ehemaligen Schüler und Freund, dem Hofrat Friedrich August Nüsslin, Professor am Mannheimer Gymnasium, zu logieren.

Brieflich kündigt er seinen Besuch für den 10. September an und klagt in diesem Brief auch – «erschrecken Sie nicht» – über seinen stark angegriffenen Gesundheitszustand.[1] Die Klage in diesem Schreiben gilt seinem Magenleiden, das sich wieder bemerkbar macht. Bevor er sich in den Wagen setzt, schreibt er noch einen Brief. Dieser Brief, an Gustave Fecht gerichtet, wird sein letzter sein. In ruhigem, fast sachlichem Tonfall teilt er unter anderem mit, er werde «morgen zu den Prüfungen nach Mannheim und Heidelberg gehen», und «erst gegen den 23sten wieder» kommen. Der Brief datiert vom 9. September und er schließt mit den Worten: «Leben Sie wohl, Theuerste – ewig Ihr H.»[2] Nur ein einziges Mal hat er dieses Wort als Grußformel benutzt: «ewig Ihr Fr. H.», am 10. Mai 1812, als er Gustave wegen des Todes ihrer Mutter zu trösten suchte. Die Prüfungen in Mannheim nimmt er in der gewohnten Sorgfalt ab. Sogar die Feierlichkeiten zu seinen Ehren scheint er zu genießen, allerdings nicht ungetrübt.

Der «liebe Mann», erinnert sich hochbetagt Nüsslin anlässlich der Hundertjahrfeier am 10. März 1860 an Hebels Besuch, habe sie «mit gewohnter Freundlichkeit» begrüßt und versucht, «die körperlichen Schmerzen, welche ihn quälten, mit großer Selbstbeherrschung vor uns zu verbergen; allein die alte Heiterkeit wollte trotz seiner Bemühungen, sie hervorzurufen, nicht wiederkehren».[3]

Die Schmerzen werden schlimmer. Obwohl Nüsslin ihm anbietet, einen Arzt zu holen, beschließt Hebel, nach Schwetzingen zu fahren, um, wie er es versprochen hatte, den dortigen Gartenbaudirektor Johann Michael Zeyher und dessen Frau zu besuchen. Die Schmerzen, sagt er zu Nüsslin nach dessen Bericht, würden, wie gewöhnlich, nach ein paar Stunden verschwinden. Im Übrigen glaube er, die frische Luft im Schwetzinger Schlossgarten werde das ihrige zur Linderung beitragen. Am Samstag, 16. September, reist er ab.[4]

Hebel schafft noch die Fahrt nach Schwetzingen. Sein Zustand hat sich indessen derart verschlechtert, dass er die Prüfungen in Heidelberg absagen muss. Brieflich bittet er den «Decan [Johann Baptist] Beyhofer», mit den Prüfungen alleine zu beginnen. Er, der immer die Zähne zusammengebissen hat und zäh sein Arbeitspensum erfüllte, ist diesmal außerstande, der Pflicht in vollem Umfang Genüge zu leisten.

Ein Augenzeuge, Professor Karl Philipp Kayser, einer der beiden Direktoren des Heidelberger Gymnasiums, berichtet weiter, er und sein Kollege Friedrich Heinrich Wilhelmi seien am 18. September von Heidelberg nach Schwetzingen gereist, um nach Hebel zu schauen und «sich auch von dem Zustande seiner Krankheit genaue Kenntniß» zu verschaffen.[5] Auch Nüsslin ist eigens aus Mannheim herbeigeeilt.[6]

Sie treffen Hebel in schlechter Verfassung an. «Wir fanden ihn», berichtet Kayser in seinem Tagebuch, «in Kleidern auf dem Bette liegend.» Das schien Hebel peinlich zu sein. «Er bath um Entschuldigung. Dann hörte er uns geduldig an, gab kurzen, aber ganz freundlichen Bescheid, nur daß er einige Male inne hielt, die Hand auf den Bauch legend, und dann über arge Schmerzen klagte.»[7] Offenbar hat man ihm zugeredet, es sei nun wahrhaftig Zeit, einen Arzt kommen zu lassen. Hebel scheint sich auch nicht mehr gesträubt zu haben, denn bald darauf erschien der «Amtsphysikus Dr. Griesselich» aus Schwetzingen. Angeblich soll Griesselich Hebels Zustand «nicht für bedenklich» gehalten haben.[8] Gleichwohl rät er dazu, «den Geheimen Hofrat Dr. Seubert von Karlsruhe herbeirufen zu lassen», Hebels Hausarzt. Hebel indessen lehnt «mit freundlicher Standfestigkeit den Antrag ab» – vielleicht hat er tatsächlich «keine bange Sorge für seine Zukunft», vielleicht auch ist dem Bescheidenen der Wirbel um seine Person unangenehm, oder aber er weiß, dass im Zweifelsfall die Kunst des Arztes nicht hinreichen wird. Hebel soll «gerührt» um dessen Bemühungen «die Hand desselben» ergriffen und gesagt haben: «Non est medico semper relevetur ut aeger; interdum docta plus valet arte malum» – das Lateinische beherrscht er auch im Fieber, Professor Tittels Schule sitzt. Und der Medikus versteht ihn natürlich: *Dem Arzt ist nicht immer gegeben, dass er dem Kranken helfe; manchmal vermag das Übel mehr als die erfahrene Kunst.*[9] Doch noch immer scheint Hebel laut Kaysers Bericht zu glauben, das Übel, da es schon mehrere Male wieder abgeklungen ist, werde auch diesmal verschwinden.

Als nach weiteren vier Tagen, am Abend des 21. September – das Fieber ist an diesem Tag erheblich gestiegen –, doch noch die Ärzte erscheinen, Dr. Renner aus Mannheim und aus Karlsruhe der Hausarzt Dr. Seubert, soll Hebel gegenüber Renner geäußert haben: «Heute habe ich die ersten Todesgedanken gehabt (...), aber wirklich, sie haben mich nicht erschreckt.»[10] Schon als am Nachmittag der Hausherr, eben der Hofgartendirektor Zeyher, erschienen war, wurde er «von Hebel wie ein ersehnter Freund empfangen.» Die Ärzte sind sich über «die vollständige Hoffnungslosigkeit» von Hebels Zustand einig. Hebel, trotz des Fiebers bei klarem Verstand, habe, heißt es, noch mit den Ärzten gescherzt – am Ende, es hätte nicht fern gelegen, ist ihm vielleicht noch jenes geschliffene Epigramm eingefallen, das er in seiner Lörracher Zeit gedichtet und dem er den Titel *Krankenbesuch* gegeben hat:

Ist Sein Herr allein,
So meld Er den Freund Hain!
– ‹Ganz allein, bis auf den Doktor Felber.› –
Adieu, Freund! Der bringt mir ihn schon selber.[11]

Dann schickt er seinen Krankenwärter ins Bett. Johann Peter Hebel stirbt in dieser Nacht, der Nacht vom 21. auf 22. September 1826, im Alter von 66 Jahren, vier Monaten und zwölf Tagen.[12] Es soll gegen halb vier Uhr gewesen sein, als der Morgen schon heraufdämmerte.

Auf einem Grabe — Hebels eigener Epitaph

Von Hebel ist also kein letztes Wort überliefert, kein zündender Spruch für die Nachwelt. Auch eine Grabinschrift hat er sich nicht ausgedacht, so wenig wie er, von einigen Verfügungen abgesehen, ein rechtskräftiges Testament hinterließ — er hatte vermutlich keine Zeit mehr dazu. Gleichwohl hatte er sich längst den treffendsten Epitaph geschrieben: in den *Alemannischen Gedichten*, mit dem Titel *Auf einem Grabe*:

Schlof wohl, schlof wohl im chüele Bett!
De ligsch zwor hert uf Sand und Chies;
doch spürt's di müede Rucke nit.
    Schlof sanft und wohl!

Schlaf' wohl, schlaf' wohl im kühlen Bett!
Du liegst zwar hart auf Sand und Kies,
doch spürt's dein müder Rücken nicht.
    Schlaf' sanft und wohl

(...)

Oh, 's isch der wohl, es isch der wohl!
Und wenni numme bi der wär,
se wär scho alles recht und guet.
    Mer tolten is.

Wie ist dir wohl, wie ist dir wohl!
Und wenn ich bald auch bei dir bin,
so ist doch alles recht und gut.
    Wir würden uns vertragen.

(...)

Und was di früeih im Morgenrot
bis spot in d' Mittnacht bchümmert het,
Gott Lob und Dank, im chüele Grund
    tut's nümme weh.

Und was dich früh am Morgen schon
und bis um Mitternacht beschäftig hat,
Gott Lob und Dank – im kühlen Grund
    tut's nicht mehr weh.

Es ist, nach allem, was über Hebel zu hören war, keine Über-
raschung mehr, dass er in diesem Gedicht den Tod nicht als Ende
beklagt, sondern als Erlösung feiert. Daran ändern auch zwischen-
zeitliche Zweifel nichts. Der Vergleich des Todes mit dem Schlaf –
ein altes christliches Sinnbild, dessen Bedeutung Hebel nicht verän-
dert: Wenn der Schlaf die Erneuerung des diesseitigen Lebens ist, so
ist der Tod nur die Voraussetzung zum wahren Leben. Wer diese
Heilsgewissheit hat, der braucht den Tod nicht zu fürchten. So fährt
auch das Gedicht fort:

Doch öbbe bald, wenn's Gottswill isch,
se chunnt mi Samstig z' oben au,
und druf, se grabt der Nochber Chlaus
    mir au ne Bett.

Wahrhaftig: bald, wenn's Gottes Wille ist,
kommt auch mein Samstag abend,
und dann – dann gräbt mein Nachbar Klaus
    auch mir mein Bett.

(...)

I schlof derno so sanft wie du,
und hör im Chilchturm 's Unreih nit
Mer schlofe, bis am Sunntig früeih
    der Morge taut.

Ich schlafe dann so sanft wie du,
und hör' im Turm die Unruh nicht

Wir schlafen dann bis Samstag früh, bis
der Morgen taut

Der eigene Tod ist in eine heilsgeschichtliche Perspektive gerückt: Das einzelne Leben, das Lebendige, erlischt, geht aber damit in das große Ganze des Lebens ein. So ist Hebels Gedicht *Auf einem Grabe* ein Auferstehungshymnus, der mit den Versen endet:

Und wenn emol der Sunntig tagt,
und d' Engel singe's Morgelied,
se stöhn mer mit enander uf,
    erquickt und gsund

Und wenn einmal der Sonntag tagt
der Engel singt das Morgenlied,
dann steh'n wir miteinander auf,
    erquickt und gesund.

Und 's stoht e neui Chilche do,
sie funklet hell im Morgenrot.
Mer göhn, und singen am Altar
    Halleluja!

Dann steht die neue Kirche da,
und funkelt hell im Morgenrot.
Wir geh'n und singen am Altar
    Halleluja!

Der Glaube an die Auferstehung war letzten Endes sein Anker im Leben. Er half ihm über alle Zweifel hinweg und tröstete über die Gewissheit der Endlichkeit aller Dinge. Ja, er zeigte, dass diese Endlichkeit eine überaus sinnvolle Einrichtung ist. Es war ein Glück, zu sehen, wie sinnvoll diese Endlichkeit ist. Ein Glück, die Vergänglichkeit zu verstehen. *Auf einem Grabe.* Er hätte das Gedicht auch nennen können: das Glück der Vergänglichkeit.

Ungereimtheiten um den Dichter im Lorbeerkranz

Noch am Tag von Hebels Tod, am Freitag, den 22. September, wird die Leiche obduziert. Das Ergebnis bestätigt, was die Ärzte vermutet hatten: «(...) eine langjährige krankhafte Verbildung in den Eingeweiden, welche den Tod herbeiführen mußte.» Hebel starb an Darmkrebs.[13]

Mit der nächsten Post sendet das Bezirksamt Schwetzingen die Todesnachricht an die «Großherzoglich Badische Stadt Direction Carlsruhe.» Diese schickt sogleich einen Bericht an das «Großherzogliche Hochpreißliche Ministerium des Innern, Evangelische Kirchen Sektion», wonach «Das Großherzogliche Bezirksamt Schwetzingen» per Express die Nachricht mitgeteilt habe, «daß Herr Praelat Hebel heute Morgen 3½ Uhr auf einem Besuch bei Herrn Garten Director Zeyher in Schwetzingen gestorben» sei.

Zeyher selbst verfasst die Todesanzeige, die bereits am folgenden Tag in der *Carlsruher Zeitung*, Nr. 264, erscheint:

«Der Herr Prälat Hebel, der vor einigen Tagen schon unwohl zum Besuche hier angekommen war, ist nach schmerzlichem Leiden an einer Unterleibsentzündung diesen Morgen 3½ Uhr in seinem 67. Lebensjahr in meinem Hause verschieden. Welch ein erschütternder Schmerz für den, der sich eben seines theuren hochgeehrten Gastes freuen wollte. Tief bewegt erfülle ich die traurige Pflicht, seine Angehörigen und den Kreis seiner Freunde und Verehrer von dem beklagenswerten Verlust in Kenntniß zu setzen.»[14]

Und noch am selben Tag, am 23. September, wird Hebel auf dem alten Schwetzinger Friedhof beerdigt. «Das Unterland», schreibt Hebels Biograph Wilhelm Zentner, «das schon den Lebenden nicht mehr dem heimatlichen Oberland hatte zurückgeben wollen, behielt auch den Toten.»[15]

Offenbar aber gab es bei den Vorbereitungen kleine Unregelmäßigkeiten. So berichtete viele Jahre später, Ende der 1880er Jahre, in Schwetzingen ein 80-jähriger Schreinermeister Joseph Stöckle, Professor und Gründer des Scheffelbundes, er habe seinerzeit geholfen, Hebel in den Sarg zu legen. Er, der Schreinermeister Mannhardt, damals noch Schreinerlehrling bei der mit der Fertigung des Sarges beauftragten Firma Haßler,[16] sei «mit einem anderen Schreinerlehrling» in die Wohnung des Hofbotanikers Zeyher gerufen worden, «um den Leichnam Hebels einzusargen». Dabei aber, so hat Stöckle den Bericht Mannhardts festgehalten, sei es zu einem Malheur gekommen: «Da Hebel etwas schwer gewesen, haben sie sich durch Wälzen des Leichnams zu helfen gesucht und so sei der Leichnam auf das Gesicht in den Sarg zu liegen gekommen. Weil die Zeit drängte, haben sie den Sarg, ohne die Leiche zu wenden, zugemacht (…).»[17]

Es gab indes zu dieser Zeit, 1908, noch einen lebenden Augenzeugen der Vorgänge unmittelbar nach Hebels Tod: einen über 90-jährigen Schwetzinger Altgemeinderat namens Mallrich der, «körperlich und geistig» noch rüstig, «sich genau an die Todesfeier Hebels erinnert, der er als Schüler beigewohnt hat», wie es in der Verlautbarung des Schwetzinger Bürgermeisteramtes von 1908 weiter heißt.[18] Nach der Erinnerung Mallrichs soll «die Leiche des Oberhirten des badisch evangelischen Volkes» im Hof von Zeyhers Haus «öffentlich im Sarge ausgestellt gewesen» sein. Und der Bericht schließt mit der Bemerkung: «Diese Darstellung ist durchaus wahrscheinlich. Ein Mann von der Bedeutung Hebels, dessen Leiche unter der Obhut eines so hervorragenden» Mannes wie Zeyher gestanden habe, «wird nicht so gleichgültig behandelt, wie Mannhardt erzählte».

Ein anonymer Augenzeugenbericht scheint das zu bestätigen: Um 11 Uhr sei die Leichenbestattung gewesen. «Die Flügeltüren des schönen herrschaftlichen Gebäudes, welches der Gartendirektor Zeyher und seine Familie bewohnten, standen weit offen, und in dem Hauseingange zeigte sich der offene Sarg. Unentstellt (…), die Hände gefaltet, die Augen geschlossen, das ehrwürdig graue Haupt auf dem letzten Ruhebette sanft ruhend, so fanden Freunde und Verehrer den Mann (…).»[19]

Dies scheint auch ein weiterer Augenzeuge zu bestätigen: «Die Geistlichen der Umgegend, viele Freunde und Verehrer des Verstorbenen eilten herbei, noch einmal das theure Antlitz zu sehen, dem

Freunde, dem Amtsbruder, dem Vorgesetzten, dem Lehrer auf dem letzten Wege zu folgen. Auch der Tod hatte seine Züge nicht unkenntlich gemacht, der freundliche Greis schien zu schlummern und einen lieblichen Traum zu träumen, von der schönen Heimat. Im einfachen Leichenhemde lag er im Sarge, so hatte es der Freund (...) angeordnet, aber auf dem Sarg ruhte der verdiente Lorbeerkranz (...).»[20]

Auch in diesem Punkt gibt es Ungereimtheiten. Denn es soll der bereits verschlossene Sarg am Grabe «noch einmal geöffnet und ein Lorbeerkranz um des Dichters erkaltete Stirn gelegt» worden sein.[21] So zumindest berichtet es ein dritter Augenzeuge der Beerdigung: «Auf dem Friedhof ward der Sarg noch einmal geöffnet, eine milde Septembersonne lächelte auf die bleichen unentstellten Züge, der Lorbeerkranz ward in die grauen Locken des Todten gedrückt, und der Sarg versank unter dem Gesange der Schuljugend.»[22]

Sicher ist wohl, dass bei Hebels Beerdigung am 23. September 1826 die Sonne schien. Auch waren Hunderte von Trauergästen, darunter zahlreiche Schulkinder, anwesend, sie drängten sich noch jenseits der Friedhofsmauer. Hebels Nachfolger im Amt als Prälat, Kirchenrat Johannes Bähr aus Karlsruhe, der mit Hebel befreundet war, hielt die Trauerrede.

Indes sollte auch das Grab noch für Aufregung sorgen. Es war ein schlichtes, schönes Grab: ein abgeflachter Erdhügel in Pyramidenform, grasüberwachsen, auf der oberen Fläche niedere Ziersträucher, und an der Vorderseite eingelassen eine Grabplatte mit der Aufschrift: J. P. Hebel. Zeyher hat sie selbst noch gesetzt. Der Hofbotaniker, Hebels letzter Gastgeber, starb am 18. Oktober 1843. Zusammen mit seiner sechs Jahre zuvor verstorbenen Frau Magdalena ist er einige Meter links hinter Hebel bestattet worden.

Hebels Freund, der Gymnasialdirektor Friedrich August Nüsslin, erinnert sich mit 80 Jahren, also im Jahre 1860, an Hebels Grab so: «Seine letzte Ruhestätte auf dem Schwetzinger Friedhofe unter einer später gesetzten Trauerweide» habe an jene erinnert, die Hebel in seinen *Biblischen Geschichten* «mit Liebe» geschildert habe: «Es ist eine schöne Grabstätte unter einem Baume, wie wenn ein müder Wan-

«*Es ist eine schöne
Grabstätte unter einem
Baume*»: *das Hebel-
Grabmal in Schwetzin-
gen (Holzstich aus dem
Jahr 1859), heute mitten
in der Stadt gelegen.*

dersmann unter einem schattenreichen Baum Kühlung und Erqui-
ckung sucht. Er schläft ein Stündlein oder etwas, und steht alsdann
wieder auf.»[23]

Tatsächlich aber soll Hebels Grab schon bald nach dessen Tode vernachlässigt worden sein, ja, sich in einer «jämmerlichen Verfassung» be-
funden haben.[24] Schlimmer noch: Es kam um die Mitte des 19. Jahrhunderts, etwa zu der Zeit, als Hebels *Biblische Geschichten* aus dem
Schulunterricht verschwanden, Hebel aber mehr und mehr als nationaler, als deutscher Dichter verehrt wurde, das Gerücht auf, dort, wo
sich Hebels Grab befinde, ruhe gar nicht Hebel selber. Dieses Gerücht
aber entstand, da zu Beginn der 1830er Jahre der seinerzeitige Schwetzinger Bürgermeister Daniel Helmreich den Friedhof umgestalten
ließ: Bisher nämlich war der Friedhof in zwei Abteilungen geteilt, wovon die eine, die nordöstliche, den Protestanten, die südwestliche, also
sozusagen nach Frankreich hin gelegene Abteilung den Katholiken

vorbehalten war. Nun war aber das Zeitalter der Konfessionen vorbei, das Zeitalter der Nationen kam herauf, und so ließ der Bürgermeister Helmreich das Kreuz, das auf dem katholischen Sektor stand, an der Friedhofsmauer aufstellen zum Zeichen, dass Jesus Christus aller Christen Heiland sei. Und vermutlich derselbe Daniel Helmreich ließ einen neuen Durchgangsweg anlegen, was die Versetzung einiger Kreuze und Grabsteine unumgänglich machte, so dass also möglicherweise auch der Stein an Hebels Grab ein wenig verrückt wurde[25] – was dann, als im Jahre 1859 das Hebel-Denkmal über dem Grab errichtet wurde, natürlich zur Folge gehabt hätte, dass dieses Denkmal nicht das wahre, sondern sozusagen das angenommene Hebel-Grab krönt, das durch die Neuordnung des Friedhofs durch eben jenen Bürgermeister Helmreich ohnehin in jenen Bereich gelangt zu sein scheint, welcher ehemals der katholische war.[26]

Auch darüber gibt es allerlei Zeitzeugenberichte, auch diese widersprechen sich, auch die Frage nach dem richtigen Grab ist nicht geklärt.

Hebel hätten diese Grotesken um seinen Tod vielleicht eher amüsiert als empört. Er hätte den Stoff für mindestens zwei Kalendererzählungen darin gewittert, die er genannt hätte: *Das falsche Grab* und *Der verkehrte Leichnam*. Und tatsächlich hat ein findiger Konstanzer Germanist, Klaus Oettinger, aus diesem Stoff eine amüsante Geschichte gemacht, die er treffend *Hebels Grab. Fast eine Kalendergeschichte* nennt und in der er diesem postumen Lustspiel einen einleuchtenden letzten Akt gibt: «Wenn man also wieder einmal auf dem alten Friedhof buddeln sollte (...), unterm Hof der Hildaschule vielleicht, und man findet einen, der auf dem Gesicht liegt, dann weiß man, wer es ist und wo er wahrhaftig begraben liegt, der Johann Peter Hebel.»[27]

Tatsächlich wäre das die Lösung aller diesbezüglichen Rätsel: nachsehen und gegebenenfalls exhumieren. Der Hausfreund freilich wäre davon nicht begeistert, denn er weiß, dass es nicht auf das Grab und das Denkmal ankommt, sondern auf den Mann, dessen gedacht wird. Und er würde wohl sagen, vor Gott und am Jüngsten Tage seien alle gleich, egal, wo und wie sie bestattet sind.

Danksagung

Jeder Autor steht auf den Schultern seiner Vorgänger. Mein erster Dank gilt daher all jenen, die sich über Jahre, Jahrzehnte und nicht selten ein ganzes Forscherleben lang mit Hebel beschäftigt haben und dabei mit akribischem Fleiß unverzichtbares biographisches Material bewahrt, erschlossen und zugänglich gemacht haben.

Zu besonderem Dank bin ich meiner vom Hochrhein stammenden Frau und ihrer Familie verpflichtet, in der nicht nur, wie zu Hebels Zeiten, das Alemannische als Alltagssprache gepflegt wird, sondern auch Hebel selbst als Haus- und Heimatdichter gegenwärtig ist. Vor allem Rudolf Schneiders anregende Begeisterung wie auch die so wohlwollende wie streitbare Aufgeschlossenheit meiner Frau haben mir zum Wesen Johann Peter Hebels einen Zugang verschafft, der jenseits der Dokumente und Aufzeichnungen liegt und mit akademischen Mitteln allein nicht zu erreichen ist. Diese gleichsam persönlichen Annäherungen haben mir zudem ein anschauliches Bild von Hebels eigentlicher Heimat, dem Wiesental und dem Markgräflerland, erschlossen und mich in die syntaktischen und lautlichen Besonderheiten der für Hebels Verständnis unerlässlichen alemannischen Mundart eingeführt.

Besonders auch danke ich Prof. Dr. Rolf Schieder und Hendrik Meyer von der Theologischen Fakultät der Humboldt-Universität zu Berlin für die hilfreichen Gespräche zum lutherischen und reformierten Glaubensbekenntnis und wichtige Hinweise in theologischen Fragen. Für erhellende Handreichungen auf psychoanalytischem Feld danke ich Dr. Hannes Bacher. Außerdem danke ich für aufschlussreiche architekturgeschichtliche Hinweise Christian Elßner, der nicht nur als Architekt, sondern als Kind der Stadt Karlsruhe seine Kenntnisse einbrachte. Für wertvolle historische Hinweise, vor allem zum Logen- und Geheimbundwesen des 18. Jahrhunderts, danke ich besonders dem Autor Dr. Reinhard Markner. Als kritischer Leser war mir auch Dr. Viktor Otto unentbehrlich.

Für Informationen zum Hausener Bergwerk danke ich Frau Elsbeth Kuder in Hausen im Wiesental. Außerdem sei Robert Wöbke für die sorgfältige Korrektur des Manuskripts gedankt.

An Dr. Andreas Wirthensohn geht mein Dank für sein sensibles Lektorat, die zahlreichen literaturgeschichtlichen und methodologischen Fachgespräche sowie auch für die Anregungen zu etlichen präzisierenden Ergänzungen insbesondere im Hinblick auf das erzählerische Werk Johann Peter Hebels. Dank gebührt auch Dr. Raimund Bezold und Rosemarie Mayr vom Beck-Verlag – jener hat das Projekt mit herzlicher Anteilnahme begleitet und stand mir bei der Konzeption des Textes hilfreich zur Seite, diese scheute keine Mühe bei der Beschaffung der Bilder. In diesem Zusammenhang dürfen auch das Deutsche Literaturarchiv Marbach und sein Leiter Prof. Ulrich Raulff nicht unerwähnt bleiben – sie haben mir das Gefühl gegeben, in ihren Räumen stets willkommen zu sein und mich in meinem Anliegen in jeder Hinsicht unterstützt.

Schließlich aber gilt mein herzlicher Dank Johan de Blank, dessen Unerschütterlichkeit, Langmut und Einfühlungsvermögen das ihrige zur Entstehung dieses Buches beigetragen haben.

Anmerkungen

Vorwort

1 Die folgenden Zitate in: SRH, S. 246–248.
2 Bloch 1965, S. 139.
3 SRH, S. 46.
4 SRH, S. 120.
5 SRH, S. 80.
6 Benjamin II,1, S. 277.
7 SRH, S. 134.
8 Benjamin, II,1, S. 281.
9 Benjamin, II,1, S. 281.
10 Bloch 1965, S. 145.
11 Bloch 1965, S. 145.
12 Bloch 2001, S. 11.
13 Bloch 1965, S. 147 f.
14 Heidegger, S. 124.
15 Benjamin II,1, S. 282, auch II,2, S. 636.
16 Benjamin II,2, S. 636.
17 Benjamin II,1, S. 282.
18 Theodor Heuss, S. 12.
19 Heuss, S. 16 f.
20 SRH, S. 81.

I.
Zwischen den Welten: Kindheit

1 AG, S. 60.
2 HW I, S. 551.
3 Wie de Bruyn über Eltern und Großeltern des fast genau drei Jahre nach Hebel, am 21. März 1763, geborenen Jean Paul berichtet: «Jean Paul ist Sohn und Enkel von Schulmeistern, das heißt: von Hungerleidern», de Bruyn, S. 12 f.
4 Weber/Wehling, S. 39.

5   Vgl. Hug, S. 87 f.
6   Vgl. Nipperdey 1991, S. 12.
7   Vgl. Zentner 1965, S. 8.
8   Weber/Wehling, S. 31.
9   Vgl. Weber/Wehling, S. 32.
10 Vgl. Nipperdey 1991, S. 112.
11 Nicht genau zu ermitteln, vgl. Zentner 1965, S. 3.
12 Vgl. Däster, S. 10.
13 Vgl. Nipperdey 1991, S. 463.
14 So von Zentner (1965) überliefert, S. 5.
15 Zentner 1965, S. 4.
16 Zentner 1965, S. 5.
17 Vgl. Nipperdey 1991, S. 163.
18 So Zentner 1965, S. 5 f.
19 Vgl. Littmann, S. 13.
20 So Zentner 1965, S. 6.
21 Zit. nach Littmann, S. 15.
22 AG, S. 34, Übertragungen von Richard Gäng.
23 AG, S. 96/98
24 So Moehring, S. 63.
25 AG, S. 66 f.
26 AG, S. 64.
27 Brief vom 16. Januar 1825, BGA, S. 730.
28 Brief vom 16. Januar 1825, BGA, S. 730.
29 Brief vom 16. Mai 1812, BGA, S. 535.
30 Vgl. Zentner 1965, S. 3 f.
31 AG, S. 156.
32 Übertragung B. V.
33 AG, S. 30.
34 Übertragung B. V.
35 AG, S. 28.
36 Vgl. Zentner 1965, vgl. auch das Landschaftsporträt des Heimatschriftstellers Adolf Schmitthenner, S. 16–18.
37 Zur Reformation in der Markgrafschaft Baden vgl. Moehring, S. 46ff u. Hug, S. 58–65.
38 Vgl. Moehring, S. 33.
39 Vgl. Heusler, S. 134–137, Moehring, S. 49 f.
40 Vgl. Moehring, S. 33 u. 49 ff.
41 Zentner 1965, S. 11.
42 Schmitthenner, S. 17.
43 AG, S. 154 f.

44 AG, S. 136.
45 AG, S. 136.
46 Vgl. Zentner 1965, S. 7, Däster, S. 12, Littmann, S. 15.
47 Ariès, S. 209.
48 Luther B, 511, 1–6, Nr. 1303.
49 Ariès, S. 216.
50 Vgl. Ariès, S. 216.
51 Preuschen, S. LXIf.
52 Preuschen, S. LXIf.
53 HW I, S. 551.
54 AG, S. 60.
55 Zur Beliebtheit Hübners vgl. Bautz, Sp. 1121 und Kaemmel, S. 267–269.
56 Vgl. Littmann, S. 20.
57 Vgl. Littmann, S. 19.
58 Vgl. Pietzker 2001, S. 44.
59 Vgl. Däster, S. 29.
60 SRH, S. 174.
61 Vgl. von Ungern-Sternberg, S. 158–185, v. a. 167 ff., in: Hansers Sozialgeschichte der deutschen Literatur.
62 Vgl. Preuschen, S. LXIf.
63 Vgl. Pietzcker 1994, S. 51; auch den informativen Artikel von Peter, Sp. 1491 f.
64 Brief vom 14. Dezember 1791, BGA, S. 3 f.
65 Brief vom 14. Dezember 1791, BGA, S. 3 f.
66 Brief vom August 1805, BGA, S. 270.
67 Brief vom 27. Oktober 1809, BGA, S. 440.
68 Brief vom August 1799, BGA, S. 75.
69 Stadler 2001, S. 67.
70 Übertragung B. V.
71 HW I, S. 551.
72 Demel, S. 158.
73 Nipperdey 1991, S. 463.
74 So Littmann, S. 17.
75 Dehmel, S. 159.
76 Zur Bildungsreform vgl. Nipperdey 1991, S. 56–64.
77 Wie Zentner 1965, S. 9, anmerkt.
78 Zentner 1965, S. 9.
79 Ribbert, S. 292.
80 So der damalige Bericht des «Visitationsprotokolls», zit. nach Littmann, S. 17 f.
81 Vgl. Littmann, S. 18.
82 HW I, S. 130.

83   Zentner 1965, S. 11.
84   Vgl. Kühlmann, S. 10.
85   Brief vom 20. Mai 1807, BGA, S. 346.

II.
Gymnasiast in der Fremde

1   Als Logiergast, Zentner 1965, S. 15.
2   SRH, S. 279.
3   Vgl. Demel, S. 357 f.
4   Vgl. dazu auch Schmidt-Bergmann, S. 6.
5   Zit. nach Kühlmann, S. 132.
6   Vgl. Mutterer.
7   Zit. nach Littmann, S. 27.
8   Vgl. hierzu Engelmann u. Oehm.
9   Vgl. Kühlmann, S. 27.
10   Kühlmann, S. 28.
11   Vgl. Kühlmann, S. 30.
12   Kühlmann, S. 11.
13   Zu den Stoffplänen vgl. Kühlmann, S. 30–35.
14   U. a. Littmann, S. 28.
15   «Diesbezügliche Texte sind von Hebel offenbar nicht überliefert.» (Kühlmann, S. 35)
16   Vgl. Kühlmann, S. 58–73 u. 75–92.
17   Kühlmann, S. 15.
18   Vgl. Kühlmann, S. 16.
19   Kühlmann, S. 17.
20   Kühlmann, S. 17 ff.
21   Brief vom Januar/Februar 1797, BGA, S. 64.
22   Friedell, S. 348 f.
23   Kühlmann, S. 10.
24   Littmann, S. 31.

III.
Student in Regnitz-Athen

1   Hebels Wanderroute findet sich beschrieben bei Zentner 1965, S. 23, u. Littmann, S. 33.
2   HW I, S. 263.

3   Zit. nach Littmann, S. 33.
4   Vgl. Littmann, S. 36.
5   Brief vom 1. August 1812, BGA, S. 548 f.
6   Über Satzung und Ziele der Amicisten vgl. auch Littmann, S. 36 f.
7   Zit. nach Littmann, S. 40.
8   Vgl. Littmann, S. 48.
9   Vgl. de Bruyn, S. 65.
10   Zit. nach Littmann, S. 41.

IV.
Lehrjahre in der Provinz: Hertingen

1   Freytag, S. 734.
2   HW I, S. 552.
3   Vgl. de Bruyn, S. 60–68.
4   BGA, S. 684.
5   Zit. nach Littmann, S. 46.
6   Wollgast, S. 192.
7   Hebel in der Abhandlung *Von den Prozessionsraupen*, SRH, S. 24.
8   So in der Lehrbetrachtung *Von den Schlangen*, SRH, S. 40–45, Zit. S. 40, 43,
    40 f., erschienen im *Landkalender* von 1803.
9   So Däster, S. 24.
10   Wie es in der botanischen Lehrbetrachtung *Des Adjunkts Standrede im Ge-
    müsegarten seiner Schwiegermutter* heißt. SRH, S. 35–40, Zit. S. 37, erschienen
    im *Landkalender* von 1803 unter dem Titel *Über die Verbreitung der Pflanzen*.

V.
Der Hilfslehrer

1   Zit. nach Zentner 1965, S. 35.
2   Moehring, S. 56.
3   Vgl. Däster, S. 24.
4   Wie Zentner 1965, S. 39, vermutet.
5   Zentner 1965, S. 38.
6   Zentner 1965, S. 38.
7   Zentner 1965, S. 38.
8   Demel, S. 162.
9   De Bruyn, S. 13.
10   Vgl. Hug, S. 88.

11 De Bruyn, S. 13.
12 Zentner 1965, S. 38.
13 Brief vom 26. November 1784, BGA, S. 1.
14 Zit. nach Littmann, S. 54.
15 Vgl. Littmann, S. 54 f.
16 Brief vom 11. April 1801, BGA, S. 104 f.
17 Vgl. Littmann, S. 55, Zentner 1965, S. 39 f.
18 Zentner, o. J., S. 71.
19 Zentner, o. J., S. 71.
20 Zentner, o. J., S. 73.
21 BGA, S. 119.
22 Vgl. auch Heißenbüttel, S. 157 f.
23 Die Biographen sind sich einig, dass es «um 1787» gewesen sein muss, vgl.
   Littmann, S. 54, Däster, S. 26 Zentner 1965, S. 41.
24 Vgl. Däster, S. 26.
25 Nietzsche, S. 193.
26 Vgl. Däster, S. 27 f., Zentner 1965 S. 42–48.
27 Brief vom September 1802, BGA, S. 137.
28 BGA, S. 294.
29 Wie beispielsweise im Brief vom 21. September 1806, BGA, S. 321.
30 Vgl. Däster S. 26, Zentner 1965, S. 42 f.
31 HW I, S. 244 f., 247.
32 Vgl. Zentner 1965, S. 52.
33 Brief an Hitzig vom Mai 1800, BGA, S. 84.
34 Brief an Engler vom Mai 1800, BGA, S. 86 f.
35 Vgl. Zentner 1965, S. 53 f. u. Littmann, S. 63.
36 Vgl. Hug, S. 94 f.
37 Vgl. Zentner 1965, S. 52.
38 Brief an Gustave Fecht vom 5. Juli 1812, BGA, S. 545.
39 Zentner 1965, S. 54.

VI.
Der Ruf in die Stadt

1 Vgl. Hein, S. 454 u. ebd., Anm. 14. Goethe hatte Karlsruhe zum ersten Mal
  im Mai 1775 auf einer Reise in die Schweiz besucht und dabei die Bekanntschaft Karl Friedrichs wie auch Carl Augusts von Sachsen-Weimar gemacht.
  Ein weiterer Besuch folgte am 20. Dezember 1779, diesmal auf der Rück-
  reise von der Schweiz nach Weimar. Zitat Goethe, Brief vom 20. Dezember
  1779 an Charlotte v. Stein, in: Briefe, WA, IV. Abtheilung, 4. Bd., S. 155.

2 Brief vom 22. Dezember 1779 an Charlotte v. Stein, in: Briefe, WA, IV. Abtheilung, 4. Bd., S. 155.
3 Hein, S. 454.
4 Hein, S. 458. Die 535 jüdischen Einwohner wurden in dieser ersten detaillierten Statistik (1801) nicht gezählt, vgl. ebd. Anm. 23.
5 Hein, S. 456.
6 Zum Schaffen Weinbrenners siehe Leiber.
7 Däster, S. 40.
8 Zentner 1965, S. 55.
9 Vgl. Zentner 1965, S. 56, Littmann, S. 66 f.
10 Zentner 1965, S. 71.
11 Vgl. Däster, S. 47.
12 Vgl. Zentner 1965, S. 64 f.
13 Littmann, S. 66.
14 Däster, S. 47.
15 Brief vom 14. April 1801, BGA, S. 106 f.
16 Zum Theologen Herder vgl. Kessler. Grundsätzlich zu Herders Denken vgl. auch Titzmann, 1984, S. 103 f. und natürlich Herder selbst: Johann Gottfried Herder: Ideen zur Philosophie der Geschichte der Menschheit.
17 Briefe I, an Mendelssohn, Nr. 58 u. 76.
18 HW I, S. 506–509.
19 Brief vom 14. April 1801, BGA, S. 106 f.
20 Vgl. Däster, S. 47, Zentner 1965, S. 72 f.
21 Brief vom 6. November 1796, BGA, S. 52 f.
22 Vgl. Däster, S. 50 f.
23 Lukanow, S. 83.
24 HW I, S. 406 u. 413.
25 Lukanow, S. 84.
26 Lukanow, S. 87.
27 Lukanow, S. 90.
28 Pietzcker 1994, S. 51.
29 Pietzcker 1994, S. 52.
30 Pietzcker, 1994, S. 51.
31 Vgl. Axt-Piscalar.
32 Luther, *Der Kleine Katechismus*, 806.4.
33 Vgl. Axt-Piscalar.
34 Brief vom 9. Mai 1794, BGA, S. 27.
35 Brief vom 9. Mai 1794, BGA, S. 27.
36 So Zentner 1965, S. 48–51, hier: S. 49.
37 Däster, S. 18.
38 Brief von Anfang November 1796, BGA, S. 56. Ähnlich äußert sich Hebel

in einem kurz danach an den Karlsruher Botaniker Karl Christian Gmelin gesandten Brief, wenn er, freilich verschlüsselt in botanische Metaphorik, mitteilt, er müsse «bemerken», dass er nicht wegen des «Lichen pubescens ... in Weil gewesen» sei, «und daß mir wohl besagter Lichen, so ehrenwerth er mir ist, unberührt sein und bleiben wird, so lange ich lebe.» (Brief vom 2. Januar 1797, BGA, S. 62.) Falls es stimmt, dass mit dem Tarnwort «Lichen pubescens», mannbare Flechte, Gustave Fecht gemeint ist (wie Däster, S. 51, vermutet), dann ist die Aussage eindeutig.

39   Hess, S. 379.

VII.
Alle Menschen werden gut: Die «Alemannischen Gedichte»

1   Brief vom 6. November 1796, BGA, S. 52.

2   Vgl. Däster, S. 53f, Zentner 1965, S. 79.

3   So Stadler, Jahr 2001, S. 63.

4   Diesen ursächlichen Zusammenhang hat der Hebel-Biograph Uli Däster immerhin angedeutet: «Es mag diesem Heimweh etwas fast allzu Kleinbürgerlich-Empfindsames anhaften – wir wollen hier nur beiläufig daran denken, daß es eine der Triebkräfte zu Hebels Dichten war, und wir vermuten, daß es einen tieferen Grund haben könnte.» (Däster, S. 16.)

5   Wie Littmann, S. 70 f., vermutet.

6   Viel, S. 80, vgl. auch Mandelkow, S. 204, u. Nipperdey 1991, S. 692–697.

7   Zentner 1965, S. 78.

8   Brief vom 6. Januar 1805, BGA, S. 233.

9   Stadler 2001, S. 62.

10   Vgl. Zentner 1957, in BGA, S. XXVI f.

11   BGA, S. 87.

12   Brief an Hitzig, September 1800, BGA, S. 98.

13   Zentner 1965, S. 85.

14   BGA, S. 124.

15   Brief vom April/Mai 1805, BGA, S. 252.

16   Darauf weist als Erster Wilhelm Altwegg hin; vgl. Zentner 1965, S. 82.

17   BGA, S. 121 f.

18   Brief von Ende September 1800, BGA, S. 98 f.

19   BGA, S. 103.

20   Brief an Hitzig, 20. Juni 1801, BGA, S. 110.

21   Brief an Nüsslin, BGA, S. 236.

22   Brief vom Januar/Februar 1797, BGA, S. 64.

23   Vgl. Vollmer, S. 162.

24 AG, S. 12 ff.

25 AG, S. 29.

26 «Hani's denn nit gseit, und hani mer's echter nit vorgstellt? / Aber jez isch so, was hilft jez balgen und schmähle!» (AG, S. 18).

27 Den wissenschaftlichen Initialtext zu Struktur und Bedeutung der Initiation bildet nach wie vor die 1909 erschienene Studie des Anthropologen Arnold van Gennepp; vgl. auch Titzmann 2002.

28 Titzmann 1984, S. 102.

29 Titzmann 1984, S. 103.

30 Der Begriff der «spekulativen Grundfigur» nach dem Philosophen Schnädelbach, vgl. Schnädelbach, S. 14–17 u. 18–46.

31 AG, S. 25.

32 Sailer, *Die Schöpfung der ersten Menschen*, S. 57 (Übers. B. V.).

33 Das berichtet Sixt Bachmann, der 1819, nicht zuletzt angeregt durch den Erfolg der *Alemannischen Gedichte*, die erste Sammlung von Sailers wichtigsten Stücken herausgab. Vgl. auch Koch, S. 114.

34 Sailer, *Luzifer*, S. 79 (Übers. B. V.).

35 Jacobi, *Werke*, Bd. 3, 1819, S. 136.

36 Jacobi, *Werke*, Bd. 6, 1819, S. 92 f.

37 Vgl. de Bruyn, S. 101 f.

38 de Bruyn, S. 102.

39 Jean Paul, S. 270–275.

40 BGA, S. 119.

41 Vgl. jüngst etwa Littmann, S. 9.

42 Ebd., S. 12.

43 Zur zeitgenössischen Rezeption, beispielsweise durch Friedrich Heinrich Jacobi, den jüngeren Bruder des baldigen Hebel-Rezensenten Johann Georg, vgl. Peter-André Alt, Bd. II, S. 532.

44 Schiller, Brief vom 24. Februar 1803, in: Briefe II, S. 646 f.

45 Brief vom 13. Mai 1801.

46 »Sylvestrem tenui musam meditabor avena», vgl. Hebel 1803, Titelblatt.

47 Hebel, Vorrede zu den *AG*, in: Erstausgabe von 1803, S. V.

48 Zur Form als bedeutungstragendem Element vgl. die bahnbrechende Interpretationstheorie des russischen Semiotikers Jurij Lotman, sowie Titzmann 1977.

49 Luther, *Der Kleine Katechismus*, 806.4.

50 Stadler 2001, S. 62.

51 AG, S. 190 f.

52 Alt, S. 534.

53 Zum goethezeitlichen Initiations- und Entwicklungsroman vgl. grundlegend Titzmann 2002, zudem Ueding, S. 391 ff.

54 Vgl. Grimminger, S. 690.
55 Lessing, *Hamburgische Dramaturgie*, S. 531.
56 Vgl. Titzmann, 2005, S. 220.
57 Ueding, S. 391.

VIII.
Das garstige Lied der Politik

1 AG, S. 110.
2 Friedell, S. 427 u. 511.
3 SHR, S. 180–183.
4 Zum ereignisgeschichtlichen Hintergrund vgl. u. a. Nipperdey 1991, S. 12–31.
5 «Sinnst du, ein ländliches Lied zarthalmigem Rohr zu entlocken», Übers. Osiander.
6 Zur identitätsstiftenden Fuktion der «Kalendergeschichte» vgl. grundlegend Mix, S. 23–31.
7 Vgl. grundlegend Lemberg, S. 171–178; auch Nipperdey 1991, S. 502f u. v. a., u. z. B. Langewiesche, S. 24f; zum Zuammenhang von Volksbildung, egalitär-demokratischen Ideen und Nationalismus vgl. ebd., S. 35–39. Zur grundlegenden anthropologischen Bedeutung der Sprache bei Herder vgl. Leuser, S. 133–143.

IX.
Berufsschriftsteller und Redakteur

1 Brief vom 12. Februar 1803, BGA, S. 155.
2 Die Hebel auch ermuntert haben soll, nach einem Verleger zu suchen, vgl. Littmann, S. 75, 77.
3 Brief vom April 1805, BGA, S. 248 f.
4 AG, S. 164 f.
5 Goethe, *Alemannische Gedichte*, S. 974. Ursprünglich sollte ein anderer, Johann Daniel Falk, Hebels Gedichte rezensieren, Goethe indessen war mit dem Text unzufrieden und setzte stattdessen seine eigene Kritik durch (vgl. ebd., Kommentar zur Hebel-Rezension, S. 1344).
6 Goethe, *Alemannische Gedichte*, S. 975.
7 Goethe, *Alemannische Gedichte*, S. 1344.
8 Brief vom Januar 1805, BGA, S. 239.
9 Vgl. Brief an Nüsslin vom 8. Januar 1805, BGA, S. 236.

10 Vgl. Brief an Nüsslin vom 8. Januar 1805, BGA, S. 236.
11 Brief vom Oktober 1804, BGA, S. 224.
12 Brief vom Oktober 1804, BGA, S. 224.
13 HW I, S. 173.
14 Brief an Engler, 3.–7. Juni 1805, BGA, S. 261.
15 Brief vom 12. November 1805, BGA, S. 281.
16 Brief vom 12. November 1805, BGA, S. 280 f.
17 Brief vom 4. Novermber 1809, BGA, S. 445.
18 Brief vom 8. Januar 1805, BGA, S. 236.
19 BGA, S. 130.
20 Wie seine Biographen, wenn auch nicht von ungefähr, annehmen, vgl. Däster, S. 75 f.
21 Im Brief an Gustave Fecht vom Mai/Juni 1804, BGA, S. 210.
22 Zu den Möglichkeiten und Grenzen dieser Reformprozesse vgl. Kunisch, S. 139–143, Hug, S. 88–91.
23 Brief vom 25. März 1804, BGA, S. 205.
24 Brief vom 25. März 1804, BGA, S. 205.
25 Brief vom 25. März 1804, BGA, S. 203.
26 Brief vom 25. März 1804, BGA, S. 205.
27 Brief vom 8. Januar 1805, BGA, S. 236.
28 Brief an Gustave Fecht, Februar 1803, BGA, S. 155.
29 Brief vom August 1805, BGA, S. 272.
30 Brief vom 11. Januar 1807, BGA, S. 329.
31 Brief vom 3. Dezember 1806, BGA, S. 324.
32 Brief vom 3. Dezember 1806, BGA, S. 325.
33 Oettinger, S. 11, auch Littmann, S. 84.
34 HW I, S. 432.
35 HW I, S. 429.
36 HW I, S. 429–435.
37 Brief vom 26./27. Februar 1806, BGA, S. 294.
38 Zit. nach Funck, S. 53.
39 HW I, S. 435–441.
40 HW I, S. 433.
41 Däster, S. 99 f.
42 Zit. nach Däster, S. 100 f.
43 Brief vom 9. November 1811, BGA, S. 514.
44 BGA, S. 147
45 Brief vom 13.–15. November 1808, BGA, S. 402.
46 Brief vom 13.–15. November 1808, BGA, S. 401.
47 Brief vom 27. Oktober 2809, BGA, S. 441 f.
48 Brief vom 28. Oktober 1809, BGA, S. 442.

49 AG, S. 90.
50 Brief vom 8. November 1809, BGA, S. 446.

X.
Kalendergeschichten

1 Vgl. Oettinger, S. 11–22.
2 Mix, S. 24.
3 Mix, S. 25.
4 SRH, S. 152.
5 SRH, S. 287 f.
6 Nipperdey 1991, S. 486.
7 Theis, S. 414.
8 Zit. nach Pietzcker 1994. Überblick zu Geschichte und Bearbeitung des Stoffes bei Elisabeth Frenzel. Übersetzung der *Acta*: Lorenz, S. 250 f.
9 Vgl. Friedmann, Anm. 1, S. 11.
10 Jason. Eine Zeitschrift, hrsg. von dem Verfasser des goldenen Kalbes, Bd. I (Januar bis April), Gotha 1809, S. 394–396.
11 SRH, S. 283 ff.
12 Im Gegensatz zu einer Deutung, die die Geschichte als Beispiel einer unerschütterlichen, über ein Menschenalter hin treu bewahrten Liebe interpretiert; vgl. z. B. Däster, S. 118.
13 Folgende Zitate aus Graf, *Das alltägliche Wunder*, S. 281–286.
14 Vgl. Nipperdey 1991, S. 448 f. u. 1990, S. 626 ff.
15 Brief an Gustave Fecht vom 25. und 27. März 1812, BGA, S. 525 f.
16 Brief an Gustave Fecht vom 28. April 1812, BGA, S. 529.
17 HW II, S. 432.
18 Littmann, S. 98.
19 Vgl. Pietzcker 2001, S. 44.
20 Brief vom 6. April 1809, BGA, S. 415.
21 Valdenaire, S. 326. Valdenaire zitiert aus einem Bericht des «Stuttgarter Morgenblatts, von einem Herr Biedenfeld geschrieben».
22 Goethe, *Briefe*, 1812–1816, Teil II, S. 534. Vgl. auch Goethes lobenden Brief an Großherzog Karl August vom 8. Oktober 1815, in: WA, IV. Abtheilung, 26. Bd., S. 95 ff. sowie die Tagebuchnotiz von Johann Melchior Boisserée vom 3.–6. Oktober 1815, in: Goethe: Briefe, Bd. 7, Teil II, S. 527.
23 Pietzcker 2001 S. 38.
24 Vgl. auch den literarhistorischen Abriss Pietzckers, in: Pietzcker 2001, S. 38.
25 SRH, S. 174.

26 SRH, S. 258 f. Zur Interpretation dieser Geschichte vgl. auch Pietzcker 2001,
    S. 32–37.
27 SRH, S. 174.
28 SRH, S. 230–233.
29 SRH, S. 233.
30 SRH, S. 216.
31 Pietzcker 2001, S. 41.
32 SRH, S. 216.
33 Pietzcker 2001, S. 32.

XI.
Aufstieg und Ende

1   Preuschen, S. XIX.
2   Vgl. Weber/Wehling, S. 54 u. Hug, S. 106 ff.
3   Zit. nach Littmann, S. 112.
4   Hug, S. 112.
5   Vgl. Weber/Wehling, S. 54 f.
6   Benrath/Braunbehrens, S. XI.
7   Zentner 1959, S. 7.
8   Nach Iso Camartin, S. 331 f.
9   Vgl. auch Benrath/Braunbehrens, S. XI.
10 Däster, S. 126.
11 Brief an Gottfried Haufe vom 15. Dezember 1818, BGA, S. 632.
12 Däster, S. 126.
13 Benrath/Braunbehrens, S. XII.
14 Brief vom 9. Juni 1821, BGA, S. 656.
15 Vgl. Zentner 1959, S. 10.
16 Benrath/Braunbehrens, S. XII.
17 BG, S. 3
18 BG, S. 4
19 BG, S. 13 f.
20 BG, S. 17 f.
21 BG, S. 217.
22 Zentner 1959, S. 12, vgl. auch Benrath/Braunbehrens, S. XIIff.
23 Däster, S. 131.
24 Brief an Sophie Haufe vom 3. Juni 1826, BGA, S. 745 f.
25 Brief an Sophie Haufe vom 17. Juni 1826, BGA, S. 747.
26 Brief an Henriette Hendel und ihren Mann Friedrich Karl Schütz vom
    9. Juni 1821, BGA, S. 657.

27 Brief vom 29. September 1825, BGA, S. 737.
28 Brief an Gustave Fecht und Karoline Günttert vom Dezember 1825, BGA, S. 740.
29 Wie Däster meint, S. 133., desgleichen Schäfer, S. 12 f.
30 Brief an Henriette Hendel und ihren Mann Friedrich Karl Schütz vom 9. Juni 1821, BGA, S. 657.
31 Vgl. Zentner 1965, S. 188.
32 Vgl. Zentner 1965, S. 188 f.
33 Zentner 1965, S. 188.
34 Brief vom 3. Oktober 1818, BGA, S. 631.
35 Brief vom April 1824, BGA, S. 714.

XII.
Tod und Verklärung

1 Brief vom 6. September 1826, BGA, S. 752.
2 BGA, S. 754.
3 Zit. nach Schäfer, S. 11.
4 Vgl. Schäfer, S. 12.
5 Zit. nach Schäfer, S. 12.
6 Wie Zentner 1965, S. 191, berichtet.
7 Zit. nach Schäfer, S. 12.
8 Zentner 1965, S. 191.
9 Zit. nach Schäfer, S. 13, Übers. B. V., vgl. auch Littmann, S. 121.
10 Laut Zentner 1965, S. 191.
11 HW I, S. 261.
12 So vermerkt es der Eintrag im Sterberegister der evangelischen Gemeinde zu Schwetzingen, vgl. Schäfer, S. 14 f.
13 Vgl. Littmann, S. 122.
14 Zit. nach Schäfer, S. 14.
15 Zentner 1965, S. 192.
16 Oettinger, S. 112.
17 Zit. nach Schäfer, S. 18.
18 Zit, nach Schäfer, S. 18.
19 Zit. nach Oettinger, S. 111.
20 Zit. nach Oettinger, S. 112.
21 Zentner 1965, S. 192.
22 Zit. nach Oettinger, S. 111 f. Vgl. auch Schäfer, S. 19 ff.
23 BG, S. 80 f.
24 Schäfer, S. 23, der sich u. a. auf einen Bericht des Schwetzinger Lehrers Karl Friedrich Schimper aus dem Jahr 1859 bezieht.

25 Vgl. Schäfer, S. 24 f. Schäfer zitiert den Bericht des Schwetzinger Dekans Dr.
    Junker aus dem Jahr 1859, der zwar behauptet, Hebels Grab liege tatsächlich
    an der Stelle, an der Hebel bestattet worden sei, aber einräumt, der Stein
    könne bei der Anlage des neuen Durchgangswegs «um einige Linien seit-
    wärts» gerückt worden sein (ebd., S. 25). Vgl. auch Oettinger, S. 109 ff.
26 Vgl. Oettinger, S. 109 ff.
27 Oettinger, S. 113.

Literaturverzeichnis

I. Hebel: Primärliteratur

Bibliographischer Hinweis

Sofern nicht anders vermerkt, wurden die Übertragungen der Alemannischen Gedichte ins Hochdeutsche von Richard Gäng aus der Reclam-Ausgabe (zit. *AG*) übernommen. Diese wurde vor allem wegen der leichten Verfügbarkeit für den interessierten Leser gewählt.

Abkürzungen zitierter Werke

AG = *Johann Peter Hebel:* Alemannische Gedichte. Alem./Nhd., hrsg v. Wilhelm Zentner. Übertragung von Richard Gäng. Stuttgart 2001 [Erstausgabe 1960].

BG = *Johann Peter Hebel:* Biblische Geschichten, Für die Jugend bearbeitet, in: Johann Peter Hebel: Sämtliche Schriften, kritisch hrsg. v. Adrian Braunbehrens, Gustav Adolf Benrath und Peter Pfaff, Bd. V, Karlsruhe 1991.

BGA = *Johann Peter Hebel:* Briefe. Gesamtausgabe, hrsg. und erl. von Wilhelm Zentner, 2 Bde. (Bd. I: 1784–1809, Bd. II: 1810–1826). 2. Auflage, Karlsruhe 1957 [1. Aufl. 1939].

HW = *Johann Peter Hebel:* Hebels Werke, hrsg. v. Wilhelm Altwegg, Bd. I: Gedichte/Vermischte Prosa/Theologische Schriften/Predigten, Bd. II: Erzählungen und Betrachtungen des Rheinischen Hausfreundes. Freiburg i. Br. o. J. [erschienen 1958, zit. als HW I + II mit Seitenangaben in arabischen Ziffern].

SRH = *Johann Peter Hebel:* Aus dem Schatzkästlein des rheinischen Hausfreundes. Hrsg. v. Wilhelm Zentner. Stuttgart: Reclam, bibliographisch ergänzte Ausgabe 1999.

WA = *Johann Wolfgang v. Goethe:* Weimarer Ausgabe (s. Literaturverzeichnis)

Weitere zitierte Werke Hebels bzw. andere Ausgaben

Hebel, Johann Peter: Alemannische Gedichte. Für Freunde ländlicher Natur und Sitten. Carlsruhe 1803.

Hebel, Johann Peter: Biblische Geschichten. Eingeleitet und herausgegeben von Wilhelm Zentner. Karlsruhe 1959.

Hebel, Johann Peter: Schatzkästlein des rheinischen Hausfreundes. Tübingen 1811.

Hebel, Johann Peter: Schatzkästlein des rheinischen Hausfreundes. Mit einer Einleitung von Albrecht Goes. Berlin o. J.(verm. 1942); die gleiche Ausgabe 1942 bei Suhrkamp Berlin.

Briefe von J. P. Hebel: Hrsg. von Dr. Otto Behagel. Erste Sammlung: Briefe an die K. Ch. Gmelin, an die Straßburger Freunde, an Justinus Kerner. Karlsruhe 1883.

Johann Peter Hebel: Erzählungen und Aufsätze des Rheinländischen Hausfreunds. Der Gesamtausgabe erster Band, hrsg., eingeleitet und erläutert von Wilhelm Zentner. Karlsruhe 1986.

Johann Peter Hebel: Erzählungen und Aufsätze des Rheinländischen Hausfreunds. Der Gesamtausgabe zweiter Band, hrsg., eingeleitet und erläutert von Wilhelm Zentner. Karlsruhe 1986.

Johann Peter Hebel: Alemannische Gedichte, Hochdeutsche Gedichte, Rätsel. Der Gesamtausgabe dritter Band, hrsg., eingeleitet und erläutert von Wilhelm Zentner. Karlsruhe 1972.

II. *Verzeichnis der zitierten Literatur*

Alt, Peter-André: Schiller. Leben − Werk − Zeit. 2 Bde. München 2000.

Altwegg, Wilhelm: Johann Peter Hebel. Mit 15 Bildern und 3 Handschriftenproben. Frauenfeld/Leipzig 1935.

Ariès, Philippe: Geschichte der Kindheit. 9. Aufl., München 1990 (deutsche Erstausgabe München 1975, frz. Originalausgabe Paris 1960).

Axt-Piscalar, Christine: Sünde VII. Reformation und Neuzeit, in: Theologische Realenzyklopädie XXXII. Berlin 2001, S. 400−436.

Barner, Wilfried: Hallers Dichtung, in: Elsner, Norbert/Rupke, Nicolaas A.: Albrecht von Haller im Göttingen der Aufklärung. Göttingen 2009, S. 381−418.

Benjamin, Walter: Johann Peter Hebel (1): Zu seinem 100. Todestage, in: ders.: Gesammelte Schriften, Bd. II,1: Aufsätze, Essays, Vorträge, hrsg. von Rolf Tiedemann u. Hermann Schweppenhäuser. Frankfurt am Main 1977, S. 277−280.

Benjamin, Walter: J. P. Hebel (2) Ein Bilderrätsel zum 100. Todestage des Dichters, in: ders.: Gesammelte Schriften, Bd. II,1: Aufsätze, Essays, Vorträge, hrsg. von

Rolf Tiedemann u. Hermann Schweppenhäuser. Frankfurt am Main 1977, S. 280–283.

Benjamin, Walter: Johann Peter Hebel (3), in: ders.: Gesammelte Schriften, Bd. II,2: Aufsätze, Essays, Vorträge, hrsg. von Rolf Tiedemann u. Hermann Schweppenhäuser. Frankfurt am Main 1977, S. 635–640.

Bevilacqua, Guiseppe: «… wie sind die Worte richtig gesetzt». Zwei unveröffentlichte Hebel-Kommentare Ernst Blochs, in: Text + Kritik. Zeitschrift für Literatur, hrsg. v. Heinz Ludwig Arnold, Heft 151: Johann Peter Hebel. München 2001, S. 11–22.

Bloch, Ernst: Nachwort, in: Johann Peter Hebel: Kalendergeschichten. Auswahl und Nachwort von Ernst Bloch. Frankfurt am Main 1965, S. 133–150.

Däster, Uli: Johann Peter Hebel in Selbstzeugnissen und Bilddokumenten. Reinbek 1973.

De Bruyn, Günther: Das Leben des Jean Paul Friedrich Richter. Eine Biographie. Frankfurt am Main 1991.

Demel, Walter: Reich, Reform und sozialer Wandel 1763–1806 (= Gebhardt Handbuch der deutschen Geschichte, zehnte, völlig neu bearbeitete Auflage, Bd. 12). Stuttgart 2005.

Elsner, Norbert/Rupke, Nicolaas A.: Albrecht von Haller im Göttingen der Aufklärung. Göttingen 2009.

Engelmann, Ursmann: Die letzten Schicksale der Klosterbibliothek von St. Peter. In: Gutenberg-Jahrbuch, 1972, S. 410–415.

Frenzel, Elisabeth: Bergwerk zu Falun. In: dies.: Stoffe der Weltliteratur. Stuttgart 1992.

Freytag, Gustav: Soll und Haben. Roman in 6 Büchern. Mit einem Nachwort von Hans Mayer. München 1978 [Erstausg. Leipzig 1855, 3 Bde.].

Friedell, Egon: Kulturgeschichte der Neuzeit. Die Krisis der europäischen Seele von der Schwarzen Pest bis zum Weltkrieg, 3 Bände. München 1927–1931. Bd. 2.

Gall, Lothar: Bismarck. Der weiße Revolutionär. Frankfurt am Main/Berlin/Wien 1980.

Gebhardt, Handbuch der deutschen Geschichte, hrsg. v. Alfred Haverkamp, Wolfgang Reinhard, Jürgen Kocka, Wolfgang Benz, 24 Bde. Stuttgart 2005.

Gennepp, Arnold van: Übergangsriten. 3. erweiterte Auflage, Frankfurt am Main u. a. 2005.

Goethe, Johann Wolfgang: Napoleonische Zeit. Briefe, Tagebücher und Gespräche, 10. Mai 1805 – 6. Juni 1816, Teil II: Von 1812 bis zu Christianes Tod [= 1816], hrsg. v. Rose Unterberger. In: ders., Sämtliche Werke, II. Abteilung: Briefe, Tagebücher und Gespräche, hrsg., v. Karl Eibl u. a., Bd. 7, Frankfurt am Main 1994.

Goethe, Johann Wolfgang von: Goethes Briefe. 4. Bd., Weimar Schweiz Weimar,

1. Januar 1779–7. November 1780. In: Goethes Werke, hrsg. im Auftrage der Großherzogin Sophie von Sachsen, IV. Abtheilung, 4. Bd., Weimar 1889 (= Weimarer oder Sophien-Ausgabe, Nachdruck München 1987, zit. als WA)

Goethe, Johann Wolfgang von: Goethes Briefe. 26. Bd., 24. Mai 1815–30. April 1816. In: WA, IV. Abtheilung, 26. Bd., Weimar 1902 (Nachdruck München 1987)

Goethe, Johann Wolfgang: Johann Peter Hebel: Alemannische Gedichte. In: ders: Sämtliche Werke, I. Abteilung, Bd. 18: Ästhetische Schriften 1771–1805, hrsg. v. Friedmar Apel. Frankfurt am Main 1998, S. 974–979 [ursprüngl. in: Jenaische Allgemeine Literaturzeitung, hrsg. v. Heinrich Karl Abraham Eichstätt u. a., Jena und Leipzig 1804–41, Nr. 37 vom 13. Februar 1805, Sp. 289–294].

Goethe, Johann Wolfgang: Wilhelm Meisters Lehrjahre. Ein Roman. In: ders.: Sämtliche Werke, I. Abteilung, Bd. 9, hrsg. v. Wilhelm Voßkamp u. Herbert Jaumann, unter Mitwirkung von Almuth Voßkamp. Frankfurt am Main 1992, S. 357–992.

Götz, Johann Nicolaus: Gedichte aus den Jahren 1745–1765 in urspünglicher Gestalt, hrsg. v. Carl Schüddekopf. Stuttgart 1893 (Faksimiledruck Kraus Reprint, Nendeln/Liechtenstein 1968).

Graf, Oskar Maria: Das alltägliche Wunder. In: Kalender-Geschichten I: Geschichten vom Land, Werkausgabe Bd. XI/2, hrsg. v. Wilfried F. Schoeller. Frankfurt am Main 1986, S. 281–286 [Erstausgabe 1926].

Grimminger, Rolf: Geschichte des Romans im 18. Jahrhundert. In: Hansers Sozialgeschichte der deutschen Literatur vom 16. Jahrhundert bis zur Gegenwart, hrsg. v. Rolf Grimminger, Bd. 3: Deutsche Aufklärung bis zur Französischen Revolution 1680–1789. München 1980, S. 648–715.

Heidegger, Martin: Sprache und Heimat, in: Über Johann Peter Hebel. Tübingen 1964, S. 99–124.

Hein, Dieter: Umbruch und Aufbruch. Bürgertum in Karlsruhe und Mannheim 1780–1820, in: Lothar Gall (Hrsg.): Vom alten zum neuen Bürgertum. Die mitteleuropäische Stadt im Umbruch 1780–1820. München 1991, S. 447–515.

Heißenbüttel, Helmut: Nachwort zu: Ernst Jandl: Laut und Luise. Stuttgart 1976.

Herder, Johann Gottfried: Ideen zur Philosophie der Geschichte der Menschheit. In: Werke in zehn Bänden, Bd. 6, hrsg. v. Martin Bollacher. Frankfurt/Main 1989 [Erstausg. i. vier Bdn., Leipzig 1794–81].

Hess, Gerhard: Johann Peter Hebel, 1760–1826. In: Die Großen Deutschen. Deutsche Biographie, hrsg. v. Hermann Heimpel, Theodor Heuss, Benno Reifenberg. Zweiter Band, Berlin 1966 (1. Aufl. 1956), S. 378–386.

Heusler, Andreas: Geschichte der Stadt Basel. Basel 1969.

Heuss, Theodor: Rede auf Hebel. Festansprache am 9. Mai 1952 in Lörrach, in: Über Johann Peter Hebel, Tübingen 1964, S. 11–24

Hug, Wolfgang: Kleine Geschichte Badens. Stuttgart 2006.

Jacobi, Johann Georg: Die Spinne und der Hänfling. In: J. G. Jakobi's sämmtliche Werke. 8 Bde. Zürich 1819, Bd. 3, S. 136–138.

Jandl, Ernst: Laut und Luise. Mit einem Nachwort von Helmut Heißenbüttel, Stuttgart 1976.

Jean Paul: Siebenkäs. In: Sämtliche Werke, Abteilung I, Zweiter Band, hrsg. v. Norbert Miller, Nachwort v. Walter Höllerer, München 1987, S. 7–576.

Kaemmel, Heinrich: Hübner, Johann H. In: Allgemeine Deutsche Biographie, Band 13, 1881, S. 267–269.

Kessler, Martin: Johann Gottfried Herder – der Theologe unter den Klassikern. Das Amt des Generalsuperintendenten von Sachsen-Weimar. Berlin u. a. 2007.

Killy, Walter (Hrsg.): Literaturlexikon. Autoren und Werke in deutscher Sprache. 15 Bde., Gütersloh/München 1990.

Knigge, Adolph Freiherr von: Der Roman meines Lebens. In: ders.: Sämtliche Werke, hrsg. v. Paul Rabe. Nedeln 1978, Bd. 1 u. 2.

Koch, Hans-Albrecht: Sailer, Sebastian. In: Walter Killy (Hrsg.): Literaturlexikon. Autoren und Werke in deutscher Sprache, Bd. 10. Gütersloh/München 1991, S. 113 f.

Kühlmann, Wilhelm: Facetten der Aufklärung in Baden. Johann Peter Hebel und die Karlsruher Lateinische Gesellschaft. Freiburg i. Br. u. a. 2009.

Kunisch, Johannes: Friedrich der Große. Der König und seine Zeit. 5. Auflage, München 2005 (Erstausg. 2004).

Langewiesche, Dieter: Nation, Nationalismus, Nationalstaat in Deutschland und Europa. München 2000.

Leiber, Gottfried: Friedrich Weinbrenners städtebauliches Schaffen für Karlsruhe. 2 Bände, Teil 1: Die barocke Stadtplanung und die ersten klassizistischen Entwürfe Weinbrenners, Teil 2: Der Stadtausbau und die Erweiterungsplanungen 1801–1826. Karlsruhe 1996.

Lemberg, Eugen: Nationalismus I, Psychologie und Geschichte, Reinbek 1964.

Lessing, Gotthold Ephraim: Hamburgische Dramaturgie, Zweiter Band, 69. Stück. In: ders.: Werke und Briefe in 12 Bdn., hrsg. v. Wilfried Barner zusammen mit Klaus Bohnen u. a., Bd. 6., hrsg. v. Klaus Bohnen. Frankfurt am Main 1985, S. 526–531 (Erstdruck Bremen 1769).

Leuser, Claudia: Theologie und Anthropologie. Die Erziehung des Menschengeschlechts bei Johann Gottfried Herder. Frankfurt am Main u. a. 1996.

Littmann, Franz: Johann Peter Hebel. Humanität und Lebensklugheit für jedermann. Erfurt 2008.

Lorenz, Emil Franz: Die Geschichte des Bergmanns von Falun, vorn. bei E. T. A. Hoffmann, Richard Wagner und Hugo v. Hofmannsthal. In: Imago. Zeitschrift für Anwendung der Psychoanalyse auf die Geisteswissenschaften 3, 1914, S. 250–301.

Lotmann, Jurij M.: Die Struktur literarischer Texte. München 1972.

Lukanow, Gertrud: Johann Peter Hebel aus psychoanalytischer Sicht. Sonderdruck aus ‹Unser Lörrach› 1988, Bd. 19, S. 83–102.

Luther, Martin: Werke. Kritische Gesamtausgabe. Weimar 1883 ff., Sonderedition Weimar 2000–07.

Mandelkow, Karl Robert: Goethe in Deutschland. Rezeptionsgeschichte eines Klassikers, Band I: 1773–1918. München 1980.

Mix, York-Gothart: Mediale und narrative Interdependenz. Zur Raum- und Zeitsemantik in Johann Peter Hebels Kalendertexten. In: Text + Kritik. Zeitschrift für Literatur, hrsg. v. Heinz Ludwig Arnold, Heft 151: Johann Peter Hebel. München 2001, S. 23–31.

Moehring, Gerhard: Kleine Geschichte der Stadt Lörrach. Leinfelden-Echterdingen 2007.

Mutterer, Kathrin: Späte Hexenprozesse. Studientagung vom 29. September–2. Oktober 2005 in Weingarten. In: historicum.net, URL: http://www.historicum.net/no_cache/persistent/artikel/3795/ (30. 12. 2009).

Nietzsche, Friedrich: Zur Genealogie der Moral. In: ders.: Werke. Sechste Abteilung, Zweiter Band [VI,2]. Berlin 1968, S. 259–430 (Erstausg. Leipzig 1887).

Nipperdey, Thomas: Deutsche Geschichte 1800–1866. Bürgerwelt und starker Staat. 5. durchges. Auflage, München 1991 (Erstausg. 1983).

Nipperdey, Thomas: Deutsche Geschichte 1866–1918, Erster Band, Arbeitswelt und Bürgergeist, München 1990.

Oehm, Ruthard: Der Abt Philipp Jakob Steyrer und die Bibliothek des Klosters St. Peter. In: Alemannisches Jahrbuch 1953, S. 379–391.

Oettinger, Klaus: Ulm ist überall. Essays und Vorträge zu Johann Peter Hebel. Konstanz 1990.

Pestalozzi, Johann Heinrich: Lienhard und Gertrud. In: ders.: Werke, hrsg. v. Gertrude Cepl-Kaufmann u. Manfred Windfuhr. München 1977, Bd. 1.

Peter, Niklaus: Hebel, Johann Peter. In: Lexikon für Religion und Gesellschaft (RGG), 4. Aufl., hrsg. v. Hans Dieter Betz u. a., Tübingen 2001, Bd. 3, Sp. 1491 ff.

Pietzcker, Carl: Johann Peter Hebels «Unverhofftes Wiedersehen». Sonderdruck aus ‹Freiburger Universitätsblätter›, hrsg. im Auftrag des Rektors der Albert-Ludwigs-Universität Freiburg, Heft 124, Juni 1994, S. 41–54.

Pietzcker, Carl: Wie der HebelFrieder und der ZundelPeter dem Consistorio auf ein Kurzes entwichen und dem geneigten Leser den Boden unter den Füßen wegstahlen. In: Text + Kritik. Zeitschrift für Literatur, hrsg. v. Heinz Ludwig Arnold, Heft 151: Johann Peter Hebel. München 2001, S. 32–46.

Preuschen, Albert: J. P. Hebel's Leben. In: J. P. Hebels Werke, Ausgabe in 3 Bänden. Karlsruhe 1847, Bd. I.

Ribbert, Margret: Der Lehrer prügelt regelmässig. In: Kinderleben in Basel. Eine Kulturgeschichte der frühen Jahre. Katalog zur Ausstellung im historischen Museum Basel, Historisches Museum Basel 2005, S. 292.

Sailer, Sebastian.: Der Fall Luzifers. In zwey Aufzügen (Erstveröffentlichung 1819). In: Sebastian Sailers Schriften im schwäbischen Dialekte. Gesammelt und mit einer Vorrede versehen von Sixt Bachmann, neu hrsg. v. Hans Albrecht Oehler. Weißenhorn 2000 (Erstveröffentlichung 1819), S. 73–114.

Sailer, Sebastian: Die Schöpfung der ersten Menschen, der Sündenfall, und dessen Strafe. In drey Aufzügen. In: Sebastian Sailers Schriften im schwäbischen Dialekte. Gesammelt und mit einer Vorrede versehen von Sixt Bachmann, neu hrsg. v. Hans Albrecht Oehler. Weißenhorn 2000 (Erstveröffentlichung 1819), S. 21–72.

Schäfer, Willi: Johann Peter Hebel. Sein Grab in Schwetzingen. Zu Hebels Todestag am 22. September 2001. Schwetzingen 2001.

Schiller, Friedrich: Die Braut von Messina oder die feindlichen Brüder. Ein Trauerspiel mit Chören, in: Schillers Werke, Nationalausgabe, Bd. 10, hrsg. v. Siegfried Seidel. Weimar 1980, S. 5–126, Anm. S. 299–364.

Schiller, Friedrich: Briefe II, 1795–1805, hrsg. v. Norbert Oellers. In: Friedrich Schiller: Werke und Briefe in zwölf Bdn., hrsg. v. Otto Dann u. a., Bd. 12, Frankfurt am Main 2002.

Schmidt-Bergmann, Hansgeorg (Hrsg.): Johann Peter Hebel in Karlsruhe. Materialien zu Leben und Werk bearbeitet von Swantje Rehfeld. Karlsruhe 1999 (zit. als «J. P. H. in Karlsruhe»).

Schmitthenner, Adolf: Tagebuch meines Urgroßvaters. Freiburg 1908.

Schnädelbach, Herbert: Hegel zur Einführung. Hamburg 2001.

Stadler, Arnold: ‹Und wemme nootno gar zweytusig zehlt, isch alles z’semme g’keit›. Zu einem Vers aus Johann Peter Hebels Gedicht ‹Die Vergänglichkeit› im Jahr 2001. In: Text + Kritik. Zeitschrift für Literatur, hrsg. v. Heinz Ludwig Arnold. Heft 151: Johann Peter Hebel. München 2001, S. 61–68.

Stadler, Arnold: Johann Peter Hebel: Die Vergänglichkeit. Stuttgart/Berlin 1997.

Titzmann, Michael: Bemerkungen zu Wissen und Sprache in der Goethezeit (1770–1830). Mit einem Beispiel der optischen Kodierung von Erkenntnisprozessen. In: Bewegung und Stillstand in Metaphern und Mythen. Fallstudien zum Verhältnis von elementarem Wissen und Literatur im 19. Jahrhundert, hrsg. v Jürgen Link und Wulf Wülfing. Stuttgart 1984, S. 100–120.

Titzmann, Michael: Die «Bildungs-»/Initiationsgeschichte der Goethe-Zeit und das System der Alterklassen im anthropologischen Diskurs der Epoche. In: Lutz Danneberg/Friedrich Vollhardt (Hrsg.): Wissen in Literatur im 19. Jahrhundert. Tübingen 2002, S. 7–64.

Titzmann, Michael: Semiotische Textanalyse und historische Anthropologie. Am Beispiel von Eichendorffs *Das Marmorbild*, in: Abweichende Lebensläufe, poetische Ordnungen – Für Volker Hoffmann, hrsg. v. Thomas Betz u. Franziska Mayer. 2 Bde. München 2005, hier: Bd. 1., S. 215–261.

Titzmann, Michael: Strukturale Textanalyse. Theorie und Praxis der Interpretation. München 1977 [Autor fälschlich als Manfred Titzmann angeführt].

Ueding, Gert: Klassik und Romatik. Deutsche Literatur im Zeitalter der Französischen Revolution 1789–1815. In: Hansers Sozialgeschichte der deutschen Literatur vom 16. Jahrhundert bis zur Gegenwart, Bd. 4, hrsg. v. Rolf Grimminger. München 1987.

Valdenaire, Arthur: Friedrich Weinbrenner: sein Leben u. seine Bauten. Karlsruhe 1926, hier: 4. Aufl., Karlsruhe 1985.

Viel, Bernhard: Utopie der Nation. Ursprünge des Nationalismus im Roman der Gründerzeit. Berlin 2009.

Vollmer, Wilhelm: Wörterbuch der Mythologie. Stuttgart 1874, S. 162.

Weber, Reinhold/Wehling, Hans-Georg: Geschichte Baden-Württembergs. München 2007.

Wollgast, Siegfried: Weigel, Valentin, in: Killy, Walter (Hrsg.): Literaturlexikon. Autoren und Werke in deutscher Sprache. 15 Bde., Gütersloh/München 1990, Bd. 12, S. 192/201 f.

Zentner, Wilhelm: Gustave Fecht. In: Erinnerung an Gustave Fecht. Johann Peter Hebels Freundin. Aus Literatur und Berichten zusammengetragen und redigiert von Friedrich Resin. Binzen o. J., S. 71–87.

Zentner, Wilhelm: Johann Peter Hebel. Karlsruhe 1965.

Zentner, Wilhelm: Vorwort. In: Johann Peter Hebel: Briefe. Gesamtausgabe, hrsg. und erl. von Wilhelm Zentner, Bd. I: 1784–1809. 2. Auflage, Karlsruhe 1957, S. VII–XLIV.

Zeittafel

1760   10. Mai: Johann Peter Hebel wird als erstes Kind des Leinewebers, Dienstmanns und ehemaligen Soldaten Johann Jakob Hebel (1720–1761) und der Hausener Bauerntochter und Magd Ursula Oertlin (1727–1773) in Basel geboren.

1761   20. Juni: Geburt der Schwester Susanne. Im Juni erkrankt die Familie an der «Stadtseuche», vermutlich Typhus, und flieht nach Hausen im Wiesental. Am 25. Juli stirbt Jakob Hebel, etwa eine Woche später die Schwester.

1766   Hebel besucht bis 1768 jeweils im Sommer die Gemeindeschule des Klosters St. Peter in Basel, bis 1772 jeweils im Winter die Volksschule in Hausen. Er wird im lutherischen Glaubensbekenntnis erzogen.

1769   Bis 1772 im Sommer Besuch der Lateinschule in Schopfheim. Gelegentliche Arbeit im Bergwerk in Hausen.

1772   Im Sommersemester Besuch der III. Klasse des Gymnasiums in Basel. Johann Jakob Iselin-Ryhiner, der Vorstand der Familie, in deren Diensten Hebels Mutter steht, stirbt und hinterlässt Ursula Hebel ein größeres Legat zur Ausbildung ihres Sohnes.

1773   Hebel kommt im Frühjahr bei Pfarrer Karl Friedrich Obermüller in Schopfheim in Kost und Logis. Am 16. Oktober stirbt die schwer erkrankte Ursula Hebel auf dem Weg von Basel nach Hausen im Beisein ihres Sohnes. Die Mutter hinterlässt Hebel rund 2500 Gulden. Die Summe wird von dem Vormund Sebastian Währer, einem Großonkel der Mutter, verwaltet. Auf Wunsch der Mutter soll Hebel Pfarrer werden.

1774   Vorzeitige Konfirmation; ab April Besuch des *Gymnasium illustre* in Karlsruhe. Hebel erhält ein Zimmer bei dem ehemaligen Schopfheimer Lehrer und jetzigen Hofprediger August Gottlob Preuschen und ist Tischgast bei mehreren angesehenen Bürgern, darunter dem späteren badischen Politiker Johann Friedrich Nicolaus Brauer.

1776   Aufnahme in die renommierte *Societas latina*, vor deren honorigem Publikum Hebel zwischen Juli 1776 und 1777 vier lateinische Reden hält.

1778   März und April: Abschlussexamen, bei dem neben den Vorprüfungen unter anderem auch eine Predigt und ein Vortrag gehalten werden müssen. Hebel referiert in der Disputatio zum Thema Erbsünde, geht mit sehr gutem Zeugnis ab und erhält einen Preis der Lateingesellschaft.

8. Mai: Einschreibung zum Studium der Theologie an der Universität Erlangen. Mitglied in der verbotenen, aber geduldeten Studentenverbindung der *Amicisten*.

1780   Im Juni zur Examensvorbereitung Rückkehr nach Karlsruhe.

5. September: Erfolgreiche öffentliche Disputatio in Latein.

22. und 29. September: Theologisches Examen, vermutlich weniger gut als erwartet, obgleich sein früherer Lateinlehrer, Gymnasialdirektor Gottlob August Tittel, ihm «treffliche Gaben» bescheinigt. Da Hebel während des Studiums zudem die geforderten Semesterarbeiten nicht nach Karlsruhe gesandt hat, wenden sich seine Gönner von ihm ab.

24. November: Aufnahme unter die Kandidaten für ein geistliches Amt, doch keine Anstellung. Stattdessen Hauslehrer bei Pfarrer Philipp Jakob Schlotterbeck in Hertingen. Intensive Lektüre klassischer und zeitgenössischer Literatur sowie theologischer, botanischer, astronomischer und geographischer Werke.

1782   Auf Wunsch des erkrankten Schlotterbeck wird Hebel ordiniert und übernimmt seelsorgerische Aufgaben in Hertingen und dem nahen Tannenkirch.

1783   März: Berufung als Hilfslehrer (Präzeptoratsvikar) an das Pädagogium in Lörrach.

19. Mai: Beginn der Lehrtätigkeit. Hebel unterrichtet Religion, Latein, Rechnen, Geometrie, Erdkunde und Griechisch. Der Verpflichtung zum gelegentlichen Predigen kommt er aufgrund seines pädagogischen Ethos nur ungern nach.

1787   Bekanntschaft mit dem jungen Vikar Friedrich Wilhelm Hitzig, der zu Hebels vertrautem Freund wird. In der Folgezeit Besteigung des Belchen mit Hitzig. Beide fungieren als personeller Kern des Freundschaftsbundes der «Belchisten», auch «Proteusser» genannt.

1788   Erster fehlgeschlagener Versuch, in alemannischer Mundart zu dichten.

1789   11. Februar: Vergebliches Gesuch an den Markgrafen um ein Pfarramt.

6. Dezember: Abermals vergebliches Gesuch, diesmal um die Leitung des Pädagogiums. Inzwischen Bekanntschaft mit Gustave Fecht im Haus des Weiler Pfarrers und vormaligen Schulleiters Tobias Günttert.

1791   2. November: Berufung als Subdiakon an das Gymnasium in Karlsruhe.

11. Dezember: Erste Predigt in der Residenzstadt.

1792   Ab Jahresbeginn Lehrer für Latein, Griechisch, Hebräisch; gelegentlich Predigten an der Hofkirche. Am Jahresende Beförderung zum Hofdiakon. In den folgenden Jahren vergebliche Bemühungen um eine Pfarrstelle.

Im April Beginn des Ersten Koalitionskrieges.

1793   Mit *Ekstase* entsteht Hebels erstes literarisch relevantes Gedicht.

1796   11. Juni: Französische Truppen besetzen Karlsruhe. Längst befindet sich
        Markgraf Karl Friedrich im Exil im preußischen Ansbach, nun folgt der
        mit Hebel befreundete Hofbotaniker Carl Christian Gmelin mit der Na-
        turaliensammlung. Im September Rückeroberung Karlsruhes durch die
        Österreicher. Trotz der Straßenkämpfe bleibt Hebel vorerst in Karlsruhe,
        begibt sich aber bald darauf ins Oberland, zum ersten Mal seit Antritt
        seines Lehramts.
        22. August: Karl Friedrichs führender Minister, Sigismund von Reitzen-
        stein, handelt einen Separatfrieden mit Baden aus, das künftig Neutralität
        verspricht und damit faktisch aus der Koalition ausschert.
        Oktober: Hebel verfolgt den Rückzug der französischen Truppen und die
        Vorstöße der kaiserlichen Armee. Am 29. Oktober wird er in Haltingen
        Zeuge der Beschießung der Kaiserlichen durch französische Artillerie.
        Auf dieser Reise vermutlich auch Aussprache mit Gustave Fecht, die er
        nicht heiraten wird.

1797   18. Oktober: Friedensschluss zwischen Österreich und Frankreich
        (Friede von Campo Formio). Karl Friedrich kehrt wieder nach Karls-
        ruhe zurück.

1798   21. März: Hebel wird zum außerordentlichen Professor für dogmatische
        Theologie und Hebräisch ernannt. Befreiung von der Predigtverpflich-
        tung.

1799   Im August Wanderung auf den Dobel bei Herrenalb, abermaliger Besuch
        der Freunde im Oberland. Durch die alte alemannische Sage vom «Den-
        gelegeist» erste Anregung zu den *Alemannischen Gedichten*.
        Ernennung zum Ehrenmitglied der Mineralogischen Gesellschaft in Jena.

1800   Im Sommer entstehen die ersten *Alemannischen Gedichte*. Noch sieht He-
        bel sein Dichten als Zeitvertreib.

1801   9. Februar: Der Friede von Lunéville besiegelt Napoleons Sieg im Zwei-
        ten Koalitionskrieg. Der Rhein wird zu Frankreichs Ostgrenze erklärt.
        Hebel arbeitet weiter an den *Alemannischen Gedichten*.

1802   Im Februar berichtet Hebel vom Ende seines großen lyrischen Produk-
        tionsschubs. Suche nach einem Verleger, gezielte Werbung von Subskri-
        benten. Hebel muss die Abnahme von 1200 Exemplaren garantieren.
        Im April wird Hebel auf Veranlassung seines Mentors Brauer an der
        Redaktion des vom *Gymnasium illustre* herausgegebenen *Badischen
        Landkalenders* beteiligt. Dadurch beginnt Hebel mit dem Schreiben von
        Erzählungen.

1803   Ende Januar erscheinen die *Alemannischen Gedichte* unter dem Kürzel J. P.
        H. bei der Karlsruher Hofbuchhandlung Macklot. Hebel wird zur Lesung
        ins Markgräfliche Schloss geladen. Begeisterte Rezensionen von Jacobi und
        Jean Paul.

27. April: Im «Reichsdeputationshauptschluss» wird Deutschland durch Napoleon territorial neu gegliedert. Dabei kommt die katholische Kurpfalz zu Baden, Markgraf Karl Friedrich wird Kurfürst.

1804 Wegen des großen Erfolgs lässt Macklot eine zweite Auflage folgen, nun mit dem Autorennamen «J. P. Hebel, Professor in Carlsruhe» auf dem Titelblatt.
Johann Heinrich Voß besucht Karlsruhe und trifft sich mehrmals mit Hebel.

1805 13. Februar: In der *Jenaer Allgemeinen Zeitung* erscheint Goethes lobende Rezension der *Alemannischen Gedichte*. Hebel wird zum Kirchenrat befördert.
2. Dezember: Triumphaler Sieg Napoleons in der «Dreikaiserschlacht» bei Austerlitz. Baden erhält den Breisgau und die Ortenau.

1806 20. Januar: Napoleon zieht in Karlsruhe ein und verlobt den badischen Erbprinzen Karl mit seiner Stieftochter Stephanie Beauharnais.
18. Februar: Hebel verfasst ein *Unabgefordertes Gutachten über eine vorteilhafte Einrichtung des Calenders*, dem er am 17. Juni auf Aufforderung *Meine weiteren Gedanken über eine vorteilhaftere Einrichtung des Calenders* folgen lässt.
Die dritte, leicht revidierte und mit Kupferstichen des Straßburger Künstlers Benjamin Zix versehene Ausgabe der *Alemannischen Gedichte* erscheint.
12. Juli: Gründung des Rheinbunds durch Napoleon, Karl Friedrich wird Großherzog.
12. Dezember: Hebel wird zum Kirchenrat ernannt. Kurz darauf reist er wegen einer freigewordenen Pfarrstelle nach Freiburg, kann sich aber zur Übernahme nicht entschließen und bleibt schließlich auf Wunsch Karl Friedrichs in Karlsruhe.

1807 Auf seine Gutachten hin wird Hebel Anfang des Jahres zum alleinigen Redakteur des *Landkalenders* bestimmt, den er in *Der Rheinländische Hausfreund* umbenennt.

1808 25. Januar: Hebel wird zum provisorischen Direktor des in Lyzeum umbenannten Gymnasiums ernannt. Vierte Auflage der *Alemannischen Gedichte*. Im November erstes Gastspiel der Berliner Schauspielerin Henriette Hendel mit vier Abenden.
21. Dezember: Hebel wird zum Direktor des Lyzeums ernannt.

1809 Im September weiteres, diesmal mehrwöchiges Gastspiel Henriette Hendels, bei dem sie Hebels *Alemannische Gedichte* «deklamiert». Hebel ist begeistert.
29. November: Hebel wird zum Mitglied der evangelischen Kirchen- und Prüfungskommision gewählt.

4. Dezember: Hebel schreibt an den Verleger Johann Friedrich Cotta, der ihm die Herausgabe einer Sammlung seiner Kalendergeschichten vorgeschlagen hatte.

1811 Bei Cotta in Tübingen erscheint im Mai das *Schatzkästlein des rheinischen Hausfreundes*. Der Titel geht auf Cottas Vorschlag zurück.

10. Juni: Der vormalige Markgraf und jetzige Großherzog Karl Friedrich stirbt nach 65-jähriger Regentschaft im Alter von 82 Jahren. Nachfolger wird sein Enkel Karl.

1812 Im Juni beginnt Napoleons Russlandfeldzug, zu dem Baden ein Kontingent von über 7000 Soldaten beisteuert.

Hebel reist zum letzten Mal ins Wiesental, nach Hausen, Schopfheim, Lörrach, Weil. Letzte Begegnung mit Gustave Fecht.

1813 Im März Beginn der Befreiungskriege in Preußen.

16.–19. Oktober: Völkerschlacht bei Leipzig, Napoleon zieht sich über den Rhein zurück. Auflösung des Rheinbunds.

20. November: Baden tritt der antifranzösischen Koalition bei.

1814 Im September wird Hebel in die Evangelische Ministerialdirektion berufen, Rücktritt als Direktor des Gymnasiums, doch weitere Lehrtätigkeit.

Aufgrund von Beschwerden des katholischen Klerus über die Erzählung *Der fromme Rat* legt Hebel im Herbst auch die Redaktion des *Rheinländischen Hausfreunds* nieder.

1815 Mit Beendigung des Wiener Kongresses im Juni Gründung des Deutschen Bundes. Die von Napoleon geschaffenen Mittelstaaten kommen dem von Metternich verfolgten Prinzip der Mächtebalance entgegen und bleiben erhalten.

1816 Baden tritt als souveräner Staat dem Deutschen Bund bei.

Bei Cotta erscheint die zweite Auflage des *Schatzkästleins*.

1817 Hebel übernimmt die Leitung des evangelischen Pfarrwitwenfiskus.

Im Herbst kurzes Wiedersehen mit Henriette Hendel, die ein drittes Gastspiel in Karlsruhe gibt, diesmal in Begleitung ihres vierten Mannes, des Halleschen Professors Friedrich Karl Julius Schütz.

1818 Im Frühjahr noch einmal Redaktion des *Rheinländischen Hausfreunds* für 1819. Cottas Vorschlag, die *Alemannischen Gedichte* ins Hochdeutsche zu übertragen, lehnt Hebel ab. Auch ein zweiter *Schatzkästlein*-Band kommt nicht zustande.

22. August: Großherzog Karl unterzeichnet die Badische Verfassung.

Gegen Jahresende beginnt Hebel mit der Arbeit an den *Biblischen Geschichten*.

8. Dezember: Großherzog Karl stirbt. Nachfolger wird der zweite Sohn aus der ersten Ehe Karl Friedrichs, Ludwig.

1819 Im März wird Hebel der erste Prälat der Evangelischen Landeskirche, zugleich Mitglied der Generalsynode und damit auch der Ersten Kammer des badischen Landtags.

1820 Im Januar wird Hebel das Ritterkreuz verliehen, im September das Kommandeurkreuz des Zähringer Löwenordens.

16. Oktober: Hebel hält in Anwesenheit von Großherzog Ludwig die Festansprache bei der Grundsteinlegung des von Friedrich Weinbrenner konzipierten «Ständehauses», des Parlamentsgebäudes.

Die fünfte, erweiterte Auflage der *Alemannischen Gedichte* erscheint bei Sauerländer in Aarau.

1821 Im Juli kommt unter maßgeblicher Beteiligung Hebels die Vereinigung der lutherischen und reformierten Kirche zur evangelisch-protestantischen Landeskirche Badens zustande. Im August verleiht ihm die Theologische Fakultät der Universität Heidelberg dafür den Ehrendoktortitel. Hebel leidet immer wieder an Magenschmerzen.

1822 Im Herbst in Baden Treffen mit dem Verleger Cotta.

1823 Im Dezember erscheinen nach langwierigen Korrekturarbeiten die *Biblischen Geschichten* bei Cotta, vordatiert auf 1824.

16. Oktober: Hebel legt sein Lehramt am Gymnasium nieder.

1824 Durch Bankrott des Karlsruher Bankhauses Meerwein verliert Hebel 5200 Gulden.

1826 Im Sommer Besuch seines Patenkinds Oswald Haufe aus Straßburg.

10. September: Trotz Magenschmerzen reist Hebel zu Prüfungen nach Mannheim. Am 16. September begibt er sich zu Gartenbaudirektor Johann Michael Zeyher in Schwetzingen, mit dem er befreundet ist, eine in Heidelberg anberaumte Prüfung muss er absagen.

22. September: Hebel stirbt in den Morgenstunden in Zeyhers Haus, am 23. September wird er in Schwetzingen beerdigt.

Landkarte Badens und Württembergs

Das Großherzogtum Baden und das
Kgr. Württemberg nach 1815

N

S

Tauberbischofsheim ○

Mannheim ○

○ Bad-Mergentheim

○ Heidelberg

Kgr. Frankreich

○ Bruchsal

○ Heilbronn

○ Schwäbisch Hall

○ Karlsruhe

Ellwangen ○

○ Aalen

Baden-Baden ○

○ Stuttgart

Kgr. Württemberg

Neckar

Tübingen ○

○ Reutlingen

○
Offenburg

○ Freudenstadt

Ulm ○

Ghzm. Baden

○ Hechingen

Donau

Kgr. Bayern

○ Rottweil

○ Emmendingen

○ Sigmaringen

○ Biberach

○ Freiburg
im Breisgau

Donaueschingen

▲ Feldberg

○ Ravensburg

Iller

○
Lörrach

Waldshut
○

○
Konstanz   Bodensee

Schweiz

0 10 20 30 40 50 km

Rhein

Main

Bildnachweis

Deutsches Literaturarchiv, Marbach: S. 19, 149

Gerhard Moehring: Kleine Geschichte der Stadt Lörrach, Leinfelden-Echterdingen 2007: S. 22

Universitätsbibliothek Freiburg i. Br. Kunst-Inventar Nr. 2/38: S. 26

Bernhard Viel: S. 29, 111

Uwe A. Oster: Die Großherzöge von Baden (1806–1918), Regensburg 2007: S. 31

Wilhelm Altwegg: Hebel, Bilder aus seinem Leben, Stuttgart [4]1968: S. 43, 48, 61, 63, 65, 75, 98, 109, 118, 137, 159, 191, 245

ullstein bild: S. 130, 135

Hansgeorg Schmidt-Biggemann (Hrsg.): Johann Peter Hebel in Karlsruhe, Karlsruhe 1999: S. 145

akg-images: S. 167, 256

Museum für Literatur am Oberrhein, Karlsruhe: S. 218

Peter Palm: Landkarte S. 291

Personenregister